福井洞窟って、どんな遺跡？

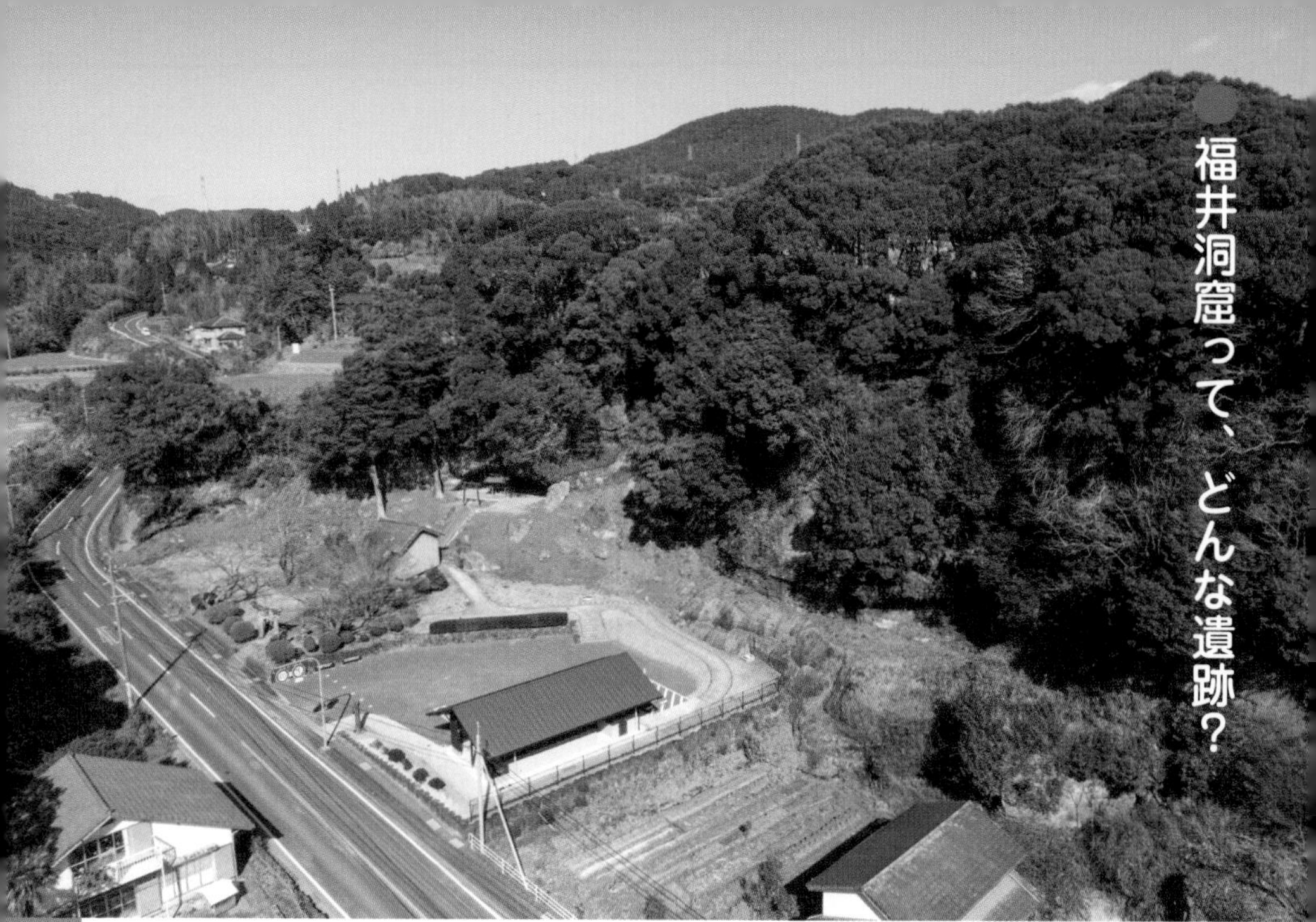

空からみた福井洞窟

長崎県佐世保市にある洞窟遺跡。

昭和と平成に発掘が行われ、大昔の人々の洞窟での暮らしの様子や旧石器から縄文への時代の移り変わりを知る上で、貴重な遺跡として注目を集めている。国指定史跡。

福井洞窟全体図　■説明板・案内図　撮影スポット

← FUKUI CAVE 福井洞窟WEBガイド も
あわせてチェックしよう！

福井洞窟って、どんな遺跡？

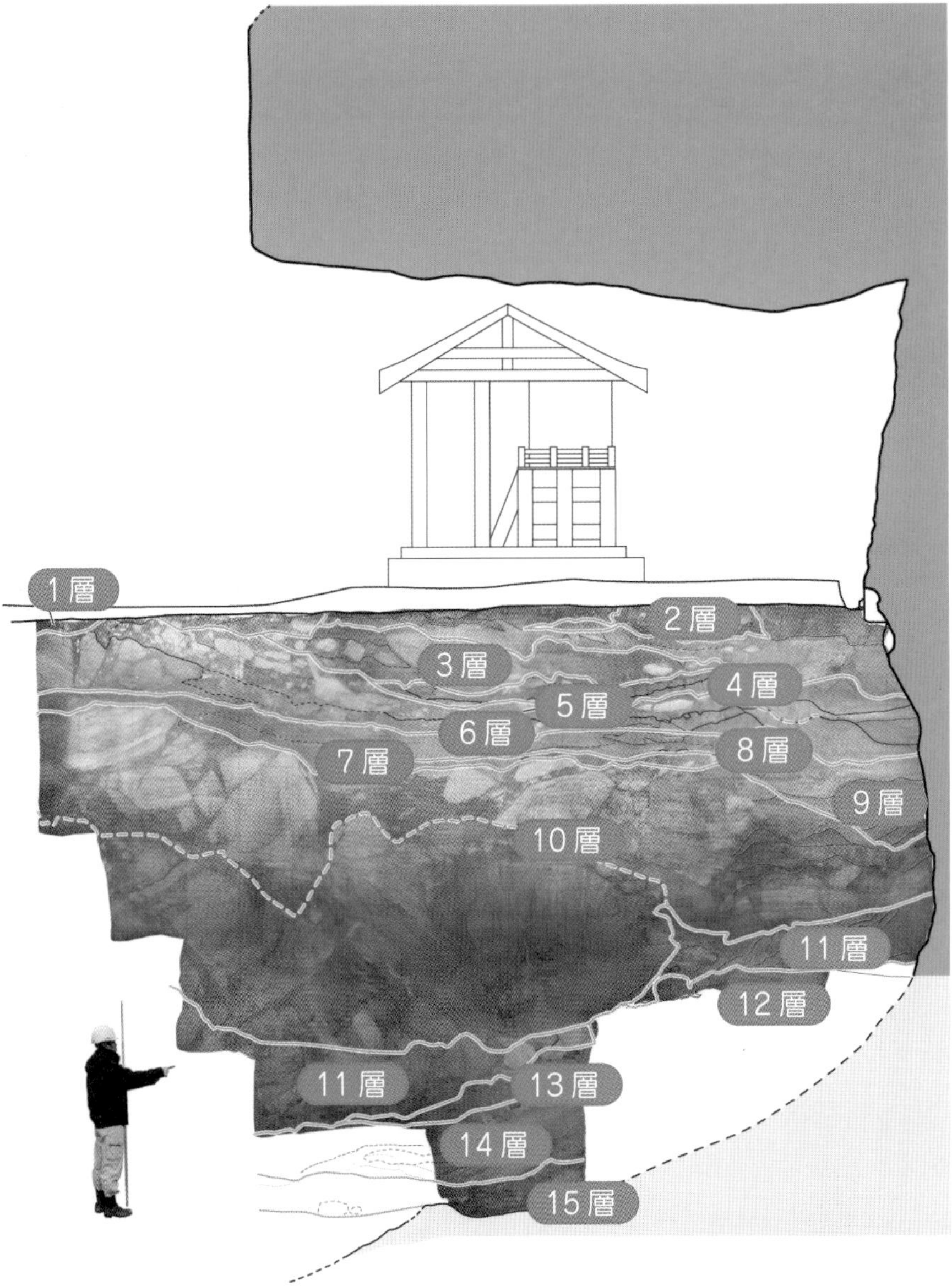

福井洞窟第１調査区北壁の土層三次元測量写真

旧石器時代から縄文時代の連続した15の地層をもつ遺跡。

発掘調査で各地層から見つかった遺物により、旧石器から縄文の移り変わりが見える貴重な遺跡。

6メートルもの堆積の中に旧石器時代終末期から縄文時代草創期の8時期にわたる人類の痕跡が確認された。

19000年前から10000年前の人類の営みが見える。また、縄文時代草創期の地層からは最古級の土器が発見され、縄文時代の始まりを知るうえでも重要な資料を提供している。

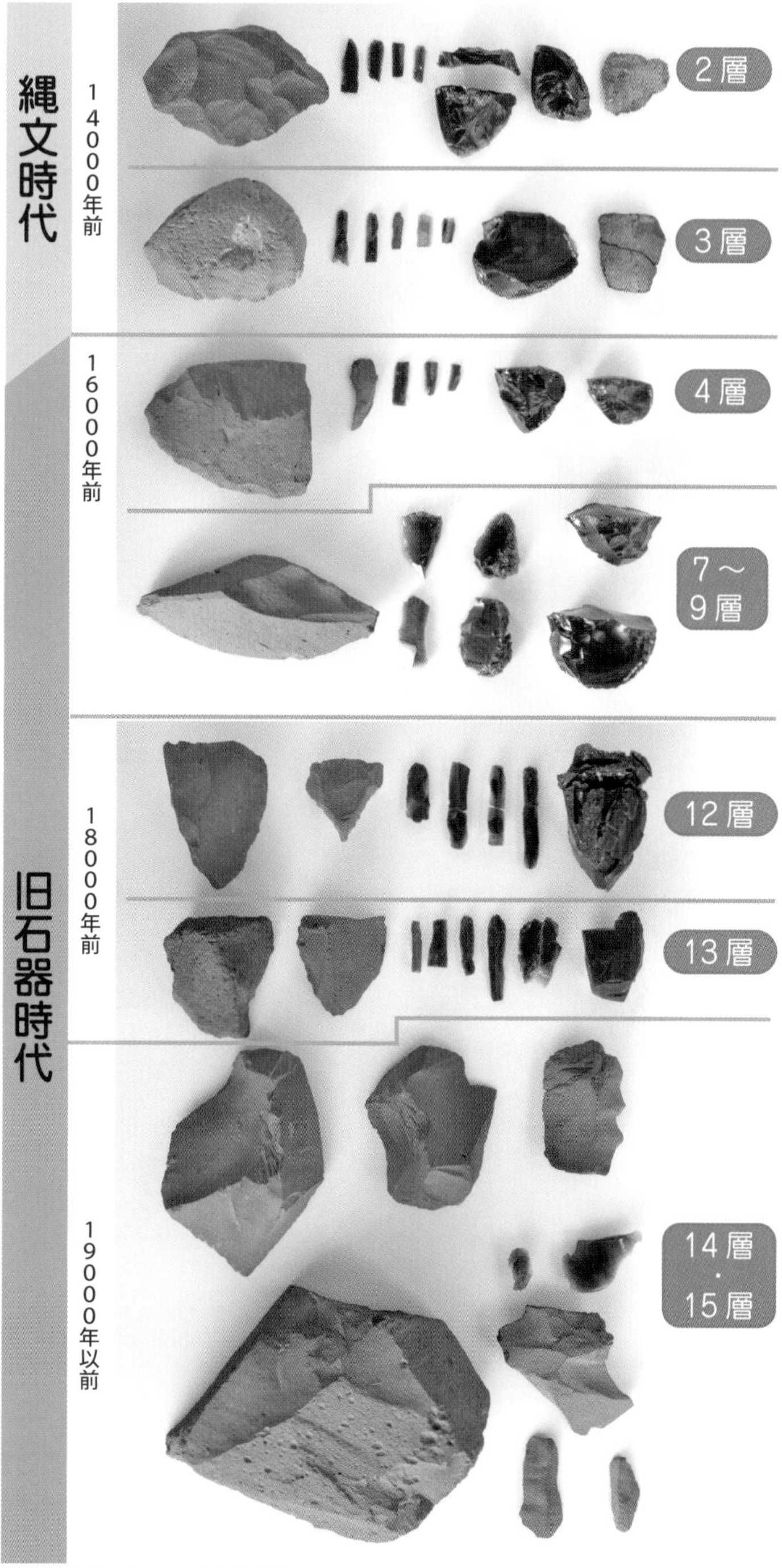

福井洞窟第１トレンチ出土遺物

福井洞窟って、どんな遺跡？

時代	西暦年	福井洞窟の発掘調査・研究の歴史
昭和	1935	松瀬順一氏が福井稲荷神社本殿の建替により、石鏃や縄文土器を発見
	1949	岩宿遺跡の発見
	1959	日本考古学協会西北九州総合調査特別委員会（委員長・杉原荘介氏）が設置され、その一環として福井洞穴が注目される
	1960	福井洞穴第１次調査 （芹沢長介氏・鎌木義昌氏を中心）
	1962	日本考古学協会洞穴遺跡総合調査特別委員会（代表・八幡一郎氏）が設置され、福井洞穴の調査が引き継がれる
	1963	福井洞穴第２次調査 （芹沢長介氏・鎌木義昌氏を中心）
	1964	福井洞穴第３次調査 （芹沢長介氏・鎌木義昌氏を中心） 岩下洞穴の発掘調査 （麻生優氏を中心、～ 1966 年）
	1970	泉福寺洞窟の発掘調査 （麻生優氏を中心、～ 1979 年）
	1978	国史跡「福井洞窟」に指定
平成	1999	縄文時代のはじまりを 16000 年前（大平山元Ｉ遺跡）とする学説が発表される 放射性炭素年代測定を暦の年代に変換する「暦年較正」の研究が進む
	2005	佐世保市と吉井町、世知原町が合併
	2008	佐世保市が福井洞窟整備検討委員会を設置
	2012	福井洞窟再発掘調査 （～ 2013 年）
	2016	『史跡福井洞窟発掘調査報告書』の刊行
	2019	福井洞窟史跡整備
令和	2021	福井洞窟ミュージアム開館

早くから全国的に注目され、長い研究の歴史をもつ遺跡。

日本列島最古の人類はいつか？、縄文時代はいつから始まるか、最初の土器がつくられたのはいつか、など学界で熱く議論されている重要なテーマについて、、多くの貴重な発掘調査の成果を示し、現在も引き続き注目されている。

旧石器から縄文のかけ橋！

福井洞窟

洞窟を利用しつづけた
大昔の人々

発刊にあたって

佐世保市は、日本本土最西端、長崎県北部に位置し、旧海軍の軍港が置かれ栄えてきた歴史を持つ港まちで、西海国立公園「九十九島」に代表される自然に恵まれた魅力にあふれています。佐世保に住む多くの方々は、佐世保の歴史は明治以降の新しいものと思っておられます。しかし、実は、大昔から人の生活は連綿と営まれてきているもので、本市も古くから他に誇れる歴史を有しています。とりわけ、佐世保市は、先史時代の洞窟遺跡が集中する特別な地域だったことが、半世紀を越える発掘調査の積み重ねによって明らかになってきました。その中でも、史跡福井洞窟は、旧石器文化から縄文文化への文化の発展過程が層位的に確認される全国的にも大変貴重な遺跡です。

１９６０（昭和35）年、日本考古学協会の鎌木義昌先生や芹沢長介先生をはじめとする先学の諸先生によって初めて行われました福井洞窟の発掘調査は、本地域の考古学研究の先駆けとなり、その後の、岩下洞穴、泉福寺《せんぷくじ》洞窟の発掘調査へとつながっていきました。現在、佐世保市内において31ヵ所の洞窟遺跡を確認しており、その数は「日本一」となっております。福井洞窟は１９７８年8月2日付で史跡として国の指定を受け、佐世保市

は適切な保存と活用を図ることを目的に２００６（平成18）年から史跡整備事業を計画し、最初の調査から半世紀を過ぎた２０１２年に最新の科学技術による発掘調査を再び行いました。調査の結果、改めて福井洞窟が日本のみならず東アジアにおける旧石器時代の歴史をひも解く貴重な遺跡であることが確認され、この成果は学術的に大変意義あるものとして２０１６年に調査報告書を発刊いたしました。

＊

本書は、このような福井洞窟が有する学術的価値を、子どもから大人まで多くの皆さんに知っていただきたいという想いから、一般向けに書籍化したもので、発掘調査に携わられた研究者の皆様には専門的な内容をわかりやすい言葉や写真を使ってお伝えしていただいておりますほか、考古学史に関わる多くの貴重なエピソードについてもご紹介いただくなど、楽しく読んでいただける内容となっております。

＊

福井洞窟の発掘調査によって発見されました情報は、日本文化の起源と変遷を知る上で大変な貴重なものであり、本書が日本の歴史や文化への関心を高めるものとなりますとともに、郷土の歴史認識と理解の促進の一助となれば幸いです。

最後になりましたが、本書の刊行にあたり、ご執筆いただきました先生方、日ごろから史跡の維持管理にご協力をいただいております地元吉井町の皆様をはじめ、福井洞窟整備検討委員会委員の皆様、文化庁、長崎県教育委員会など関係機関の皆様に心より感謝申し上げます。

２０２１年11月

佐世保市教育委員会 教育長　西本 眞也

はじめに

柳田裕三

本書は２０１２（平成24）年からの福井洞窟の再発掘調査の成果を中心として、各分野の専門的な内容を研究者の皆さまにわかりやすくまとめていただいた考古学の一般書籍です。遺跡を発掘すると「発掘調査報告書」という学術報告書をまとめます。しかし、その内容は専門的な用語で記述された論文形式ですから、一般の方がその内容を知り得るにはかなり敷居の高いものとなっています。また、分厚い報告書は持ち運びに適さず、気軽に読む書籍とは言えません。何より研究機関や大学や行政機関、図書館におかれているため、一般の方が日常生活で目に触れる機会がとても少ないものです。しかし、調査報告書の中には当時の人類が残した痕跡を詳らかにしようとする各研究者の分析の成果により、驚きの内容が詰まっています。そうした福井洞窟の学術的価値が詰まった調査報告書の内容を、より一般の方にわかりやすくお伝えしたいと思い、本書を刊行することにいたしました。そのため、高度な学術的内容であっても、これを読めば「福井洞窟がまるごとわかる」一冊となっているものと思います。

全体は6章と付録で構成され、福井洞窟の調査の記録や分析データ、学術的な価値についてカラー図版を使って一般の方にもわかりやすくまとめています。また、各章にはコラムを多く入れることで、多角的に遺跡を切り取ってその特性や重要性が浮き上がってくるよう工夫しました。

第1章の「福井洞窟に魅了された研究者たち」では、「福井洞穴」と呼ばれていた発見当時の話から、日本考古学史に残る発掘調査、先学の研究者のエピソードなど学史の経過と共に関係する遺跡の紹介もしています。章の最後には、学術研究

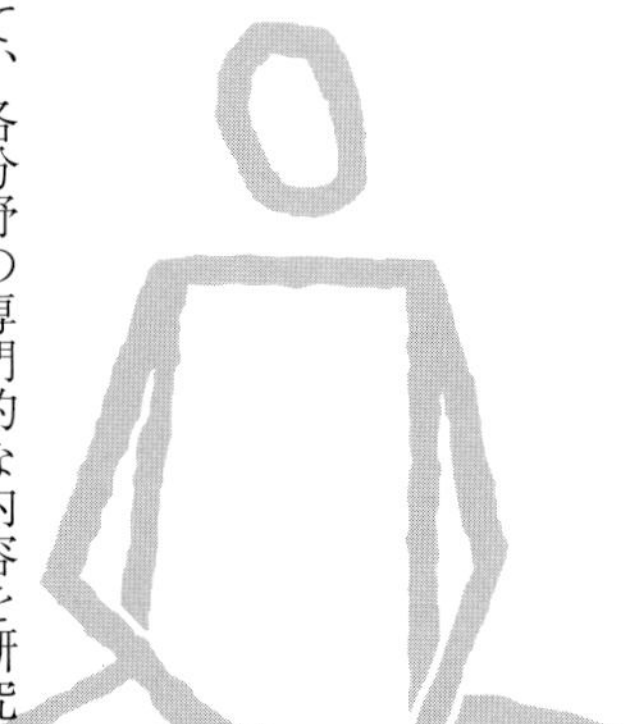

と遺跡の保護について全国的な観点からまとめました。

第2章の「再調査までの長い道のりと発掘の記録」では、保護された遺跡をなぜ調査したのか、またその調査計画と発掘方法はどんなものだったのか、現場の臨場感溢れるコメントや写真を交えて紹介しています。

第3章の「福井洞窟との真剣勝負！旧石器人・縄文人との対話のはじまり」では、再発掘調査やその後の調査報告書などに携わっている研究者がそれぞれの研究分野から福井洞窟を切り取り、その学術的価値について文字通り真剣勝負で記述しています。

第4章の「石器が語る人類の技術と影像—石器ヲ考古学スル—」では、とくに旧石器にスポットを当てて各石器研究から見える「ヒトの行動」について読み解き、当時の洞窟での暮らしぶりについて、最新の研究視点からわかりやすく語っています。

第5章の「歴史の中の福井洞窟」では、一見すると九州の片田舎にある福井洞窟が人類の歴史上、どれだけ重要な遺跡なのか、学術的観点からまた、地球規模の世界的な観点から福井洞窟を見ていきます。そして、まちづくりの基層となる遺跡の可能性について考えています。

第6章の「佐世保の歴史研究の足跡と遺跡」では、福井洞窟で発掘調査が行われた学史的背景や福井洞窟以外の遺跡の特性について紹介しています。佐世保市の埋蔵文化財行政史と展望が見えてくるはずです。付録として、福井洞窟の調査や史跡整備など現在に至る裏事情について、理性をもって語れる範囲で記述しています。巻末には、２００６年の福井洞窟の整備事業に立案時からご指導をいただいております小林達雄先生に、「人類史の中の洞窟遺跡」と題した玉稿を寄稿いただきました。学生時代から深く尊敬する小林先生にご指導をいただき、一緒にお仕事することが出来たことも福井洞窟が私にくれたご褒美だと思っています。

福井洞窟は半世紀以上に及ぶ調査・研究の積み重ねによって、数万年の時を越えて今も存在しています。この遺跡を今後も未来へ継承していけるかは、現在を生きる私たちにかかっています。遺跡に残された当時の人類や自然について、私たちが何を読み取り、どんな課題が残っているのか、本書を通じて福井洞窟の魅力に触れていただければ幸いです。

旧石器から縄文のかけ橋！　福井洞窟
洞窟を利用しつづけた大昔の人々

目次

第3章 福井洞窟と真剣勝負！ 旧石器人・縄文人との対話

第4章

石器が語る人類の技術と影像

石器ヲ考古学スル

第5章

歴史の中の福井洞窟

第６章 佐世保の歴史研究の足跡と遺跡

第1章 福井洞窟に魅了された研究者たち

写真解説　① 1960年代の発掘当初の福井洞窟。②岩体が全面にでている。③植林されたサクラやスギが見える。④現在の確認できる最も古い写真。

◎福井洞窟はいつ発見されたの？ ☞12ページ

◎研究者が福井洞窟に魅了された理由は？ ☞24ページ

第1章

1 福井洞穴、光をあびる!

柳田 裕三

1 福井洞穴の発見と時代背景

「福井洞穴」は、1978(昭和53)年に史跡として国の指定を受け、「福井洞窟」という名称になります。そのため、発見当初は福井洞穴、福井岩陰などと称されていました。福井洞穴の発見は、郷土史家・松瀬順一氏の発見によるものです(コラム①)。当時の日本考古学協会では、日本文化や日本人の起源を求めて各地で発掘調査を行っていました。その流れは、1949年の岩宿《いわじゅく》遺跡の発見により、旧石器文化の探究へとさらに古く加速します。洞穴遺跡の調査は、それまでの日本人の起源論と共に、古人骨の発見や土器起源の解明も目的の一つとして追究されていました。日本考古学協会に設置された西北九州総合調査特別委員会(委員長・杉原荘介氏)による発掘調査では、佐賀県多久市の三年山《さんねんやま》遺跡、伊万里市の平沢良《ひらぞうら》遺跡などの調査が行われていました。その一環で、1960年に鎌木義昌氏と芹沢長介氏を中心に多くの研究者が参加して、福井洞穴の第1次調査が行われました。

2 福井洞穴の発掘

第1次調査から遡ること1年ほど前、九州の地を訪れた鎌木氏と芹沢氏は、地元公民館で松瀬氏と合流し、福井洞穴を訪れます。表面に土器や石鏃を採集し「さらに下層には旧石器時代まで遡る公算が強い」と確信します(2)。その後、第1次調査では第1トレンチを地面から2メートル弱掘削し、1層から9層までの発掘が行われました。その中で旧石器時代の資料と考えられていた細石器と土器が、同じ地層から出土する画期的成果があげられました。西北九州総合調査特別委員会は続く洞穴遺跡総合調査特別委員会（代表・八幡一郎氏）に引き継がれ、当時の文部省の科学研究費の支援を受け全国各地で洞穴遺跡の調査がなされていきます。１９６３年には第2次調査が行われています。第２次調査の結果から、なかなか納得しなかった芹沢氏もついに土器と細石器の共伴について確信します。

とくに、芹沢氏はこれまでの通説と異なり、細石器文化の終わり頃か後半期に土器文化が出現するという考えを持つようになるのです。また、有孔円盤形土製品や石製品が日本で初めて見つかったことで、シベリアのマルタ遺跡などと比較し、土器の出現について大陸とのつながりを考えます。１９６４年3月20日から、三度目となる発掘調査が行われました。最下層の基盤まで、全容解明に向かって調査が行われました。調査は第2トレンチと第3トレンチで行われています。４月３日の新聞では、第2トレンチでは地面から4.5メートル、第３トレンチでは50センチほど掘削され、（おそらく9層の）石器について「瀬戸内技法の石片」が出土した様子が報道されています。４月４日の新聞では、15層から両面加工石器が出土し、ヨーロッパで見られる前期旧石器時代の「ハンドアックス」に類似する可能性を示唆しています。

3　福井洞穴の研究

発掘調査の後、ウィスコンシン大学や学習院大学木越邦彦氏の研究室において、放射性炭素年代測定が行われます。年代測定値と石器群を改めて検討した芹沢氏は、15層の石器群についてムスティエ文化（中期旧石器文化）の末期に相当するものと考え、[3]旧石器時代から縄文時代への層位的編年研究をまとめていきます。また、土器の出現について、年代測定値が１２７００±５００（ＢＰ）を示したことで世界最古となり、それまでよりも古い時期に隆起線文土器が存在すると考え、縄文時代開始期の研究にも進展をもたらすのです。[5]

旧石器時代人の
生活解明を期待
長崎県吉井町 1万年前のどうくつ遺跡を発見

福井どうくつ遺跡

第１次調査の報道記事

当時、記者の取材に対し、旧石器時代の洞穴遺跡であること以外に、人骨や動物化石の発見にも期待している様子が窺える。1960（昭和35）年の新聞報道などには人骨に関する記述が残り、大変興味深い。

（朝日新聞1960年7月5日、1963年3月11日、1964年4月12日より）

石器から土器へ
長崎県・福井洞穴遺跡の調査
文化の流れ見られる
大陸とのつながり示す

日本最初の有孔円版
福井洞穴から発掘
第二次調査終る

第２次調査の報道記事

西日本新聞　昭和39年4月5日　日曜日　［長崎県版］
県北に考古学ブーム
サンデートピックス
岩下洞くつ
屈葬の人骨も発見
期待される八月の本調査
福井洞穴
出土品ぞくぞく
太古のナゾ解明に寄与
福井洞穴の歴史
福井洞穴の全景

第３次調査の報道記事

調査の成果を受け、吉井町教育委員会は調査された壁をそのまま保存することを考えているようである。4月4日に出土したハンドアックスは発掘調査が3月20日から4月7日までだったので、調査終盤で発見されたものと思われる。記事が次第に大きくなり、取り上げられる内容も充実していて、当時の衝撃の大きさや過熱ぶりが伝わってくる。1964年には、福井洞穴と岩下洞穴の調査が重なり、『考古学ブーム』と評された。（西日本新聞1964年4月5日より）

1960年の福井洞穴

間口16.4m、庇高4.7m、奥行5.5mの洞穴は、西北九州においては、史跡泉福寺洞窟（佐世保市瀬戸越1丁目）と並ぶ規模。福井洞穴の一連の発掘調査により、旧石器文化から縄文文化の移行期の様子が明らかとなった。後に、芹沢氏は福井洞穴を「文化の橋」と称した[4]。

1960年代の発掘調査区

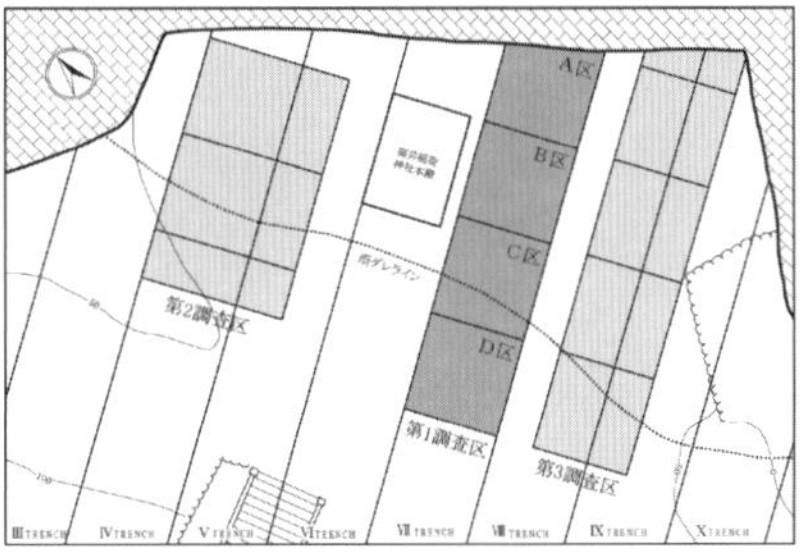

3ヵ所のトレンチを調査。第1次に第1調査区、第2次に第2調査区、第3次に第2・3調査区を発掘した。

2019年の福井洞窟

■発見のきっかけは、1935年の福井稲荷神社本殿の建替えに起因している。排土は洞穴の前面にかきだされ、その中に土器や石器が混じっていた。建替えに伴う建立記念碑が今も洞穴の前に静かにたたずんでいる。

①郷土史家・松瀬順一と考古学者たち

川内野 篤

郷土史家・松瀬順一氏【1】（1892～1975）は、1892（明治25）年北松浦郡吉井村に生まれました。考古学にのめりこむようになったのは、1914（大正3）年、彼が20歳の時に偶然畑で見つけた石鏃だったといいます。1919年に第一次世界大戦に従軍し青島に出征しましたが、落馬して負傷。その後遺症で片方の耳が悪くなるという不幸に見舞われますが、その後ますます考古学への情熱を燃やし、時間を見つけては踏査を繰り返し、多くの遺跡を発見しました。

彼が採集した遺物の中には、専門家をも唸らせたものも多く、世知原町木浦原で採集された弥生時代の石剣もその一つでした。彼の活躍は中央の研究者の耳にも入り、1950（昭和25）年に始まった西海国立公園指定に向けての学術調査にも多くの資料を提供し、その後も交流を続けていたことが、調査に関わった京都大学の樋口隆康氏の手紙からもうかがえます。このような中央の研究者との交流が、彼の考古学への情熱をさらに掻き立てたことは想像に難くありません。そしてこの学術調査が、のちに福井洞窟の発掘調査につながっていくことになります。

西海国立公園指定に向けた学術調査は、非常に多角的かつ質の高いものとして特筆すべきものでした。その過程で収集された学術資料は、1954年にオープンした佐世保市文化館（現・佐世保市博物館島瀬美術センター）にも多く収蔵されていました。当時佐世保市周辺に博物館に相当する施設はここしかなく、各地で精力的に活動していた郷土史家たちのコレクションもまた多く集まっていました。その中には島原の古田正隆氏が収集した山ノ寺遺跡の土器、東彼杵の井手寿謙氏が収集した野岳《のだけ》遺跡の細石刃核、そして松瀬氏が収集した福井洞窟や直谷《なおや》岩陰の遺物がありました。

1959年3月下旬に芹沢長介氏、鎌木義昌氏らは日本に旧石器文化があったことを初めて証明した岩宿《いわじゅく》遺跡に続く、旧石器時代の遺跡を探すことを目的に九州各地を巡検していました。その途中、佐世保市文化館で開催されていた遺跡出土品展に注目したことが福井洞窟発掘の直接のきっかけとなり、日本を代表する考古学者たちと、郷土史家松瀬氏の交流の始まりでもありました。彼らの交流を物語る興味深い資料が近年確認されました。

福井洞窟の調査に向けて、筆者らがいろいろと資料を探していたときに、偶然松瀬氏の曾孫の方とお会いすることができました。そこで「当時の記録など何かありませんか?」とお尋ねしたところ、後日2冊の手帳が手元に届きました。手帳をひも解くと最初のページには芹沢氏のメッセージとサインが書かれていました【2】。驚いてページを手繰ると鎌木氏、間壁忠彦氏、相沢忠洋氏と考古学を学んだ人であれば知らない人はいない先生たちの名前が次々と登場し、ますます驚きました。手帳は1960年の第1次調査と、1963年の第2次調査の際に書かれたものでした。

第1次調査時の手帳からは、重要な遺跡を発見した興奮からか、全体的に参加者のメッセージは固く、尖った印象を受けました。しかし第2次調査時に書かれたメッセージでは多くの参加者が「松瀬のおじいちゃん」と親しく記しており、調査に訪れた若者たちを好々爺然として受け入れていた情景が目に浮かぶようでした。同じ経験を共有することで確かな絆がはぐくまれたのでしょう。調査にあたっていた新進気鋭の考古学者たちも、地道に遺物の収集を続けていた松瀬氏に対して敬意をこめて接し、深く交流していた様子がよく伝わってきました。彼らの交流がその後も長く続いたことは容易に想像できます。

鎌木氏が「古い祖先の息吹の聞こえる西国にある谷合の街」と表現した吉井町から始まった、「松瀬のおじいちゃん」と考古学者達の交流は、芹沢氏が「文化の橋」と評した旧石器から縄文への移り変わりを初めて捉えるという快挙につながり、日本の考古学に新たな常識を刻むことになりました。

地元吉井町も松瀬氏の功績を高く評価し、1969年6月には吉井町名誉町民に初めて選ばれました【3】。1975年12月6日に83歳で亡くなった時には町民葬が営まれ、最大限の敬意を表しました。

1 福井洞穴の発見者・松瀬順一氏（史跡大野台支石墓において）

①

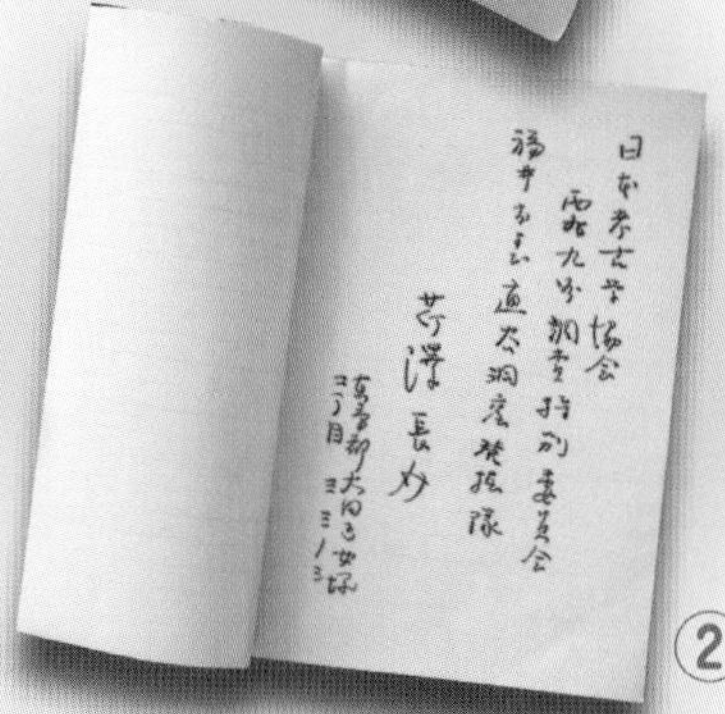

②

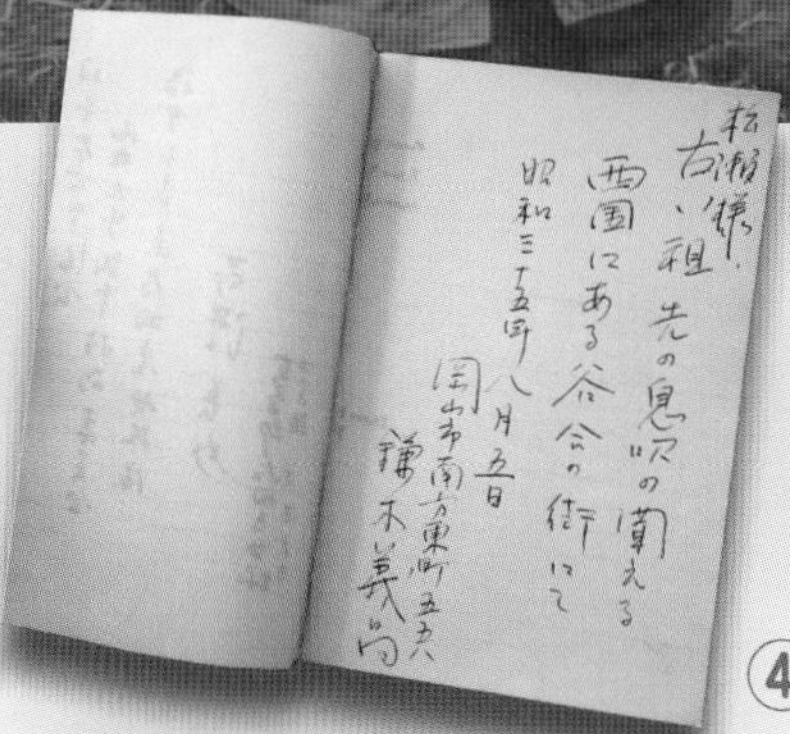

④

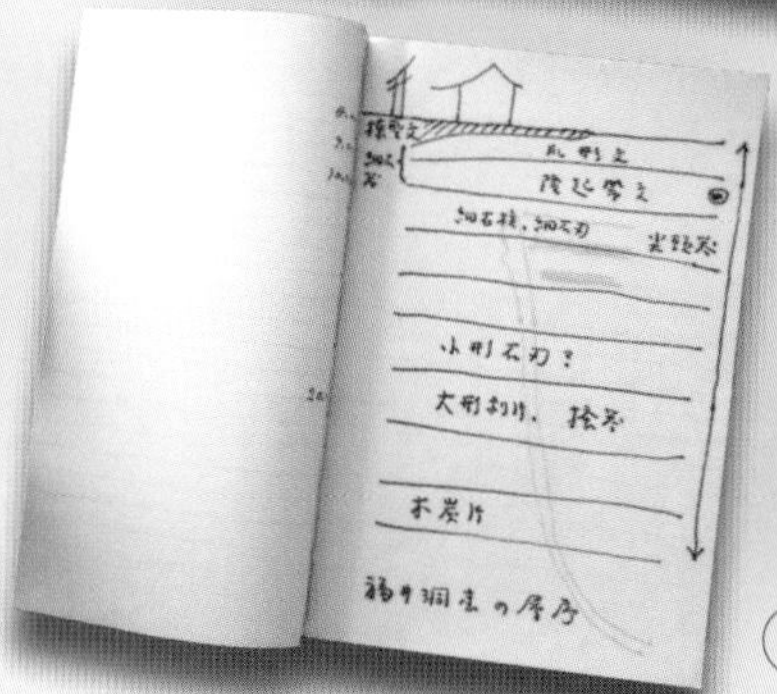

③

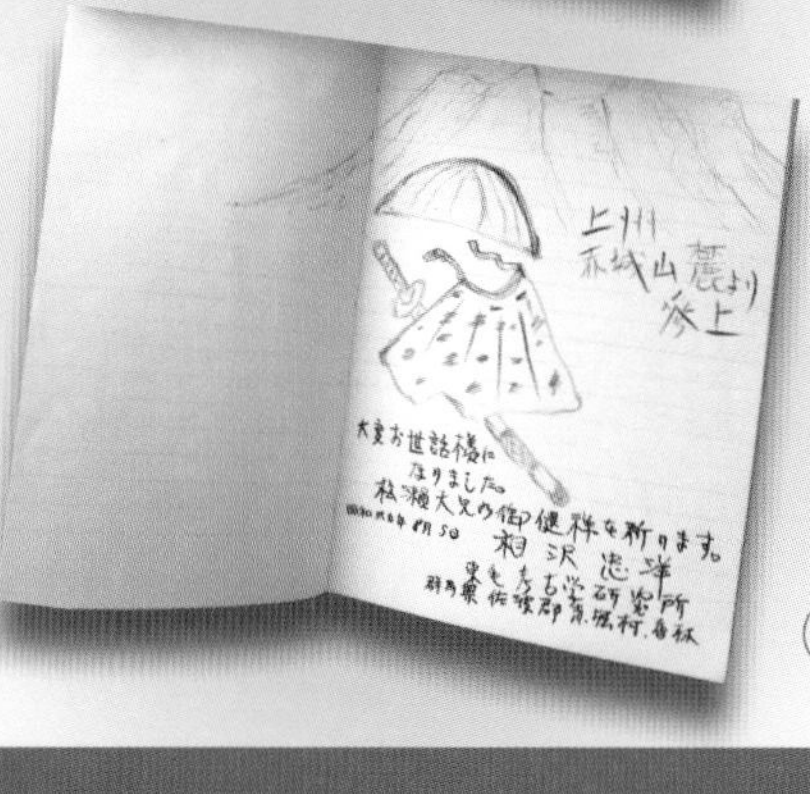

⑤

2 福井洞穴発掘調査参加者のサイン帳

①松瀬氏宅には 1960 年・63 年と書かれたサイン帳が残っていた。

②～④当時の調査を担当した芹沢長介氏や鎌木義昌氏の貴重な資料。第 1 次調査時の調査の認識などが記され、学史的にも重要な意味をもつ。

⑤日本の旧石器時代の幕開けとなる岩宿遺跡を発見した相沢忠洋氏も一緒に参加していたことがわかる。

コラム

3 福井洞穴調査前後の松瀬順一氏

①

②

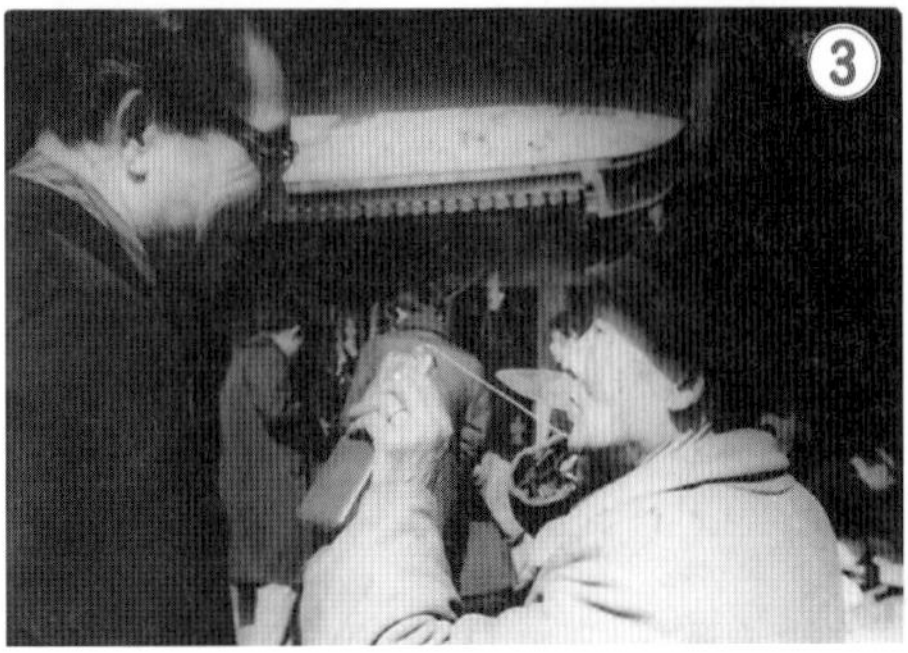

③

④

⑥

⑤

①花生けを行う松瀬氏。エビネランへの造詣が深かった。
②発見当初の福井洞穴出土資料。発掘調査へとつながる貴重な土器片。押型文土器と記載がある。
③鎌木義昌氏（写真左）と調査の話をする松瀬氏。
④福井洞穴周辺で分布調査を行う松瀬氏。
⑤第１次調査のとある昼下がりの一休み。地元の子どもも興味深々。
⑥吉井町（当時）として初めての名誉町民を授与。

②芹沢長介、福井洞穴を掘る！

鹿又 喜隆

１９４９（昭和24）年、群馬県岩宿《いわじゅく》遺跡にて日本で初めて旧石器文化が発掘で確認されました。その中心人物の一人であった芹沢長介氏は、その後、旧石器文化研究を突き進めていきます。東京都茂呂《もろ》遺跡（１９５１年）や長野県馬場平・中ッ原（１９５３年）、矢出川《やでがわ》遺跡（１９５４年）でナイフ形石器や尖頭器、細石刃を発見し、本州の様々な旧石器文化が明らかになりました。一方、１９５６年の新潟県本ノ木《もとのき》遺跡の発掘を契機に、縄文時代の起源に関する論争が芹沢氏と山内清男氏との間に始まりました。芹沢氏はこうした関心を抱きながら、１９５９年３月に鎌木義昌氏と共に九州を巡っていました。二人は、島原市の古田正隆氏から、吉井町の洞窟で縄文早期の遺物が採集されたとの情報を得ました。同年12月に福井洞穴を再訪し、松瀬順一氏の案内で資料を見ました。そして、採集品の中に旧石器の特徴をもつものを確認しました。当時は、全国各地の洞窟で縄文早期の包含層に下から草創期の遺物が検出され、その重要性が認識された時期でした。

１９６０年７月、鎌木・芹沢両氏が中心となる日本考古学協会の特別委員会によって、福井洞穴の発掘調査は実現されました。第一の目的は、旧石器時代資料の確認でしたが、発掘初日に細石刃が発見され、それは早くも達せられました。一方で、細石刃に爪形文や隆線文土器が伴い、土器の起源を巡る重要な遺跡と認識されました。またその下層からは石器群が層位的に検出され、旧石器時代編年を整理する上でも重要でした。これらの課題を解明するために、１９６３年に第２次、翌年に第３次調査が実施されました。とくに第３次調査では、細石刃と隆線文・爪形文土器の共伴関係を詳細な測量に基づいて検討すると共に、基盤層直上の最古の文化層を検出しました。その直後に、各層の炭化物の放射性炭素年代を測定し、隆線文土器が世界最古の土器であること、15層の石器が前期旧石器時代に属する可能性があることが確認され、福井洞穴は世界的に有名な遺跡となりました。この成果が芹沢氏の旧石器時代編年を確立させ、さらに前期旧石器研究へと導いていきました。

③鎌木義昌と福井洞穴

白石　純

芹沢長介氏との出会い　1935（昭和10）年代の頃、縄文土器の研究で世界的な業績を上げていた山内清男氏を慕って、鎌木・芹沢両氏は通っていたようですが、そこではお互いに会ったことがなく、親交を深めたのは、1951年の芹沢氏が調査された東京都茂呂《もろ》遺跡の発掘調査の見学に鎌木氏が訪れた頃からだそうです。この見学が、その後の鎌木氏の旧石器研究に大いに影響し、瀬戸内地方の旧石器探索に取り組み、1954年の倉敷市鷲羽山《わしゅうざん》遺跡・竪場島《たてばじま》遺跡、香川県井島《いじま》遺跡などの発掘で、瀬戸内の旧石器変遷の先駆的な研究をされました。また、1958年には大阪府国府《こう》遺跡を調査し、ナイフ形石器の存在とその特殊な製作技法を解明し、「瀬戸内技法」の存在を明らかにされました。

福井洞穴の調査へ　そして、福井洞穴調査前年の1959年の春、両氏は九州の旧石器探索を目的として佐賀県から始まり長崎県、熊本県、鹿児島県、宮崎県、大分県と巡り歩かれました。とくに長崎県では井手寿謙氏の収集された細石刃・台形石器・ナイフ形石器などの資料を拝見し非常に興味が沸いたようです。そして、島原市で古田正隆氏から福井洞穴の存在を知らされたことが、翌1960年夏の発掘調査につながったようです。

三回の福井洞穴の発掘調査は芹沢氏との友情のしるしとして、生涯忘れえぬものとなったとのことです。また、鎌木氏は旧石器時代から縄文時代の研究において学界の先進的な活動を続けてきたばかりでなく、瀬戸内の弥生時代から古墳時代、古代・中世・近世までの広い分野にわたっての調査と研究を続けられました。その後も、考古学の分野に止まらず、関連諸科学との領域にまで広くご研究され、ご活躍されました。鎌木義昌氏は、芹沢長介氏との出会いがあったから、福井洞穴というすばらしい遺跡に巡り会えたのです

1 福井洞穴の発掘調査風景

2 福井洞穴の発掘調査メンバー

芹沢長介は上段右から４人目。そのほかに、間壁忠彦・林謙作・阿部義平・橘昌信ら若き考古学者の顔が並ぶ。

1 第１次調査風景（左：鎌木義昌　右：芹沢長介）

2 鎌木義昌ご夫妻

（下：鎌木英子氏直筆・古希記念論文集より）

あなたは
人を愛し
夢をふくらませ
そしてとても淋しがりや
でした
私には
たくさんの思い出を
のこして呉れて
ありがとう

3 第１次調査風景

（右から間壁忠彦・鎌木義昌・芹沢長介）

4 第２次調査風景（右：鎌木義昌）

第1章 2

最古の人類と最古の土器を求めて
—福井洞窟と泉福寺洞窟—

白石 浩之

1 最古の人類

1960（昭和35）年芹沢長介氏と鎌木義昌氏は、福井洞窟の第2トレンチの発掘調査で地表下約1.5メートルの7層中から黒曜石製の小形石刃、石核が出土したことから小形ナイフ形石器の共伴を予測しました。直下の9層では瀬戸内技法を彷彿《ほうふつ》させるサヌカイト製の剥片と石核、基盤に近い15層から出土した石器はサヌカイト製の左右非対称形の両面加工石器と薄手尖頭器状の両面加工石器、剥片で、[1]前者の両面加工石器をハンドアックス、幅広剥片をルヴァロア型剥片と把握しました。因みに炭化物の^{14}C年代は、32900BPより古く、3〜4万年以前と推定しました。また9層の石器の特徴を瀬戸内技法とした見立てを改めてルヴァロア技法と理解し、4万年より前のヨーロッパ中期旧石器時代のムスティエ文化終末期に対比したのです。[2]しかし残念なことに人骨の検出や出土石器、石器組成、科学分析等が充分でなかったので、後期旧石器時代以前か否か課題を残しました。この点杉原荘介氏は、列島への旧人渡来説を否定して新人渡来説を主張し、[3]学会を大きく二分しました。

こうした中で、2012（平成24）年福井洞窟の史跡整備による確認調査が実施されました。その結果、7〜12層に至るまで細石器を主体とした石器群が出土しました。また14〜15層の確認調査では、安山岩や玄武岩製の石器と共に黒曜石製細石刃器などが出土しましたが少量で、[4]決め手になる石器は出土しませんでした。

なお、芹沢氏や鎌木氏によって調査された福井洞窟の発掘調査報告が2015年に東北大学総合博物館の紀要に報告され、15層を後期旧石器時代初頭期に位置づけています。[5]

2　最古の土器を求めて

前項でも触れたように福井洞窟の第1次発掘調査が実施され、1層で縄文時代早期の押型文土器、2層では薄手の爪形文土器や隆線文土器、3層では上半で細隆線文土器が出土、4層は細石器のみが層位的に出土しました。[6] 第3次調査の後、3層の細石器に伴う隆線文土器文化層の木炭を^{14}C年代で測定したところ、12400〜12700年前後の年代でした。他方愛媛県上黒岩《かみくろいわ》岩陰では隆線文土器に伴って有舌尖頭器の年代が福井洞窟第3層の年代よりやや後出であったことから、[7] 芹沢氏は福井洞窟の隆線文土器の年代を古期と認識しました。そのうえで、3層上部から出土した粘土紐の細い細隆線文土器と下部から出土した粘土紐のやや太い隆帯文土器に分離し、隆線文土器が細分されることを予測しました。[8] かくして旧石器時代の伝統を持つ細石器や有舌尖頭器に隆線文土器や爪形文土器が共伴していたことから、縄文時代早期の貝塚形成期以前の土器とし、大陸の中石器時代に対比したのです。この点佐藤達夫氏は福井洞窟の層位的出土例を否定し、[9] 爪形文土器を隆線文土器より古く位置づけ、最古の土器を新潟県の小瀬ヶ沢《こせがさわ》洞窟出土の櫛目文土器を窩文《かもん》土器や箆文《へらもん》土器として位置づけました。

3　最古の土器について

佐世保市泉福寺洞窟は麻生優氏によって発掘調査され、爪形文土器の下層から隆線文土器が層位的に認められ、下層の10c層下部では豆粒文《とうりゅうもん》土器が単独で出土しました。[10] 福井洞窟3c層の隆線文土器段階の^{14}C年代は16000年前と測定されています。したがって豆粒文土器は、青森県大平山元《おおだいやまもと》Ⅰ遺跡出土の土器が16520 calBPですので、その年代[11]と併行ないしさらに遡る可能性がでてきました。

第１・２トレンチ層序略図

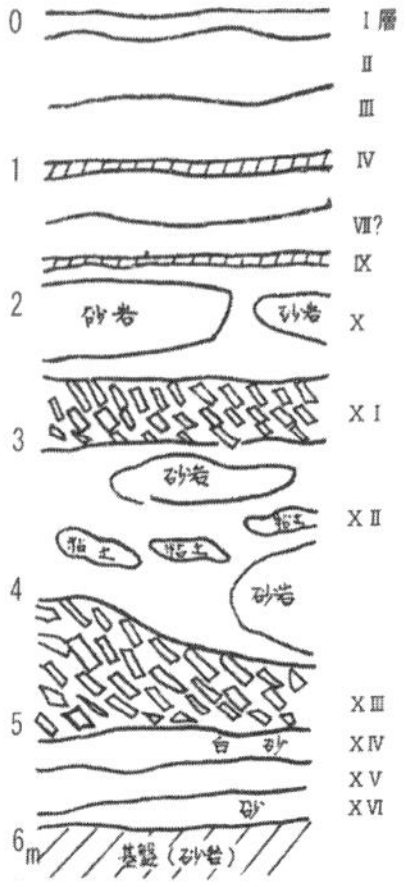

（註12を改変）

土層断面図

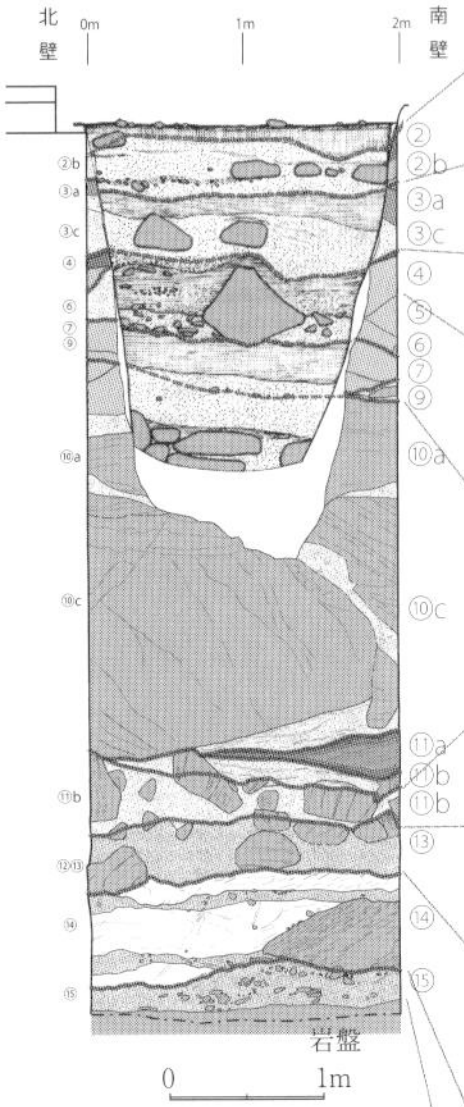

各層の出土遺物

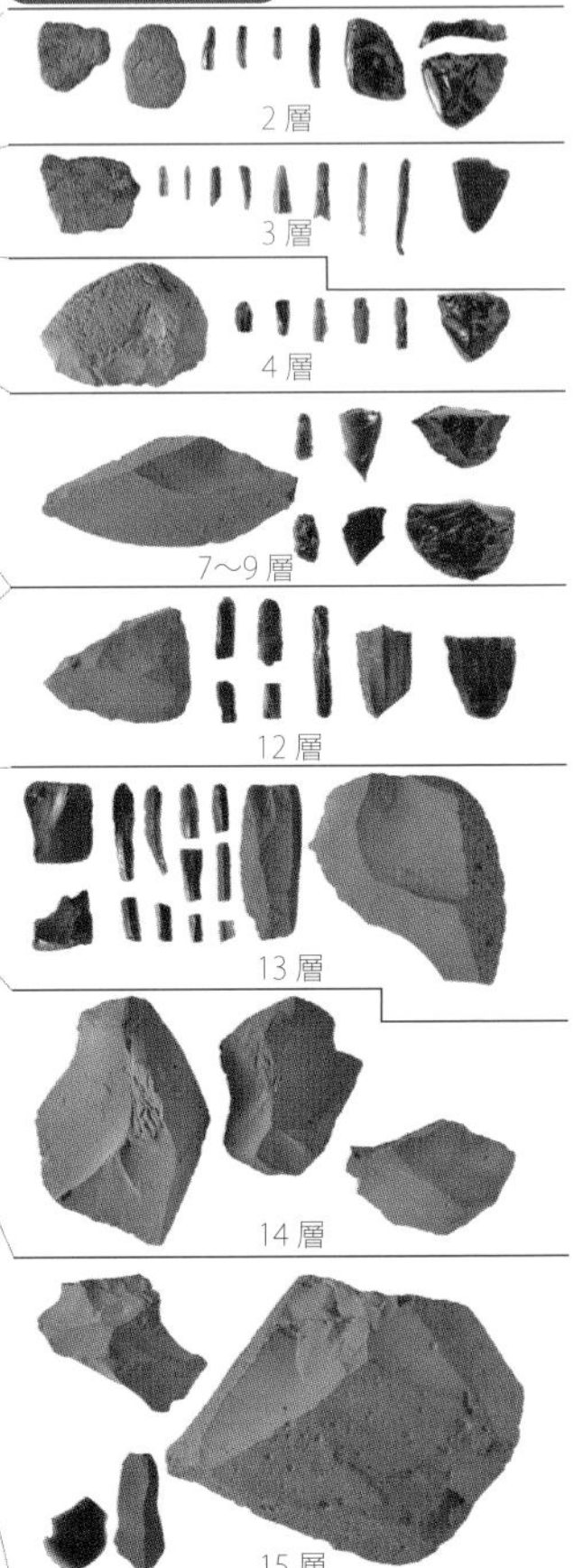

第１トレンチ北東壁セクション

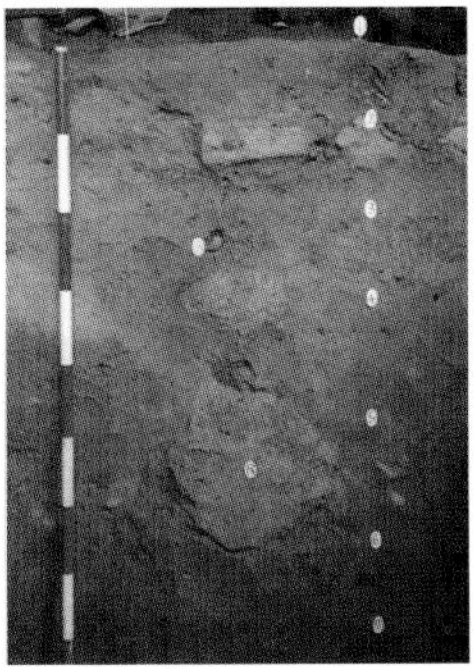

（註 13 を改変）

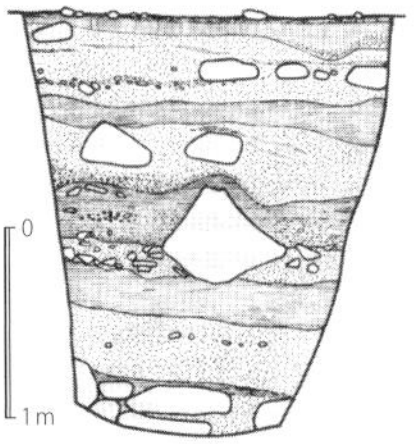

（註 1 を改変）

1960 年、15 層から最古の人類の存在を示す石器が出土した。2012 年の調査では、後期旧石器時代以前の石器は確認されなかった。

15 層出土石器

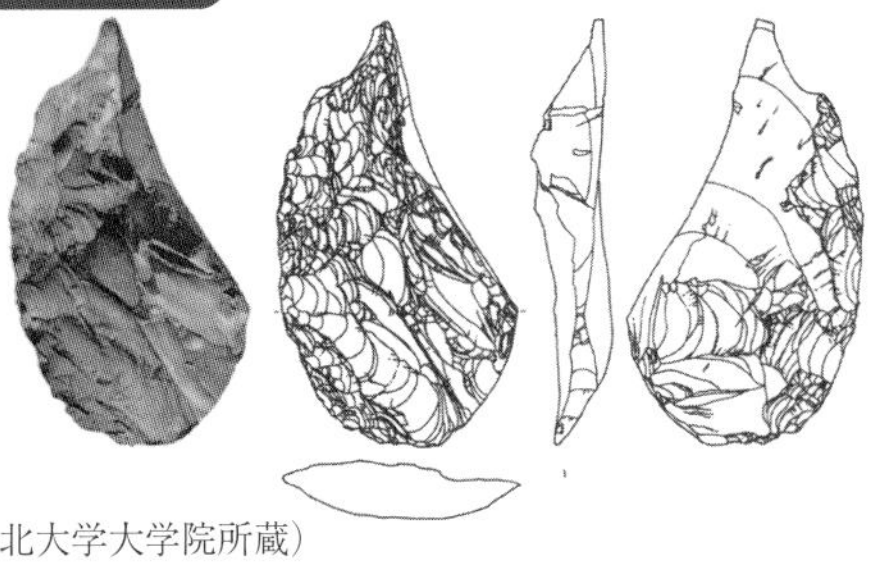

（東北大学大学院所蔵）

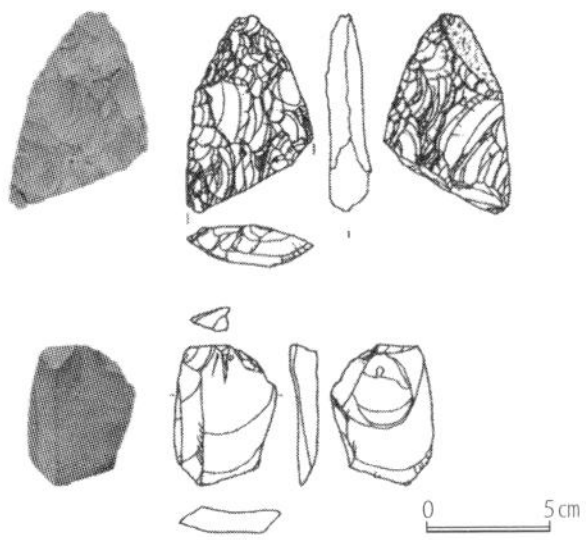

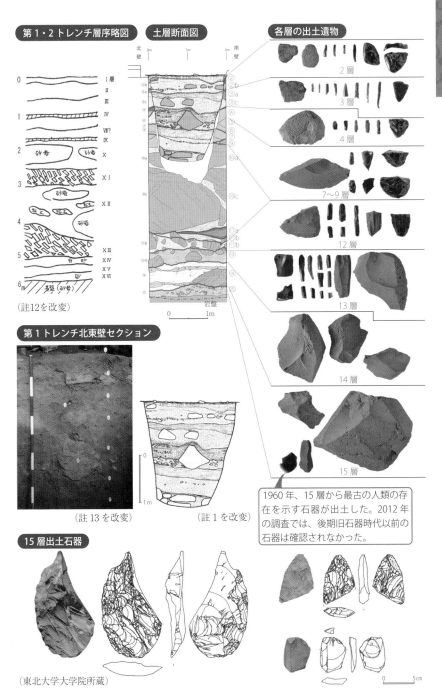

福井洞窟・泉福寺洞窟から出土した土器

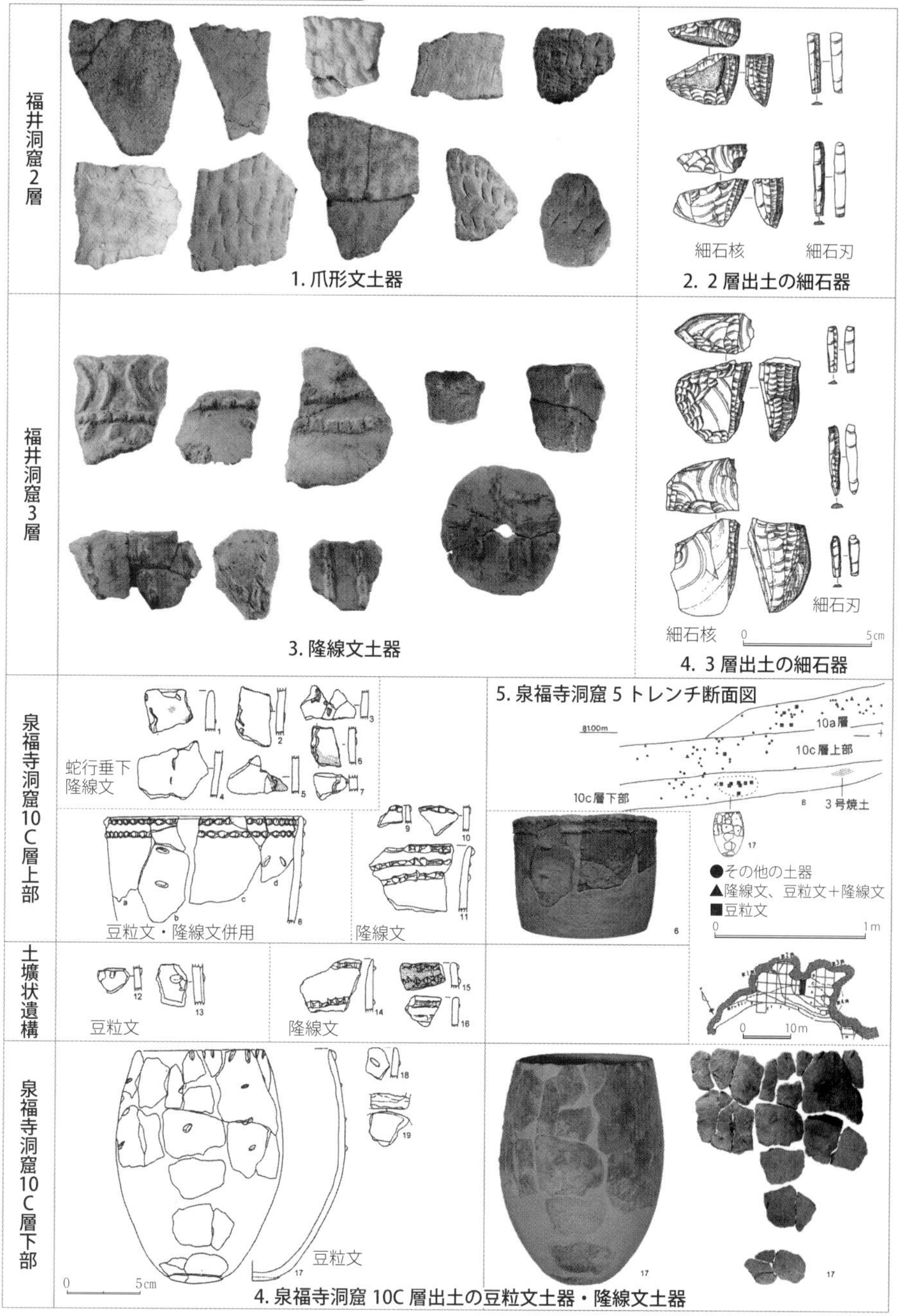

1. 爪形文土器

2. 2層出土の細石器

3. 隆線文土器

4. 3層出土の細石器

5. 泉福寺洞窟5トレンチ断面図

4. 泉福寺洞窟10C層出土の豆粒文土器・隆線文土器

④岩下洞穴から始まる発掘者談話会

下川　達彌

発掘者談話会とは　1964（昭和39）年から始まった、佐世保市岩下洞穴の発掘で産まれた研究グループです【1】。ご在知のように岩下洞穴は縄文時代早期を中心とする膨大な遺物と20数体もの人骨が出土して、学界はもとより佐世保市民を大いに驚かせました【2】。この調査は当時32才の麻生優氏を団長に、氏が提唱される原位置論を基にして遺物の出土地点を克明に記録する方法がとられました。

これには多くの時間と労力を必要とし、そのためのチームプレーは不可欠でしたので、そこで発掘成果とお互いの親睦をかねて機関紙『岩下』が発行され、これがやがて『発掘者』と改題されて発掘者談話会が結成されたのです【3】。

この会には会則も会費の徴収もありません。ただ学問的な情熱と速やかな成果の公表を目標に岩下洞穴から下本山岩陰、泉福寺《せんぷくじ》洞窟と15年にわたって佐世保市内の洞穴遺跡の発掘と報告書の作成を手がけてきました。

岩下洞穴の発掘報告書　会の記念すべき第一書が写真集『岩下洞穴』です【4】。これはそれまでこのような本に多く見られた単に写真の羅列にとどまらないで、読むことよりも眼で見て読者に理解させるといった方法をとったものです。そのために、使用した図面や写真には掲載した目的をしっかりと持ったものを選びました。また多くの人の利用をということで、日本語と英語を併記することは、当時としては珍しいことでした。

本報告『岩下洞穴の発掘記録』　会が最も得意とした豊富な出土遺物の図面類から、ヒトとモノを結びつけて洞穴で何が行われていたかという人間行動を探るといった方法が編集の中心となりました【5】。古く岩下調査の頃に「理論ではわかるが、実践は？」という懸念を一掃して、今日この方法が多く行われていることは喜ばしい限りです。

会のその後　学問に対する真摯《しんし》な態度と情熱は麻生氏が亡くなって20年を経過してもその精神は受継がれて、年一回の研修旅行（岩下祭）と刊行物などを出し続けています【6】。

⑤泉福寺洞窟　掘りも掘ったり220日

久村 貞男

緊急発掘調査で220日など普通のことですが、佐世保市による単独の学術調査で、さらに受けた担当者が夏休み期間中の20日余を調査期間として10年続けたとなれば、日本の学史では稀な例かも知れません。

泉福寺《せんぷくじ》洞窟は、1969（昭和44）年に発見され、1970年3月に佐世保市から下本山岩陰（長崎県史跡）の発掘委託を受けた麻生優氏（千葉大学名誉教授）が併行して、泉福寺洞窟の試掘を行い細石核を発見したことが調査の始まりです。

麻生氏は熱く佐世保市に泉福寺洞窟の可能性について説き、同年8月の下本山岩陰第2次に連続して泉福寺洞窟第1次調査が実現しました。また、すでに岩下洞穴（長崎県史跡）で実践した詳細に遺物出土を記録する方法、つまり「原位置論」で発掘に取り組んでいます。さらに参加する学生は、大学の枠にとらわれませんでした。

発掘は、1・2・3洞があるなか、第1洞から始まりました。ここは遺跡の西端にあたり、当初はあまり成果が上がりませんでした。皆、期待したのは福井洞窟の成果をこの洞穴で追認し、さらに上回る内容を得ることだったのです。

そして、第3洞では、早期の押型文土器、条痕文土器さらに細石器とともに押引文、爪形文土器の層に達し、1971年の調査で隆起線文土器が出土したのです。ついに福井洞窟に肩を並べた瞬間でした。麻生氏は、体調不良のため宿舎で休んでいたのですが、現場に駆け付け、その土器の出土を共に喜んだのです。1973年にはさらに古い豆粒文《とうりゅうもん》土器が出るに及び、発掘は新たな段階に達しました。

発掘に参加した指導者、OB、学生など延べ4475人、遺物整理から報告書出版まで14年を要したのです。

忘れてならないのは、麻生氏は岩下洞穴から泉福寺洞窟の遺物整理を毎日曜日、自宅に学生を集めて行ったことです。昼食に夫人が一晩かけて焚いたおでんを彼らは5分で平らげ「お前らもっと味わって食えよ!」と怒鳴られることもありました。

筆者は50年前、佐世保市に勤務と同時に、第1次から泉福寺洞窟発掘の申し子のように担当となりました。すでに麻生氏は鬼籍に入られました。

1 刊行物『麻生優と発掘者談話会』

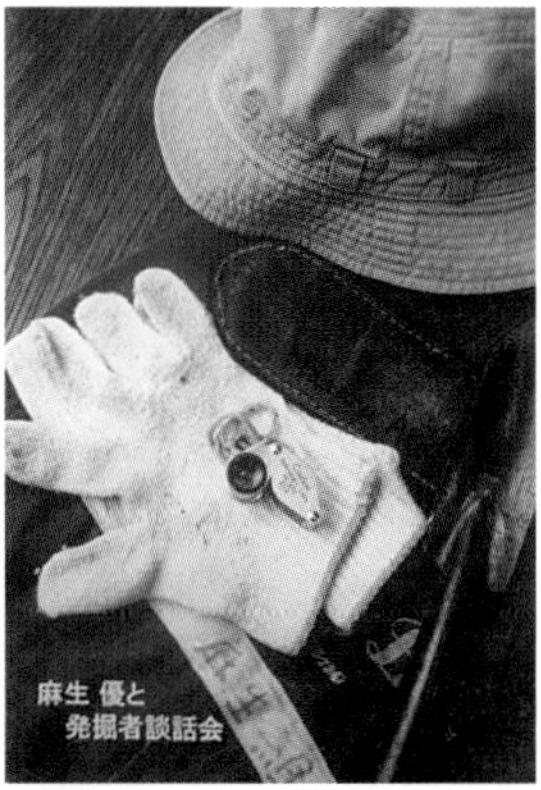

2 連日大賑わいの岩下洞穴発掘風景

3 機関紙『岩下』

岩下

No. 15

IWASITA 15

岩下の調査を終るにあたって

岩下の学術調査がはじまってからはや3年、初回の予備調査を含めると通算4回の発掘。この間われわれ調査団は、全力を挙げてこの遺跡の性格・内容の究明に取組んだ。考古学上の調査はもちろんのこと、人類学的研究にも力をそそいだのである。

その結果、幾つかの新事実を明らかにし、合せて日本考古学の発展を約束する重要資料の集積をみた。地表面より基盤まで、実に11層のみごとな堆積を示す包含層は、縄文時代初頭から弥生時代を経て現代に至るまでの生活の場をその中にとどめている。これは日本歴史の発展と共に、岩下人の文化的変遷がみられたことになるのである。中でもこの洞穴利用の最盛期は、縄文時代のはじまるころ、つまり早期、前期にあり、その顕著な事実として28体にも及ぶ人骨の発見をみたのである。これは内藤先生も指摘されたように、日本人の源流を説く上での有力な証拠となる貴重な発見であった。石鏃の数が2～3000点に及ぶ量的な豊富さ

(1)

も、智的な特色とあいまって、この調査をより一層意義深いものとした。その個々の事実のみの記載でも、更に多くの紙面を必要とするが、それらは既刊の「岩下」をご覧願いたい。ここではそれらの事実を指摘し、今後の研究に全力をつくし一一意義づけの仕事が残されていることを改めて認識しよう。

最後に、長い間岩下洞穴の調査に裏方の役割をはたされた佐世保市教育委員会の関係各位、ならびに物心両面にわたる援助をおしまれなかった好意的な市民諸氏に対し、心からなる感謝の意を表したい。われわれの調査に、少しでも学問的な貢献があるとすれば、それらの輝かしいすべての栄誉の名誉は、この仕事の推進者たる佐世保市民に帰せられるべきであろう。（麻生）

―岩下調査とその周辺―

岩下に集まって三年、我々はもぐらのように土を掘り、岩を割ってきた。夏の暑い最中、休みもなく人骨、土器、石器に明けくれる毎日であった。昭和39年3月22日～29日に行われた予備調査、福祉会館に泊ったこと、同年8月16日～30日の第一次調査では石垣を取り除き、脳状な人骨が明るい太陽のもとで掘られ、うらぶれた丸吉旅館で蚊になやまされる夜をすごしたこと、40年8月10日～24日の第二次調査より冷房付の旅館に移り、フカフカのマットレスで腰を痛め、カゼをひいた日々。

このような中で、麻生優「佐世保市

4 写真集『岩下洞穴』

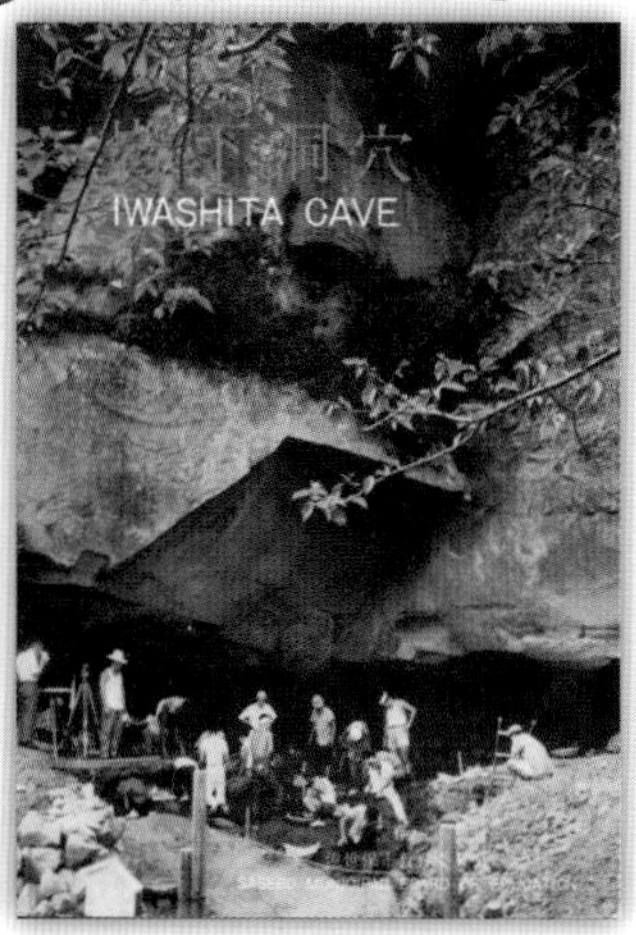

5 岩下洞穴第Ⅴ層の遺構と遺物図

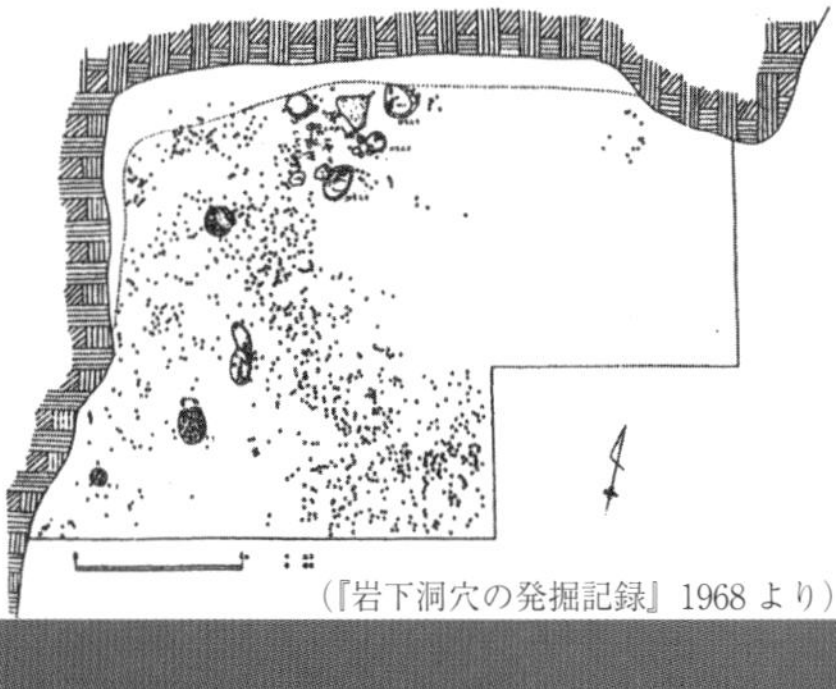

（『岩下洞穴の発掘記録』1968 より）

6 記念写真『岩下祭 in 愛知』

（2011 吉胡貝塚にて）

調査中の泉福寺洞窟

考古学研究と遺跡保護は二人三脚！

水ノ江 和同

1 考古学と発掘調査

考古学を辞書で調べると、「遺跡や遺物によって人類史を研究する学問」（広辞苑第7版）と出てきます。しかし、考古学の一般的なイメージは「遺跡を発掘調査して過去のことを明らかにする学問」であり、考古学＝発掘調査なのです。現在日本には約46万８０００ヵ所の遺跡が存在し、発掘調査は年間約８０００件も行われています（文化庁ホームページ）。これらの件数は世界的にみても傑出して多く、それは文化財保護法の内容や埋蔵文化財保護行政の体制が十分に整備されていることによります。

この約８０００件の発掘調査の内訳をみると、大学等研究機関による考古学的な学術目的調査は20件程度（0.3％）であり、ほとんどは行政目的調査になります。すると、考古学研究と多くの発掘調査はあたかも別物のようにみえ、おもに行政が行う遺跡保護は考古学研究とはあまり関係がないかのように受け止められがちです。しかし、これは大きな間違いです。以下では、「考古学研究と遺跡保護は二人三脚」の関係であることを、洞窟遺跡の例を通じて確かめてみます。

2 洞窟遺跡の発掘調査

日本における洞窟遺跡の発掘調査の歴史は、大きく5期に分かれます。

第Ⅰ期（１９１０年代～１９３０年代）　日本における洞窟遺跡の発掘調査の最初は、柴田常恵（東京帝国大学）による１９１８（大正７）年の富山県大境《おおざかい》洞窟でした。この発掘調査を通して早速、洞窟の用途論や遺跡としての層位論が議論されます。１９３４（昭和９）年には大場磐雄（國學院大學）による「本邦上代の洞窟遺跡」が発表され、当時知られていた53の洞窟遺跡について詳細な検討が行われました。

第Ⅱ期（１９５０年代後半～１９６０年代）　戦争により低迷していた日本の考古学研究は、１９５０年代以降再開されます。１９４９年に岩宿《いわじゅく》遺跡で旧石器時代の存在が初めて確認されると、縄文土器の起源問題が注目されます。１９５５年の山形県日向《ひなた》洞窟を皮切りに、新潟県の小瀬ヶ沢《こせがさわ》洞窟や室谷《むろや》洞窟などの発掘調査を通じて、洞窟遺跡の最下層付近から当時最古級と考えられていた隆起線文土器が出土しました。これにより日本考古学協会は洞穴遺跡調査特別委員会を設置して、１９６２年から１９６４年にかけて全国の洞窟遺跡を発掘調査します。福井洞窟の発掘調査もこれに含まれます。この時の成果は１９６７年に『日本の洞穴遺跡』（平凡社）としてまとめられ、洞窟遺跡研究は飛躍的に進展しました。

第Ⅲ期（１９７０年代～１９９０年代前半）　１９７０年から始まった長崎県泉福寺《せんぷくじ》洞窟の発掘調査では、旧石器時代から縄文時代への移行期の実態解明、人間行動の復元を目指す「原位置論」の実践、隆起線文土器以前とされた豆粒文《とうりゅうもん》土器の発見など、当時の洞窟遺跡研究を牽引しました。

１９６１年から始まった広島県帝釈峡《たいしゃくきょう》遺跡群の発掘調査は１９７７年から広島大学が引継ぎ、人類学・古生物学・地質学・民俗学などとの学際的な体制による発掘調査を現在も継続しています。また、１９６５年に発見され１９７６年まで信州大学が継続的な発掘調査を行った長野県栃原《とちばら》岩陰遺跡では、多数の埋葬人骨や動物遺存体が出土しました。

この第Ⅲ期は、高度経済成長による大規模開発事業に伴う緊急発掘調査が急増した時期です。洞窟遺跡の立地は開発対象になることが稀で、また大学等研究機関の発掘調査の対象も多様化したことから、洞窟遺跡の発掘調査が急減した時期でもありました。

第Ⅳ期（1990年代後半〜2000年代前半） この時期の洞窟遺跡の発掘調査はごくわずかです。しかし、洞窟遺跡研究の第一人者であった麻生優氏（千葉大学）がこれまでの研究の総括として、1996（平成8）年から3ヵ年開催したシンポジウム「洞穴遺跡の諸問題」や、2001年に刊行した『日本における洞穴遺跡研究』はまさにその象徴的な存在です。併せて、発掘者談話会による2002年刊行の『泉福寺洞穴研究編』も重要です。

第Ⅴ期（2000年代後半〜） 2000年代後半以降になると、洞窟遺跡に対する新たな取り組みや自然科学分析の導入により、洞窟遺跡研究はまさに新たな時代に入

表１　史跡の洞窟遺跡一覧　（平成30年10月現在）

No	名　称	都道府県	市町村	時代	指定西暦月日	備考
1	手宮洞窟	北海道	小樽市	続縄文	1921.3.3	線刻画
2	フゴッペ洞窟	北海道	余市町	続縄文	1953.11.14	線刻画
3	岩井堂洞窟	秋田県	湯沢市	縄文	1978.9.18	
4	日向洞窟	山形県	高畠町	縄文	1977.2.17	
5	大立洞窟	山形県	高畠町	縄文	1980.6.3	
6	一の沢洞窟	山形県	高畠町	縄文	1980.9.1	
7	火箱岩洞窟	山形県	高畠町	縄文	1983.4.26	
8	室谷洞窟	新潟県	阿賀町	縄文	1980.2.4	出土品重要文化財
9	小瀬ヶ沢洞窟	新潟県	阿賀町	縄文	1982.12.31	出土品重要文化財
10	大境洞窟住居跡	富山県	氷見市	縄文	1922.3.8	
11	鳥羽山洞窟	長野県	上田市	古墳	1978.1.27	墓地
12	栃原岩陰遺跡	長野県	北相木村	縄文	1987.5.25	縄文早期墓地
13	嵩山蛇穴	愛知県	豊橋市	縄文	1957.7.11	
14	磯間岩陰遺跡	和歌山県	田辺市	古墳	1979.12.18	墓地
15	権現山洞窟住居跡	島根県	松江市	縄文	1942.10.14	
16	サルガ鼻洞窟住居跡	島根県	松江市	縄文	1943.9.8	
17	猪目洞窟遺物包含層	島根県	出雲市	縄文･弥生･古墳	1957.7.27	重層的包含層
18	寄倉岩陰遺跡	広島県	庄原市	縄文	1969.4.12	
19	上黒岩岩陰遺跡	愛媛県	久万高原町	縄文	1971.5.27	
20	龍河洞	高知県	土佐山田町	弥生	1934.12.28	史跡･天然記念物
21	不動ガ岩屋洞窟	高知県	佐川町	縄文	1978.12.19	
22	福井洞窟	長崎県	佐世保市	旧石器・縄文	1978.8.2	出土品重要文化財
23	泉福寺洞窟	長崎県	佐世保市	旧石器・縄文	1986.3.7	出土品重要文化財

1 日向洞窟（山形県高畠町）

2 小瀬ヶ沢洞窟（新潟県阿賀町）

3 室谷洞窟（新潟県阿賀町）

4 栃原岩陰遺跡（長野県北相木村）

5 上黒岩岩陰遺跡（愛媛県久万高原町）

（写真はすべて著者撮影）

りました。

福井洞窟の発掘調査では、三次元レーザー測量と様々な自然科学分析の導入、そしてしっかりとした安全管理により半世紀ぶりの再発掘調査を行いました。山形県日向洞窟や青森県尻労安部《しつかりあべ》洞窟でも新たな視点による発掘調査が行われています。沖縄県本島のサキタリ洞遺跡では、これまで南島の空白期とされてきた旧石器時代から縄文時代早期までの発掘調査が行われ、石垣島の白保竿根田原《しらほさおねたばる》遺跡では約20体の旧石器時代の化石人骨が出土して世界的にも注目されています。

3　洞窟遺跡の保護

ここでは、国の史跡に指定された洞窟遺跡から、洞窟遺跡の保護について考えてみます。

２０２０年8月現在、日本には１８５３件の史跡がありますが、そのうち洞窟遺跡は23件を数えます【表１】。

第Ⅰ期に史跡に指定された洞窟遺跡は、北海道の手宮《てみや》洞窟とフゴッペ洞窟、富山県の大境洞窟住居跡、愛知県の嵩山蛇穴《すせじゃあな》、島根県の権現山洞窟住居跡とサルガ鼻《はな》洞窟住居跡と猪目《いのめ》洞窟遺物包含層、高知県の龍河洞《りゅうがどう》の8件です。手宮洞窟とフゴッペ洞窟は稀少な北海道続縄文時代の線刻画として、それ以外は居住痕跡がみつかった遺跡として史跡に指定されました。大正期から昭和初期にかけては、竪穴建物の存在がようやく認識されはじめた時期であり、指定名称からもわかるように洞窟遺跡が住居跡の一種として評価されていました。

第Ⅱ・Ⅲ期には15件の洞窟遺跡が史跡に指定されますが、長野県の鳥羽山《とばやま》洞窟と和歌山県の磯間《いそま》岩陰遺跡は古墳時代の墓地遺跡であり、それ以外の13件は縄文時代の洞窟遺跡です。このうち洞窟遺跡の構造解明を目指した広島県の寄倉《よせくら》岩陰遺跡と埋葬人骨の調査が主目的だった栃原岩陰遺跡以外は、縄文時代の起源解明を目的とする発掘調査でした。つまり、旧石器時代から縄文時代への移行はどのように行われたのか、縄文土器の起源はどこまで遡るのか、という当時の研究の最先端を実践する遺跡として評価されました。

ところが、洞窟遺跡の発掘調査が低迷した第Ⅳ期以降、現在に至るまで約30年間、洞窟遺跡の史跡指定は行われていません。すなわち洞窟遺跡の史跡指定は、洞窟遺跡の発掘調査が盛んに行われ多くの成果が得られることと連動して行われたのです。そうすると第Ⅴ期に入ってからは、新たな目的と新たな技術（自然科学分析や三次元レーザー測量など）に基づく新たな発掘調査が開始されており、今後新たな洞窟遺跡の史跡指定の実現もそう遠くないと考えられます。

4　考古学研究と遺跡保護の連動性

遺跡の評価は、その時々の考古学的な調査・研究の成果に基づき行われます。考古学研究は、毎年行われる約８０００件の発掘調査によって得られる新たな情報、近年進展が著しい自然科学分析やデジタル技術の援用、そして新たな研究視点の発見や研究手法の開発により、日進月歩で飛躍的に進んでいると言っても過言ではありません。そうすると、例えば一つの遺跡を20年前と現在と2回に分けて発掘調査したとします。その結果、異なる評価が得られたとしても、それはその時々における正しい評価なのです。

遺跡の保護は、その遺跡がいつの時代のどういう遺跡であり、それが現代的にはどのように評価されるのかということが定まらない限り、保護の仕様がありません。つまり、一つの遺跡の評価はその時々の最先端の考古学的な調査・研究の成果に連動しているわけです。このことを把握せずに、古い調査・研究の成果に基づき遺跡の保護を進めても、適切な保護にならないことは明白です。それ故に、考古学研究と遺跡の保護はまさに二人三脚としてバランスよく進めることが重要なのです。

第2章 再発掘調査までの長い道のりと発掘の記録

写真解説　① 2012 年 2 月から始まった再発掘調査。② 1960 年の第 1 トレンチを掘り継ぐ形で 2m の深さまで壁面を調査。③自然科学分析に伴う現地でのサンプリング作業。

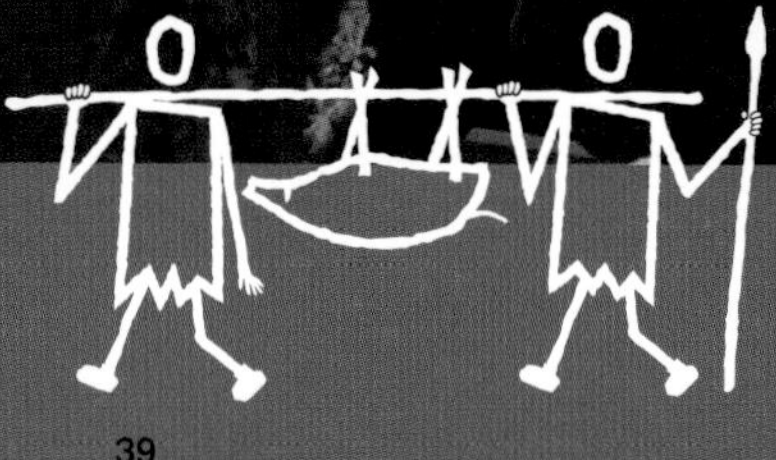

◎福井洞窟に残された謎とは？ ☞40ページ
◎安全に深く掘るにはどうするの？ ☞52ページ

残された謎の解明と洞窟遺跡日本一のまちを目指して！

柳田 裕三

1 残された謎の解明

1960年代の福井洞窟の発掘調査において、旧石器文化から縄文文化に至る層位的調査成果が得られました。それまで旧石器時代の石器群と考えられていた細石刃の単純層から、土器を伴う細石刃の層へと層位的に変化していきます。土器型式も隆起線文土器から爪形文土器に層位的に変遷することがわかり、細石刃核の形態も半円錐形から船底型への変遷が層位的に確認されました。そのほか、共伴する尖頭器(槍)やスクレイパーなどの組み合わせ、特殊な遺物で他にあまり例のない有孔円盤型土製品や石製品などが注目されました。この調査から「縄文文化の成立及び発展過程、あるいは縄文文化の成立に関する諸問題を解明する上で極めて重要なものであり、かつ、草創期における土器の変遷を層位的に示すこと及び九州地方最古の石器群を包含するなどの諸点において、極めて注目すべきもの」として、1978(昭和53)年に国の史跡に指定されました。しかし、その後半世紀たってもなお、福井洞窟の15層出土の石器は最古の石器群として、また3～4層の土器や石器は縄文文化の成立に関して研究課題となっていました(第1章3参照)。とくに、旧石器から縄文時代への移行期は、日本列島の歴史上においても文化的変動期の一つと言われています。それは、遊動生活から定住生活に移行すると考えられているからです。この時期は、更新世から完新世といった氷期から温暖期への地球規模での気候変動期です。この時期の人類の適応行動は、世界史的に見ても重要な研究課題で、具体的な実態解明が必要でした。さらに、近年の自然科学分析の進展により、半世紀前には解明できなかった高精度の年代測定や各種分析が見込まれていました。

一方で、佐世保市では２００５年に市内の洞窟遺跡のカタログ化を行い、その後、福井洞窟と周辺遺跡の学術的関係性を整理しました。その結果、佐世保市域周辺の洞窟遺跡を列島規模で俯瞰して見た時に、旧石器時代から縄文時代における洞窟の成り立ちと、そこに関わる自然と人類の営みは佐世保市域の歴史を紐解く上においても重要な歴史的価値を包含していると結論づけました。福井洞窟こそが旧石器時代から縄文時代への自然環境と人類と洞窟の関わりを解明することができる唯一の遺跡であり、市の通史を語る上でも最後のワンピースといえるものだったのです。

2　洞窟遺跡日本一のまち「佐世保」

学会の動向と機を同じくして、福井洞窟の整備事業が『新市まちづくり計画』の中に盛り込まれます。福井洞窟では、調査から半世紀が経ちトレンチが開口した状態であったために、包含層の一部が崩壊しはじめていました。また、景観阻害となる植物が茂っており、史跡を保護するための整備が喫緊の課題でした。地域住民からも、史跡の保存と活用についての強い要望がだされました。この『新市まちづくり計画』は、２００５年の佐世保市と吉井町、世知原町の合併に際し計画されたものです。この合併により、佐世保市が全国有数の洞窟遺跡所在都市となったことを受けて、福井洞窟の史跡整備事業が『佐世保市第六次総合計画』に盛り込まれます。佐世保市は２００８年に福井洞窟整備検討委員会を設置し、整備基本構想・基本計画を策定します。その構想において、史跡福井洞窟の現代的視点での先述の学術的課題の解決が盛り込まれました。この後、総合計画にある「歴史文化の保存・活用・継承」の大規模プロジェクト事業として、福井洞窟の史跡整備事業が始まったのです。これまでの学史的背景を背に、新たな『洞窟遺跡日本一のまち 佐世保』へと歩みはじめた一歩でした。

佐世保の洞窟遺跡編年表

年代	地質年代	時代	福井洞窟	佐世保の洞窟遺跡群
40000 年前	更新世	旧石器時代		直谷岩陰 泉福寺洞窟・岩下洞穴 菰田洞穴 不動明王谷岩陰 上直谷岩陰・直谷岩陰 
16000 年前		縄文時代		泉福寺洞窟  岩下洞穴 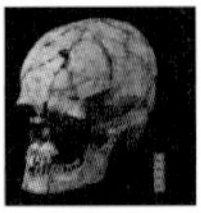 下本山岩陰 天神洞穴  杉ノ尾洞穴 橋川内洞窟 大悲観岩陰 大古川岩陰 上炭床岩陰 大門洞穴・中通洞穴 大悲観岩陰 岩谷口第 1・2 岩陰 牧ノ岳洞穴
2000 年前		弥生時代	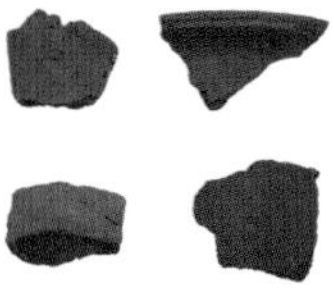	下本山岩陰  泉福寺洞窟 大門洞穴 天神洞穴 岩谷口第 1・2 岩陰 直谷洞穴 尚谷岩陰 大悲観岩陰
1800 年前	完新世	古墳時代		岩谷口第 2 岩陰  池野谷洞穴 岩下洞穴 天神洞穴
1400 年前		古代		泉福寺洞窟  長谷岩陰
1000 年前		中世		龍神洞穴  牽牛崎洞穴 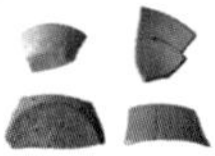 泉福寺洞穴 長谷洞穴 直谷岩陰
400 年前		近世		不動明王谷岩陰 平戸八景（高岩・御橋観音・大悲観・福石山） 
		近現代		無窮洞

2 菰田洞穴（旧石器）

1 福井洞窟（旧石器・縄文）

3 泉福寺洞窟（縄文）

4 岩下洞穴（縄文）

5 下本山岩陰（弥生）

6 岩谷口岩陰（古墳）

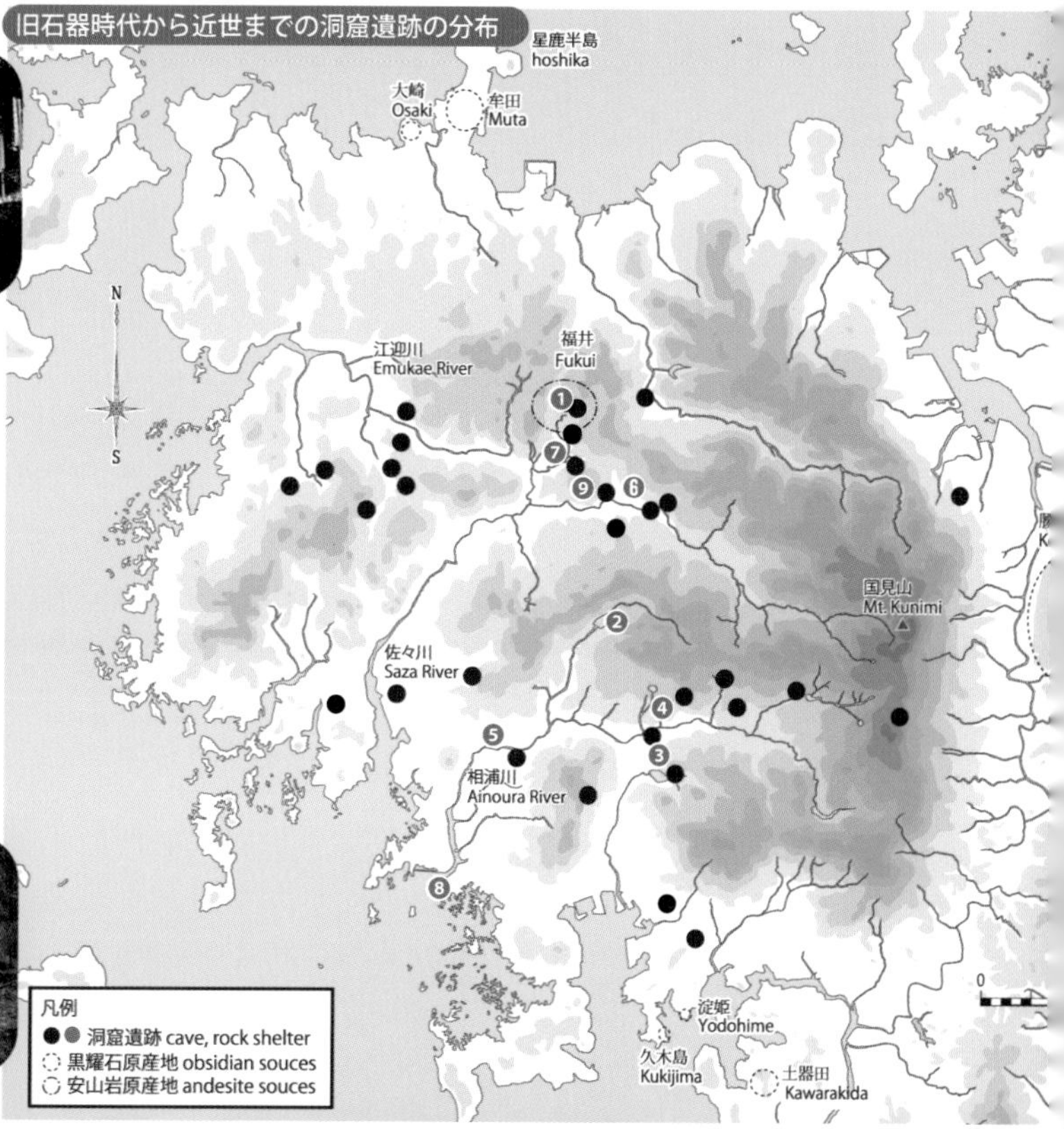

旧石器時代から近世までの洞窟遺跡の分布

7 直谷岩陰（中世）

8 牽牛崎洞穴（中世）

9 御橋観音（近世）

第2章 2

護《まも》られる史跡・活《い》かされる史跡

水ノ江和同

1 史跡にとってゴールとは？

史跡（ここでは国が指定した史跡を指します）にとって、ゴールとは何でしょうか。例えば、国の指定史跡になった時がゴールでしょうか。あるいは、整備事業が終了・完成して史跡公園としてオープンした時がゴールでしょうか。実は、「史跡にゴールはない」が回答になります。

遺跡が史跡に指定されるには、発掘調査を行いその成果をまとめた報告書を通じて、その遺跡の価値が広く公表されることが前提です。そして、その価値がきわめて高く、日本の歴史と文化を代表するほど重要であり、また、その地域の人たちが協力してその遺跡を護っていくことが確認された時点で史跡に指定されるのです。しかし、貝塚や古墳や城跡などを除いて多くの史跡は地下に埋もれているため、史跡になっただけでは現地を訪問してもどういう史跡であるのか、どれほど重要な史跡であるのかを見て知ることは難しいのが現状です。そこで、発掘調査成果に基づき、史跡の内容と価値がわかりやすいように工夫することが整備事業なのです。

ここまでの説明で、史跡のゴールは指定ではないことがわかると思います。次に整備事業ですが、通常整備事業では、遺跡のことを説明するガイダンス施設の建設が行われます。また、発掘調査で確認された建物やお墓や作業場などの跡を盛り土などで覆って保護し、その上に実物大に当時の建物などを復元する手法が用いられます。このような整備事業は史跡の内容を理解するうえで有益ですが、同時に、整備事業は完成したその瞬間から劣化が始まり、時間とともに古臭いものになります。その上、新しい考古学的な成果を盛り込むことが難しいのが一般的です。つまり、整備事業は一つの区切りにはなりますが、その後は維持管理と内容の更新が必要になり、やはりゴールではないのです。

2　これからの史跡の在り方は？

歴史系の博物館には、その地域の歴史と文化を表現する博物館の顔としての常設展示と、博物館のコンセプトやその時々の流行などを踏まえテーマを設定して短期的に行う特別展示（企画展示）があります。通常は、これらをバランス良く組み合わせて開催することで、様々な興味と目的を持った多くの来館者を得ることができます。史跡も同じで、いつ訪問しても同じ内容だとリピーターを得ることは期待できません。かといって、定期的あるいは短期間で整備内容を変えるには多くの費用がかかり、あまり現実的ではありません。

史跡の場合、すべてを復元整備することは不可能です。そこで、何をどこまでどうやって復元するか、復元しない部分はどう説明するか、ということを事前に十分に検討することが重要になります。これには史跡と共存するその地域の方々のご意見が重要になります。また、史跡の中でも、多目的な利用を可能にする場所を設定して、不特定多数の訪問者を得る工夫も必要です。つまり、史跡の価値を損ねない範囲で何ができるかです。また、史跡は基本的に屋外にあるため、清掃や草刈りが不可欠であることも忘れてはいけません。

このように、整備事業はある意味、史跡指定より大変です。そこで5年間程度の短期計画、10年後の中期計画、20年後の長期計画など、整備事業による史跡のマイナーチェンジやメジャーチェンジをはじめ、どのような維持管理をどのような予算と体制で進めるか、地域住民との協力関係はどうするかなど、総合的・多角的な視点による保存活用計画の策定が重要になります。ちなみに、この保存活用計画も永遠ではありません。時代に応じた変更を柔軟に進めることが求められます。

1 吉胡貝塚《よしご》（愛知県田原市）

縄文時代晩期の貝塚。実物の貝層の表面を薬品でコーティングして露出整備している。

発掘調査区に覆い屋を設置して、貝層の保護を図っている。

実物の貝層は大迫力！手前の埋葬人骨は模型。

2 大船遺跡《おおぶね》（北海道函館市）

縄文時代後期の集落遺跡。同じ竪穴建物を、異なった手法で復元・整備している。

重なりあって発掘されたことがわかる復元。
内部構造がわかる復元。
発掘調査を終えた状況の復元。

3 箱根関跡《はこね》（神奈川県箱根町）

「箱根八里は馬でも越せぬ」で有名な箱根関。2007 年、芦ノ湖畔に復元・整備された箱根関跡は、箱根観光の重要なポイントの一つになった。

4 五稜郭跡《ごりょうかく》（北海道函館市）

明治維新期の箱館戦争の最終激戦地となった五稜郭。その中にあった箱館奉行所は古写真・古図面・発掘調査の成果に基づき2010年に復元・整備された。

このカメラポイントから撮影すると、古写真と同じアングルの写真を撮ることができる。

5 五郎山古墳《ごろうやま》（福岡県筑紫野市）

古墳時代後期（6世紀後半）の装飾古墳。装飾古墳とは石室の石の表面に彩色や線刻で、幾何学的な文様や図像を表現する古墳のこと。装飾を保護するために温湿度が管理された石室内には、なかなか入ることができないため、断面模型を設置している。

10分の1の断面模型の前に立つと、古墳のどの部分に石室があって、どこに装飾が描かれているのかがわかる。

6 垂楊介遺跡《スヤンゲ》（韓国丹陽市）

韓国の旧石器時代遺跡。韓国では旧石器時代の人々が石器作りや狩猟を行っている様子を、実物大の旧石器人模型を遺跡の中で設置してわかりやすく説明をしている。

7 岩寺里遺跡《アムサドン》（韓国ソウル市）

韓国でもっとも有名な新石器時代遺跡。復元された竪穴建物の横で、実物大の新石器人模型が土器作り、石器作り、火おこしなどを行っている様子を表現している。日本ではまだ見られない手法であるが、わかりやすい復元・整備の手法として参考になる。

（写真はすべて著者撮影）

⑥洞窟遺跡ってめずらしい⁉

山下 祐雨

日本全国には様々な種類の遺跡があり、現在日本には約46万件もの遺跡が見つかっています。しかし、そのほとんどが、集落遺跡などで、その立地もひらけた場所にある開地遺跡（Open Site）です。一方、洞窟（穴）遺跡（Cave Site）は全国に約740ヵ所でしか見つかっていません。[1] とくに、旧石器時代に遡る遺跡は非常に少なく、遺跡があること自体に稀少価値があります。旧石器時代に洞窟遺跡の利用が少ない理由として、発掘調査において落盤や遺構の保存などによって洞窟の岩盤まで調査が到達しないことで確認されない可能性も指摘されています。[1] 稀少性といえば、欧州にある装飾洞窟も北海道のフゴッペ洞窟や手宮《てみや》洞窟以外には見つかっていませんので、今後の進展が期待されるところです。

こうした洞窟遺跡は、各地に万遍なく分布するのではなく、一定の地理的要因などにより、ある箇所に集中して分布する傾向があります。列島を俯瞰してみますと、神奈川県三浦半島には、沿岸部に分布する海食洞などで有名な石灰岩洞窟群が25遺跡分布しています。次に、岩手県岩泉町には29遺跡、広島県帝釈峡《たいしゃくきょう》のある庄原市には30遺跡あります。これらは、石灰岩台地が浸食されて形成された台地の中に、鍾《しょう》乳洞《にゅうどう》や渓水の浸食作用によってできた洞窟遺跡などが主なものです。そして、佐世保市周辺の西北九州には第三紀層堆積岩が河川や風化などの浸食作用によってできた洞窟遺跡が38遺跡あります。[2]

このように遺跡が密集する地域に分布するのは、自然の織りなす奇跡的な地形と、人類が活動したエリアが重複しなければ成り立たないものです。佐世保市のある西北九州域においては、火山活動によって分布する黒曜石や安山岩の原産地が存在することも旧石器時代の洞窟遺跡が存在した背景にあるのかもしれません。しかも、国の指定を受けた「福井洞窟」「泉福寺《せんぷくじ》洞窟」、県指定史跡の「岩下洞穴」『下本山岩陰』、市指定史跡の「橋川内洞窟」「大悲観岩陰」と、指定史跡が多く存在することや洞窟遺跡を軸に先史から近現代までの通史がたどれることも特性の一つです。[3]

⑦洞穴と岩陰は何が違う？

末續　満

洞穴とは　洞穴には自然洞と人工洞があります。[1] 人工洞は防空壕や、トンネル、炭坑跡《たんこうあと》などで近年は近代化遺産としての評価もされています。自然洞は火山活動によりできた「溶岩洞《ようがんどう》」と波や川の流れ、風化によりできた「浸食洞《しんしょくどう》」があります。浸食洞には、縄文海進による海食洞穴や河川の浸食や風化による洞穴のほか、鍾乳洞《しょうにゅうどう》も含まれます。こうしてできた洞穴の地形を利用した遺跡を「洞穴（窟）遺跡」といいます。

洞穴と岩陰　洞穴とは、岩壁に自然に形成された横穴状の地形を指しますが、似た言葉がいくつかあります。一般に「洞穴（Ｃａｖｅ）」とは、入口の幅と奥行きが同じ程度の大きさで庇《ひさし》が低いものをいいます。一方、「岩陰（Ｒｏｃｋ ｓｈｅｒｔｅｒ）」は奥行きが浅く、、庇が高いものをいいます。[2]

洞穴は、比較的入口が南を向いている場所を多く利用していて、北風を岩壁でさえぎることができます。そのため、冬は暖かく、夏は涼しい、生活に適した環境だったでしょう。また、岩陰は庇が高いため、太陽の光が入りやすく、明るいことが特徴として挙げられます。旧石器時代から縄文時代草創期は最終氷河期にあたり、気温は現在よりも10度程度低かったとされます。洞穴や岩陰の中は温度の変化が少なく、当時の人々にとっては寒さをしのげる天然の住居だったともいえます。洞穴は奥行きを持つため、雨露をしのぐ場所として使われることの多かった岩陰よりも効果的に外気を遮断できるので、氷河期には洞穴がより使われていたのではないかとも考えられています。

洞窟と洞穴　一般に「洞窟（Ｃａｖａｎ）」とは、奥行きが間口の距離を越えるもので、鍾乳洞など奥行きが図れないものもあります。しかし、日本では洞穴地形であっても、国の指定を受けると固有名詞として「福井洞窟」など「洞窟」とします。「洞穴」は縦穴、「洞窟」には横穴という辞典的意味がありますので、これも間違いではありません。[1] 常用漢字として「洞穴」が一般に広まっており、遺跡の種別としては「洞穴遺跡」が用いられていますが、[3] 佐世保市では「洞窟遺跡」に統一しています。

1 全国の洞窟遺跡分布図と集中区

	遺跡集中区	史跡	洞窟遺跡数
A	長崎県佐世保市	福井洞窟・泉福寺洞窟	31
B	広島県庄原市	寄倉岩陰	30
C	岩手県岩泉町		29
D	神奈川県三浦市		25
E	山形県高畠町	日向洞窟・一の沢洞窟・火箱岩洞穴・大立洞穴	20

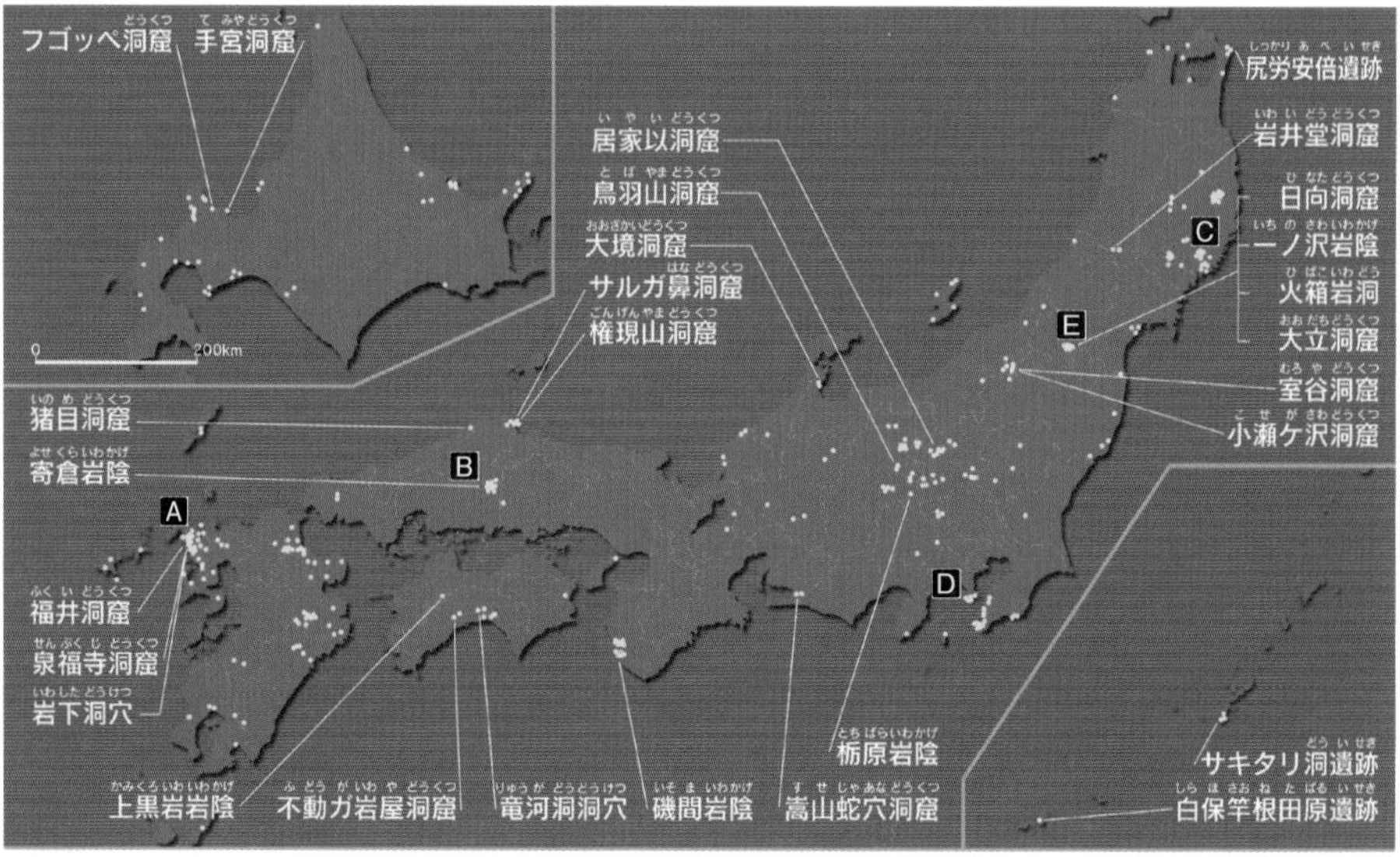

2 西北九州の洞窟遺跡の分布

遺跡名			
1	牽牛崎洞穴	20	長谷岩陰
2	下本山岩陰	21	中谷洞穴
3	(仮)百間坂洞穴	22	岩谷口第1岩陰
4	大門洞穴	23	岩谷口第2岩陰
5	泉福寺洞窟	24	牧ノ岳洞穴
6	岩下洞穴	25	直谷岩陰
7	池野谷洞穴	26	不動明王谷岩陰
8	杉の尾洞穴	27	上直谷岩陰
9	上炭床岩陰	28	福井洞窟
10	大古川岩陰	29	前田岩陰
11	菰田洞穴	30	長谷禅門岩陰
12	天神洞穴	31	山田禅門岩陰
13	龍神洞穴	32	大谷岩陰
14	中通洞穴	33	ぜんもん岩岩陰
15	桜木岩下岩陰	34	屋敷ノ元岩陰
16	大悲観岩陰	35	禅門岩洞穴
17	小浦岩陰	36	黒岩岩陰
18	大山口岩陰	37	中尾岳洞穴
19	橋川内洞窟	38	白蛇岩岩陰

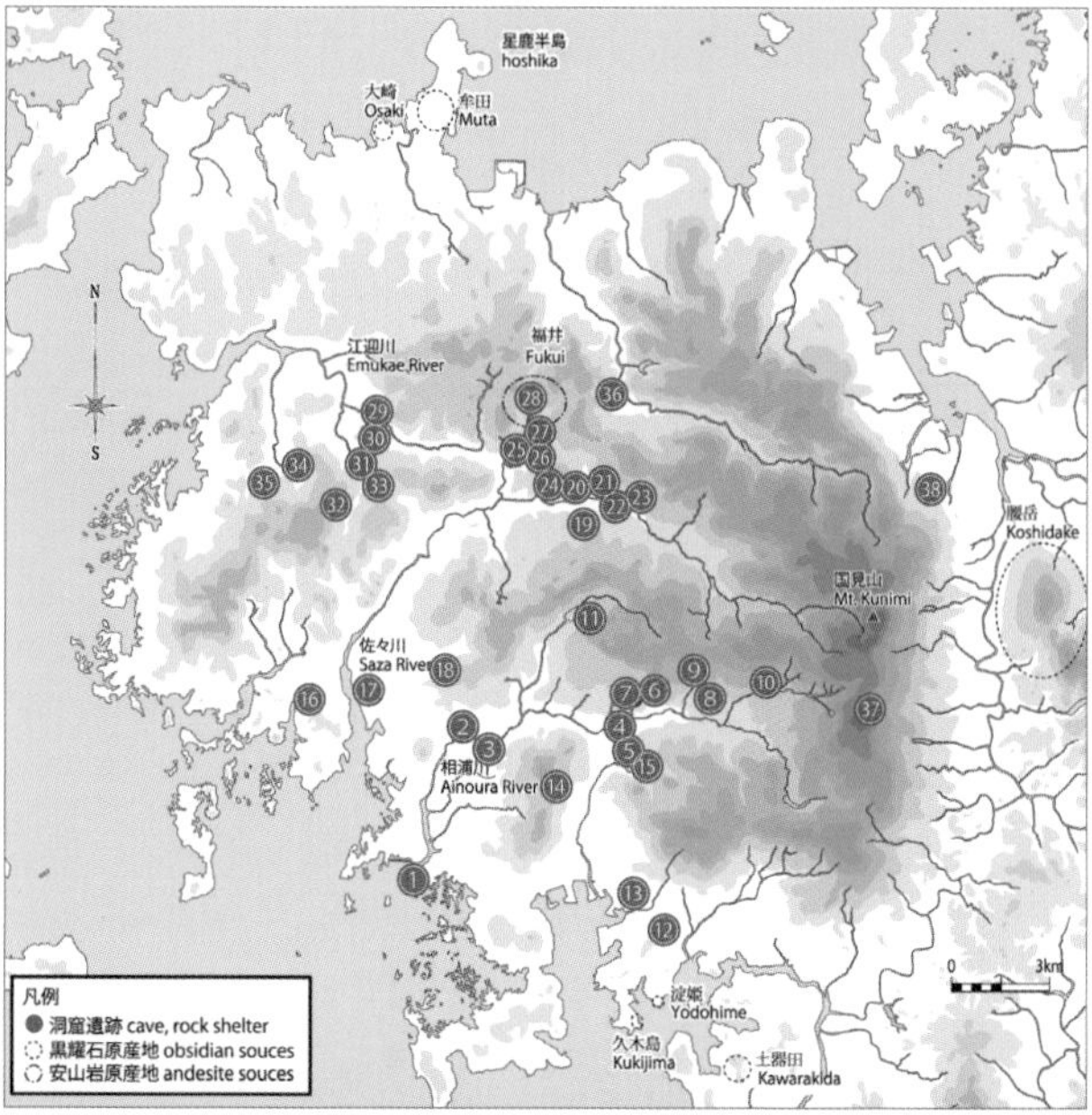

岩陰遺跡

下本山岩陰（佐世保市）
岩陰遺跡（河川浸食洞）。

洞窟遺跡

無窮洞（佐世保市）
洞窟遺跡（人工洞）。第二次世界大戦中の防空壕。

泉福寺洞窟（佐世保市）
洞窟遺跡（風化浸食洞）。

サキタリ洞
フィッシャー遺跡
（沖縄県）
洞窟遺跡。

超安全⁉ 地下鉄工事みたいな発掘現場

柳田 裕三

1 安全管理と史跡保存―発掘調査の基準づくり―

遺跡での発掘調査というと、「ハケ」や「ブラシ」を使って作業するイメージが強いかもしれません。確かに、お墓の中から人骨や貴重な出土品を掘る時はハケなどを使います。ただ、ほとんどの発掘調査はスコップやクワを使った重労働の作業です。一見すると工事現場で行う作業とほとんど見分けがつかないものです。そのため、安全管理には細心の注意を払う必要があります。近年は、熱中症対策での温湿度の管理や水分補給と十分な休憩時間の確保が欠かせません。とくに、福井洞窟では地面からまっすぐ6メートル近く掘るため、調査区の壁が崩れて生き埋めにならないよう安全対策を講じる必要がありました。そのほかにも、洞窟内への光や酸素濃度の対策などの注意が必要でした。

一方で、国に指定を受けた史跡ですので、むやみやたらに発掘調査を行うこともできません。史跡は国によって保護され、現状を変えることなく永久的に残すことが約束された遺跡です。発掘調査を行うことは遺跡の内容を明らかにしていきますが、遺跡を破壊することにもなります。調査した遺跡は、元に戻すことはできないのです。つまり、福井洞窟の発掘調査では、安全と史跡保護を両立する必要がありました。

そこで、まずは調査区の選定です。史跡整備で活用する地層が確実に採取できる地点で、史跡の破壊が最も少ない調査区を選定する必要がありました。そのため、地層の硬さを調べたり、１９６０（昭和35）年の調査記録を整理したり、かかる金額を算定したりと幾度も国県市と外部の先生たちと検討を重ねました。その結果、第1調査区が最も史跡の保存上よく、確実に分析や資料の採取ができることが確認されました。次に、安全と史跡の保護を保つために発掘調査の区画に合わせた特注の鋼鉄製型枠（ライナープレート）を設計し、さらに出入口に安全勾配60度を設けました。発掘調査では、通常の考古学調査に加えて自然科学分析や地質調査のほか、三次元の写真測量と地層の剝ぎ取りを行い、学術内容の解明と共に調査後に資料を活用して史跡整備を進める必要があったのです。そのため、深さ2メートルまでの調査が終了した後に、プレートをはめてさらに深く進める計画を策定しました。さらに、遺構を検出した場合の対応や落石により調査が進められない場合のシミュレーションを『発掘調査の処理基準』として策定しました。こうした基準を作成するために2年間、計5回の協議、12回におよぶ外部委員会との検討会が行われました。

2　地下鉄みたいな発掘現場

鋼鉄プレートはとても重くクレーンを使って洞窟まで運ぶため、当時は工事現場と良く間違われました。地面から2メートルを発掘調査し、壁面まで綺麗に清掃した後に三次元測量を行い、自然科学分析の試料を採取し、地層を剝ぎ取った後、プレートをはめて、また2メートルを掘り進めました。想定では、地表下マイナス2メートルから岩盤までは最下層の15層を除いて何もない無遺物層と考えていました。そのため、計画では半年ほどで終了する予定でした。ところが、発掘すると途中の層で重要な遺構が次々と検出されました。そうした時には、上の地層まで再度確認するためプレートをはずして……と、一歩進んで二歩下がる、地道な調査が続きました。結果的には、1年4ヵ月の長い発掘調査となりました。現地を訪れて鉄骨の階段を降りる人たちは、「まるで地下鉄工事のようだね」と驚きながら、1万数千年前の人類が生活した地面を見学されていました。

1 調査区と安全勾配

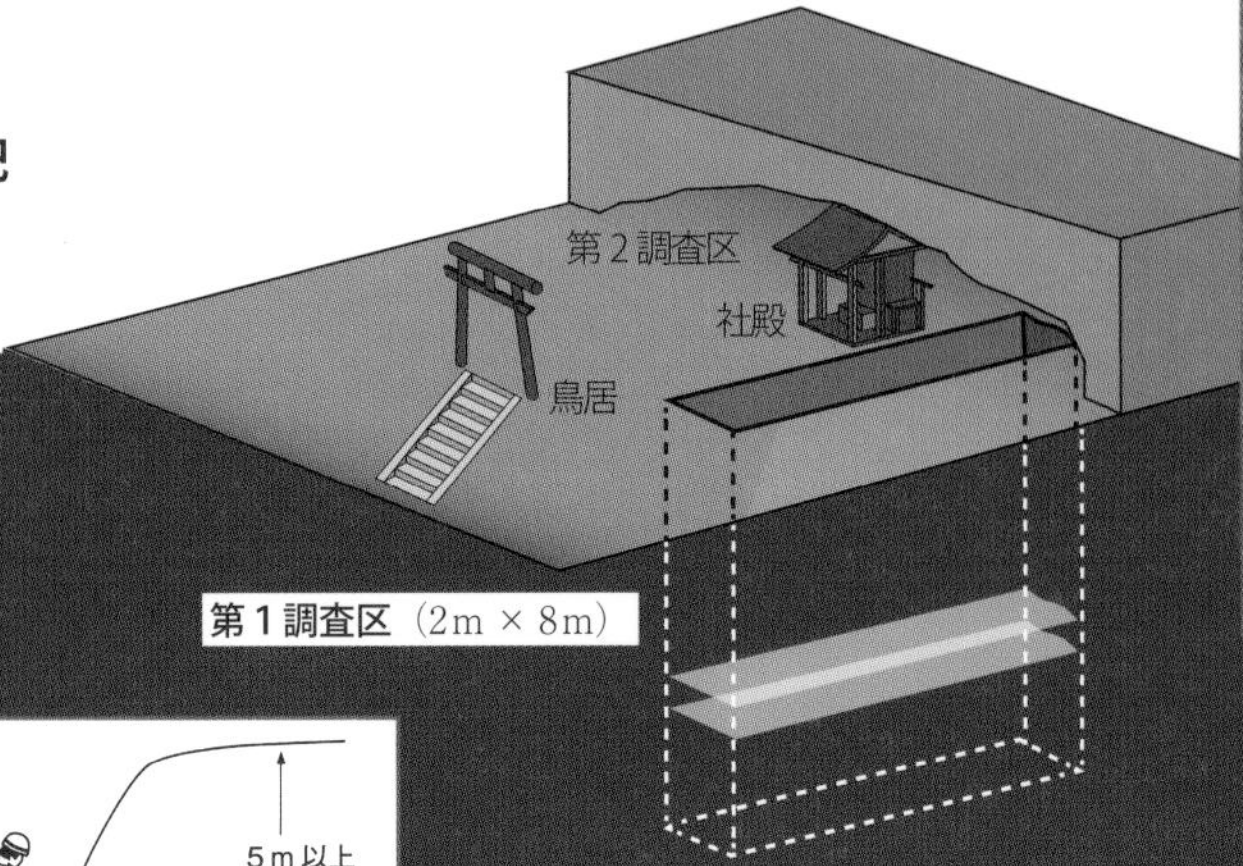

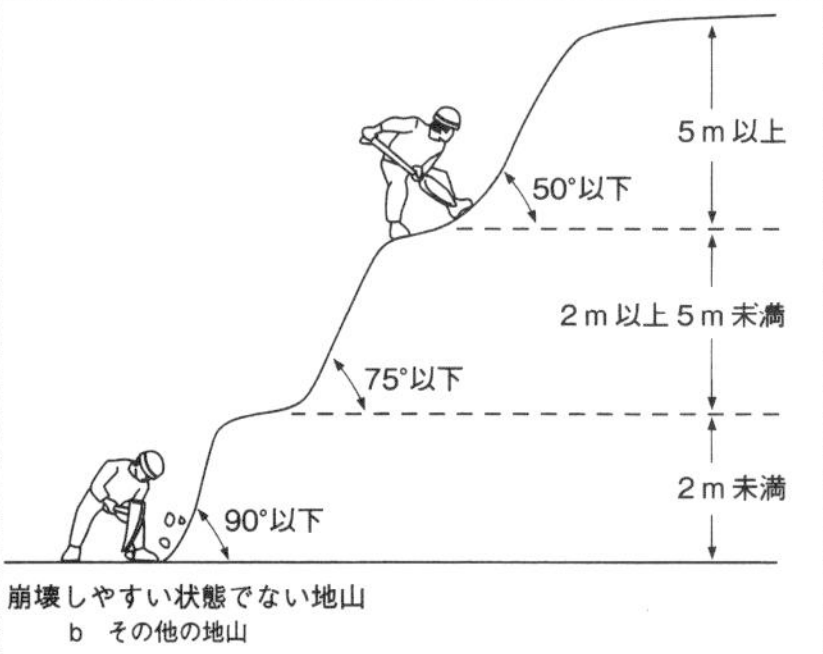

掘削面の勾配と掘削面の高さ
（文化庁文化財部記念物課 2010 から転載）

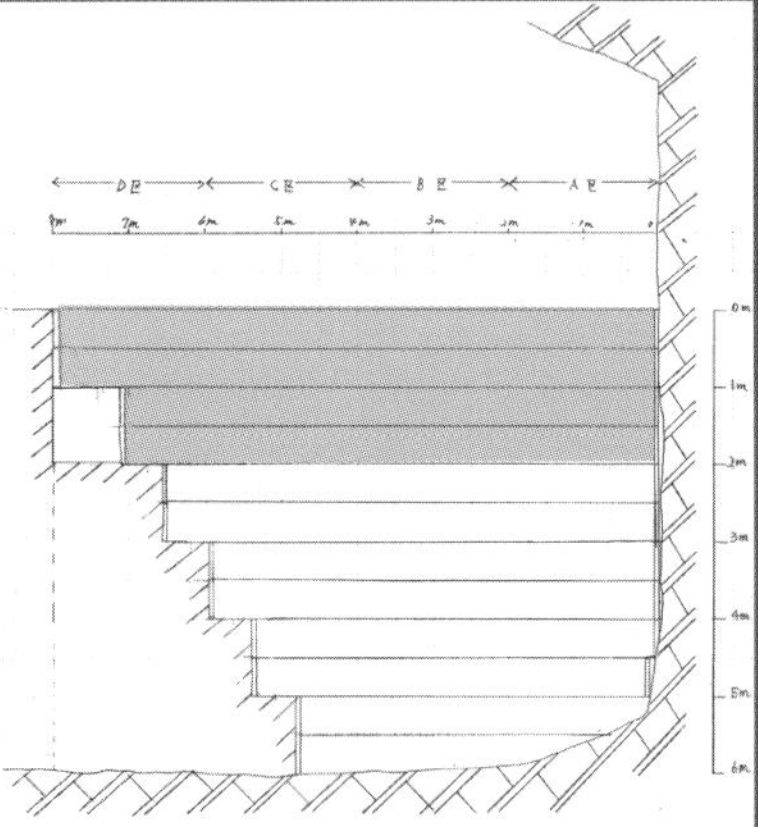

福井洞窟における調査区の安全勾配
鋼鉄製プレートを設置することで、開口部以外を 90°に設定した。

2 鋼鉄製プレートなどの設置

鋼鉄製プレートの設置と踊り場の設置状況

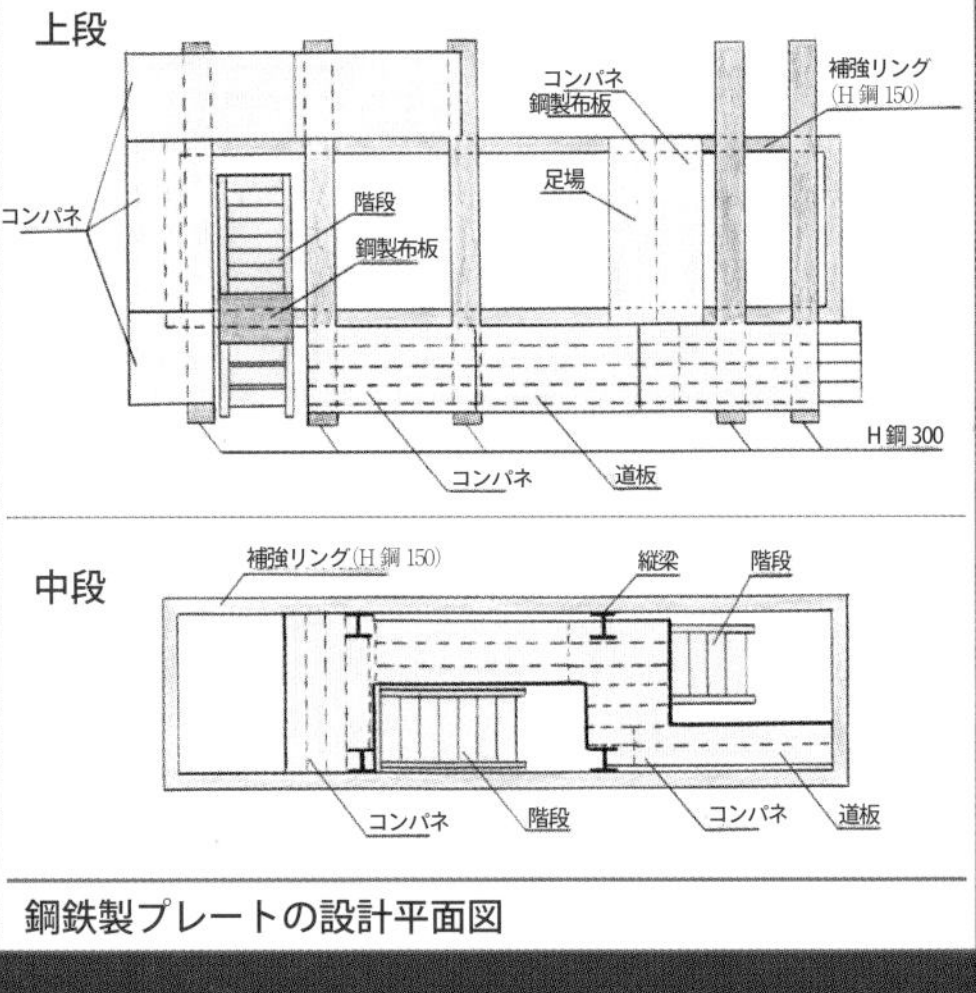

鋼鉄製プレートの設計平面図

3　超安全!? 地下鉄工事みたいな発掘現場

調査区の上に設置した転落・雨水防止用のネットおよびフェンスなど

フェンスには安全確認・注意換気の表示板を設置。

以前の調査区を側面のみ調査

第一調査区を掘り継ぐ形で、側面のみを地層ごとに上から削っていく。

狭隘な場所での掘削や測量作業

地層の剥ぎ取り作業

とても重いので、みんなで協力して作業している。

地面下 4m50cm での作業

鋼鉄製ライナープレートをH鋼で吊るなどした土留め工法

調査区の見学

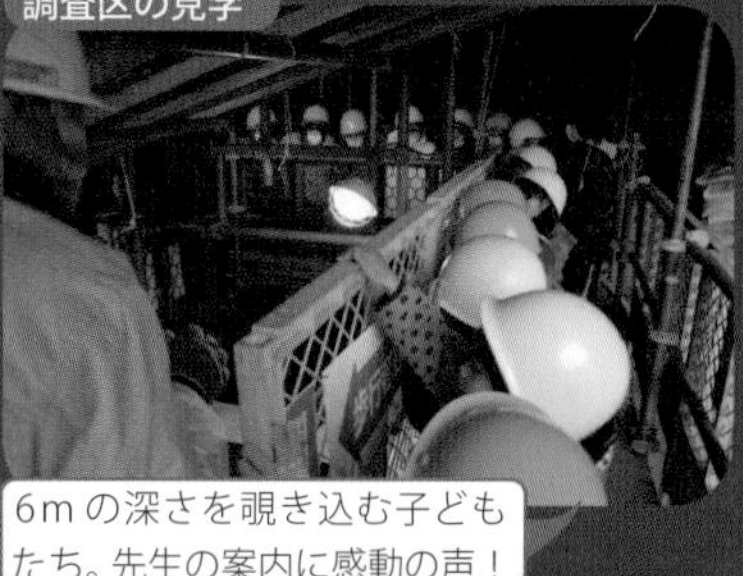

6mの深さを覗き込む子どもたち。先生の案内に感動の声！

発掘状況の検討

途中の踊り場から、地面より-4m下で検出された炉の跡について現地で検討する専門の研究者。LEDライトが明るい。

発掘は一点一点！積み重ねれば7万点

柳田 裕三

遺跡で見つかる土器や石器などの遺物は、発見されてすぐに博物館で展示されるわけではありません。遺跡で発見すると、一点一点に竹串をさし、荷札に番号などを記して写真をとります。そのあと、測量を行い遺物に位置(X・Y)や高さ(Z)を記録します。福井洞窟で出土した遺物は、どのような地層の中にどのような状態で埋まっていたかも写真に記録することに努めました。例えば、石器の方向が斜めになっているか、平坦に埋まっているかも記録します。そのことで、その石器が人によって埋め込まれたものなのか、廃棄されたものなのか、また、自然の土石流などによって運ばれたものなのかを考えながら調査を行いました。記録を終えて、やっと遺物の取り上げです。取り上げの際には、そこに埋まっていたことが確実に確認できるように「窪みの跡(インプリント)」の写真記録もとります。発見されたものは、誰しも直ぐに取り上げたい気持ちになりますが、その気持ちを抑えて一点、一点を積み重ねていく必要があります。そのため、遺物が多くみつかる地層ではなかなか作業は進みません。福井洞窟では通常あまり細かなデータを取らない炭や骨の位置データも細かく測定しました。そのことが、後々の整理の際に役立ちました。

とくに大変だったのは、深さ6メートル近くの測量調査でした。深さ2メートルまでは、通常の測量機械を使用して測定することができましたし、調査区のグリッドのメモリも目の届くところにありましたので、測定は安易にできました。ところが、型枠のプレートが入りこむと思うように測量することができなくなりました。そこで、洞窟の地表面にある調査区割の位置から下げ振を垂らして、地表下マイナス3メートルや4メートルの位置に調査区割のポイントやレベルの測定値をおいて図化測定を行うアナログ方式に変更して調査を行いました。狭い調査区ではたびたび調査員や作業員によってポイントが蹴飛ばされたりと苦慮しました。下層になり、保存する炉跡などが見つかると、さらに狭くなりました。測量する際は、作業員に一度洞窟外に出てもらっていましたので、余計に作業は進みません。

調査の際には、良く「調査区の角も豆腐の角のように真っ直ぐしましょう！」と言い続けました。土層剝ぎ取りや三次元の写真測量、地層の図化作業を行うのに斜めになっていては正確な記録がとることが出来ません。折角、調査してもあやふやなデータではただ遺跡を痛めつけたことになってしまいます。また、土層剝ぎ取りでは、薬品を塗布するので、地面からマイナス5メートルで作業を行った時は、ガスを抜くのに大きなパイプをぶら下げて、大型扇風機を回したりと大変でした。そんな作業を繰り返して1年4ヵ月、やっと岩盤まで到達しました。発掘で新たにでた土は、普通そのまま土捨て場に持っていきますが、今回は違います。調査では見つけることのできない微細な遺物が残っていると先生方に指導を受けていました。そこで、グリッドごとに土のう袋に記録をつけて保管していきました。その後、水洗い作業を行い微細な石器や土器片や骨、炭などを検出しました。とくに、12層では細かな細石刃を検出したことで、石器をどのように作っていたかを復元することも、どこで石器を作っていたのかもわかってきました。また、微細な骨から種類の同定やなかなか検出されない魚骨などもみつかり、当時の資源利用のあり方にも迫ることができました。洗うこと2年間。約6.1トンの土壌から多量の遺物を検出し、現地作業と合わせると7万点近い遺物を検出することができたのです。この一点一点の分布をつなげていくことで、当時の人々の洞窟での暮らしぶりがシルエットのように浮かび上がってきました。

1 測量調査

洞窟の中は暗くてなかなか光が飛ばず、深いところはアナログ方式に切り替えた。

計測機器を使った測量

2 インプリント（窪みの跡）の写真記録

そこに埋まっていたことの確実な証拠となる。

炭片や骨片も遺物と同じように記録する。

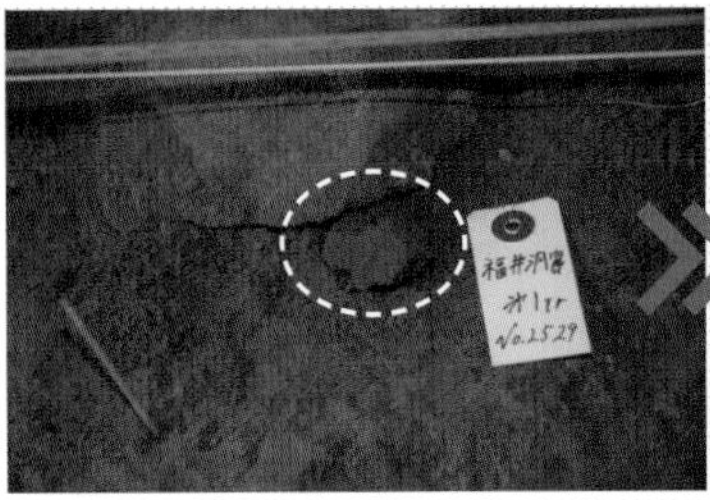

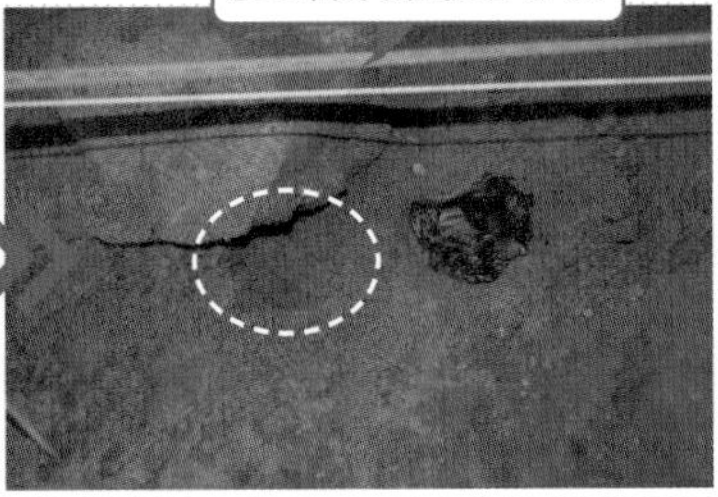

石器が見つかった時の出土状況写真

石器を取り上げた際のインプリント写真

3 積み上げた測量データの壁面図への記録

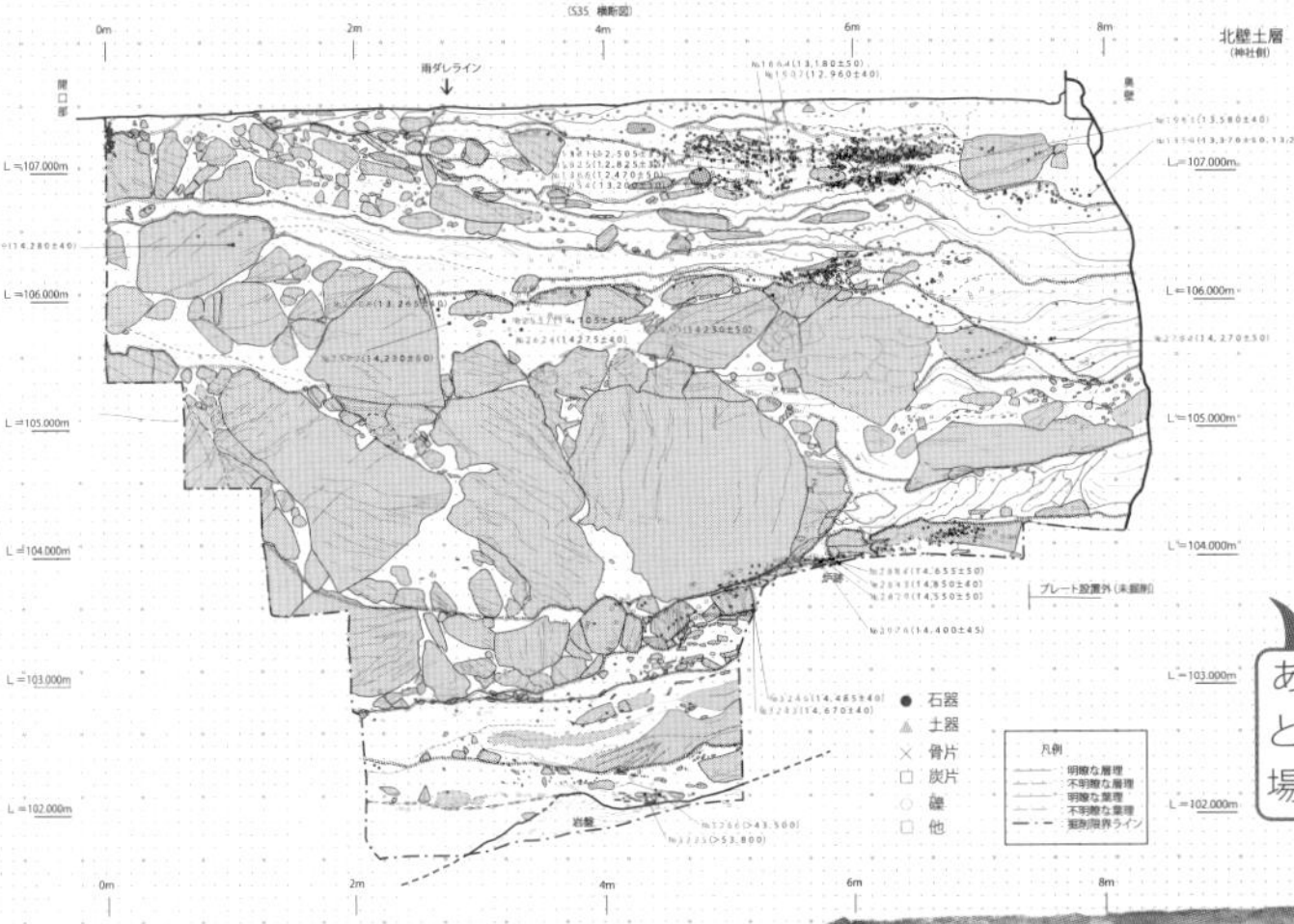

遺物が集中して見つかる場所がわかる。

あわせて検討することで、人が利用する場所がみえてくる。

土器や石器の位置を投影した壁面図

調査と同時に撮影した三次元写真データ

1 土を削って運ぶ

土のう袋につつんでウィンチで5m上の地面まで引き上げる。

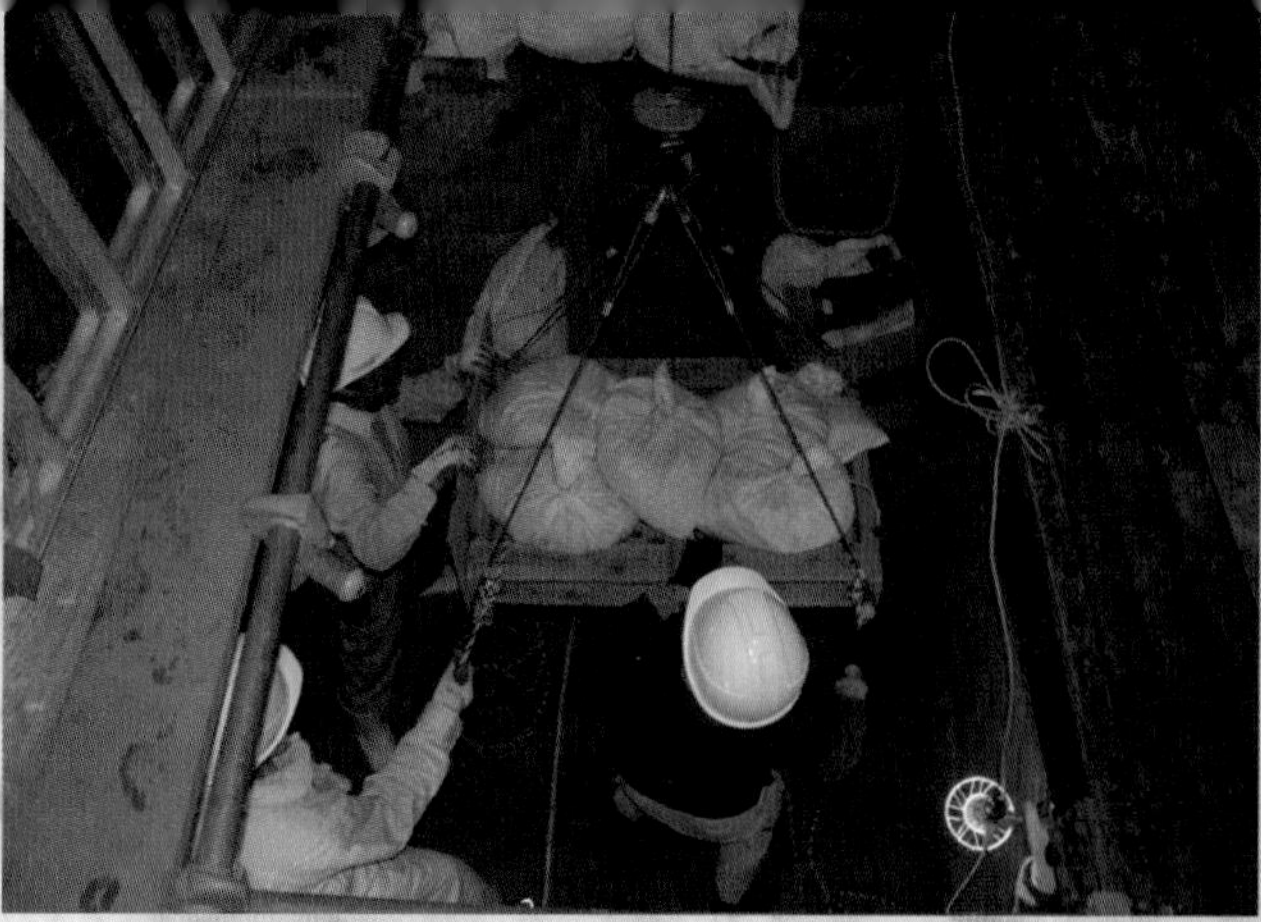

土の運搬作業

2 土を洗って遺物を見つける

① 運搬した土を専用の機材で水洗いする

② 水洗作業中で浮いてくる炭や種子を抽出する

網の中には骨や石器などの重い資料が残る。

③ 乾燥した土から小さな遺物を見つけ出す

砂粒の中から石器や骨、炭を見つけるのは大変！

④ 土を洗って見つかった石器と骨

通常の点挙げ作業ではくっつかなかった細石刃が、水洗作業で抽出された石器と合わさることで60個体近くがくっついて一つの石器に復元できた。

骨を1点1点図ったことで、縄文時代の地層から出土した骨に石器で傷をつけた痕跡が残っていたこともわかった。

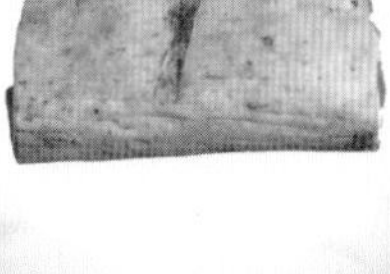

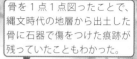

⑧今だから言える福井洞窟の再発掘秘話

（ベテラン発掘作業員）
守部 信子

現場の雰囲気は？　私が福井洞窟の発掘調査に参加したのは途中からでした。何か人手が足りないとか、終わらないからとか…。長崎県の調査に作業員として長い間携わっていたので、その時お世話になった松尾秀昭さん（佐世保市教育委員会）に声をかけられたのだと思っていました。福井洞窟ってとても特殊な名前だったので、どんなものが出るのだろう…と楽しみもありました。ところが、現場に行ったら、調査員の柳田裕三さん（同教育委員会）達はとてもピリピリ緊張して仕事をしていました。これは「やばい所に来たかもしれないな…」と思いました。

史跡ゆえに　それもそのはずです。旧石器時代から縄文時代にかけての洞窟だったのです。しかも、国の史跡に指定された遺跡なので、とっても大事に扱わないといけないようでした。文化庁からも多くの先生が見に来られて、えらいところだと思いました。遺物を見つけたからって、勝手に「出ました～！」って手にとってはダメなんです。でも、たまに砂からポロッと出て落っことすこともあって「落ちちゃいました！」と言うと、柳田さんが深～いため息をつかれていました。

初めての洞窟調査　地面からだんだん深くなるにつれて、調査の様子も変わってきました。洞窟ですから空がなく、周りが暗くなるので、電球をつけたり、ランタンをつけたり、大忙しです。最初は白熱球でしたが、ＬＥＤになってから夕方もとっても明るくなりました。

初めて聞く言葉もありました。三次元写真測量とか、土層剝ぎ取りとか。これは凄かったです。特殊な薬剤を地層につけて、地層のまま剝ぎ取る。これには、ビックリでした。

また、１９０００年前の炉の跡や石敷とか、見学者の方にも大変多く来ていただきました。暗い所で目を凝らして遺物が見つかった時のどうにもならない嬉しさが最高です。つい大きな声で『出ました～！』…と叫んでしまいます。なかなか出会えないたくさんの経験をありがとうございました。福井洞窟バンザイです。

⑨生活面を探し出せ！

柳田 裕三

遺物が包まれる地層から遺構を発見した時、その掘削した地面を「遺構検出面《いこうけんしゅつめん》」と呼びます。（1）遺構を作り、営み、廃棄した当時の地表面＝「生活面」で、この生活面を探し出すことによって、洞窟で暮らした場所や地形が明らかとなります。さらに、その生活面の下の層で新たに生活面を探し出すことができれば、くり返しその場所が利用されていたことがわかりますし、地形の変化も知ることができます。

台地の上にある平地の遺跡では、風化して土や遺物が遺らなかったりするので、時代の異なる遺構が同じ高さの地面で検出されてしまい、時代の前後がわからないことがあります。しかし、洞窟遺跡では天然の屋根に囲まれた空間のため、雨風にさらされず、遺構や自然遺物を含む文化層が細かく堆積する場合が多いのです。洞窟は雨風や重力により、風性の砂（レス）や泥、落石による転石が堆積していくからです。

福井洞窟では、当時の炉が重層的に発見されました。掘り込みのない地面で焼いた地焼炉《じしょうろ》でしたので、その位置が生活した地面と考えられます。13層や12層では洞窟の奥壁近い平坦面で、9層や7層では洞窟中心部の平坦面で見つかりました。どの地層も炉の周辺で石器が集中して見つかり、道具を作っていたことがわかってきました。4層では焼けた獣骨片が集中して見つかりましたので、その周りに炉の存在が想定されますし、動物をまとめて棄てたのかもしれません。3層では遺物にあまりまとまりがありませんでしたが、2層では洞窟中心部に焼けた礫と遺物がまとまって見つかりました。

このように、各地層で炉などの遺構を重層的に検出したことで、19000年前～14000年前の5000年にわたる洞窟での生活の様子が確認できました。この文化層序の逆転のない生活面の検出により、石器や石器の正確な変化をも読み解くことができるようになったのです。

発掘作業員の奮闘

掃除のあとは、足跡が
つかないように、退散！

出ました～！
小さいけど！

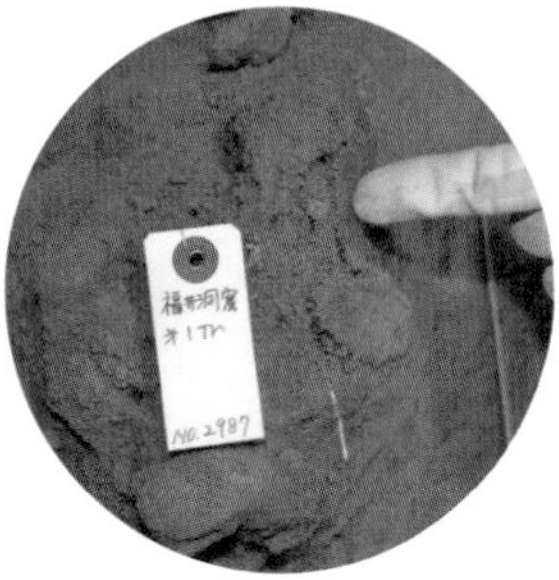

洞窟の中は夏涼しく、冬あったか
他の現場よりは過ごしやすい！

雨の日も休まず、
埋め土も全部ふるって遺物を発見

しばし談笑の時間。
鉄骨を組んだ深い
トレンチの中で食べる
アイスは最高!!

埋戻しは違う砂で
埋めていきます

1 各地層で発見された生活面

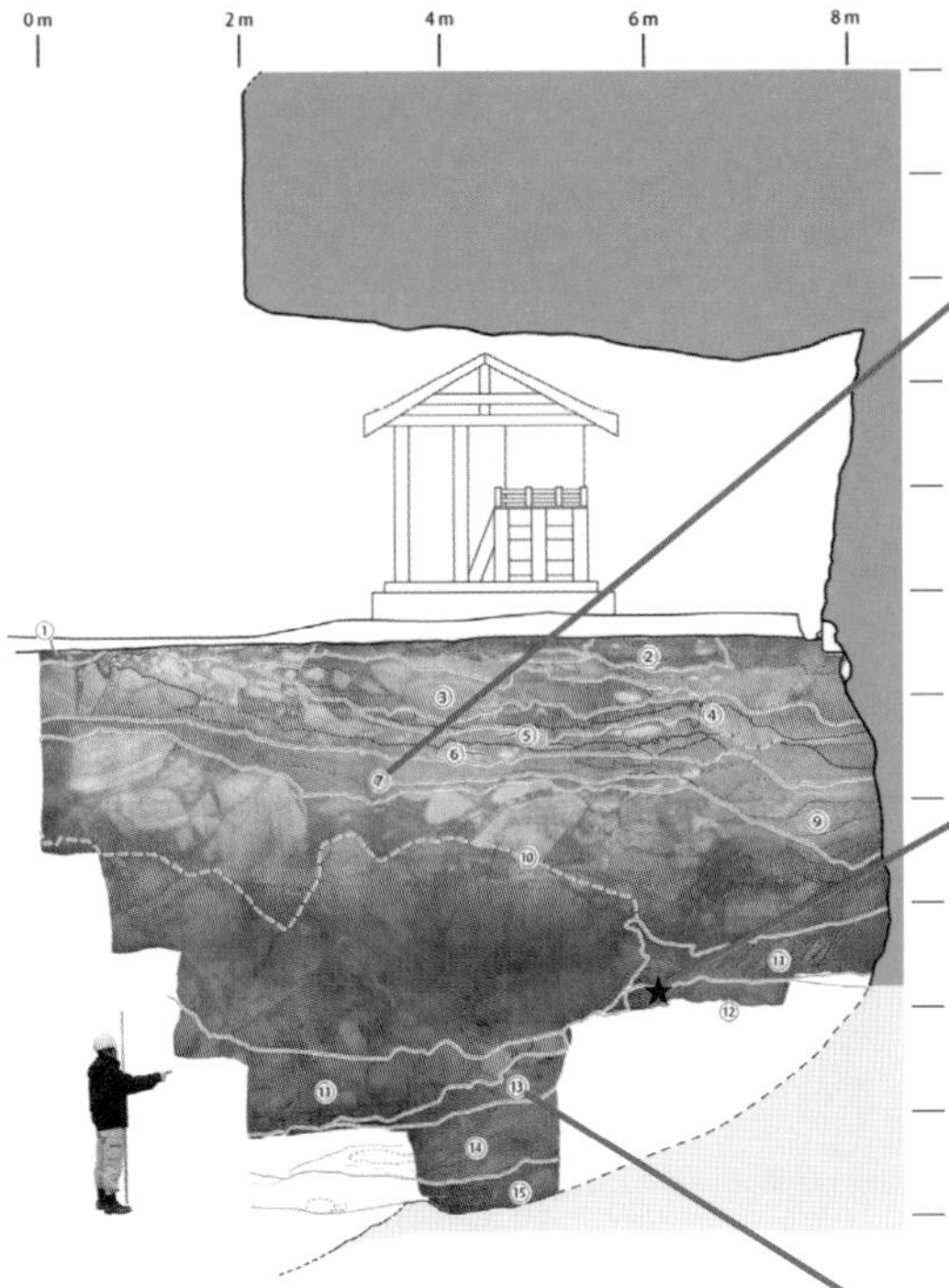

福井洞窟断面図

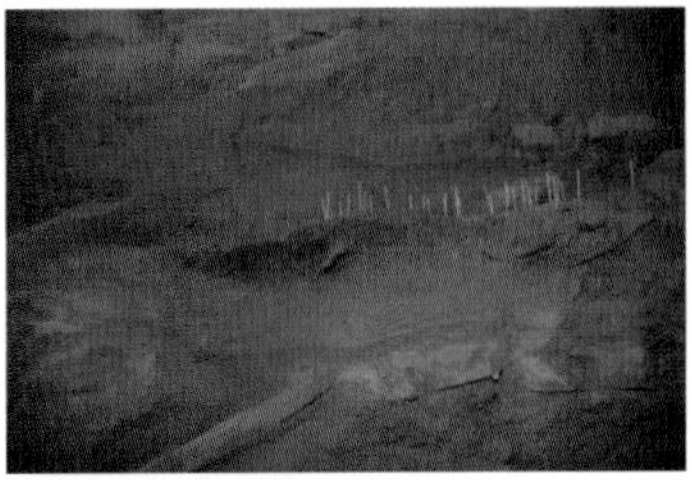

17000 年前の炉（横から）

18000 年前の炉（斜め上から）

19000 年前の炉（横から）

2 洞窟遺跡の地層を読み解くには？

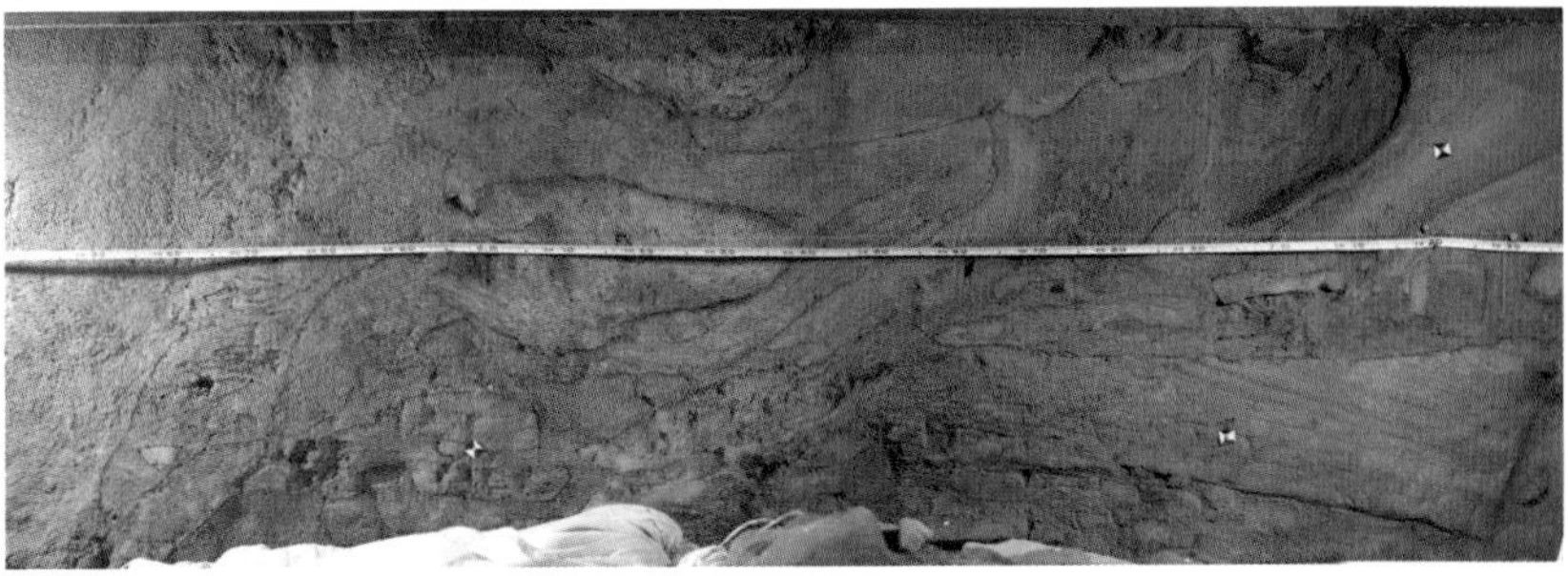

福井洞窟の 10 地層（上断面図★）

落石により地層がめくれあがっている。洞窟遺跡は 1m 離れるだけで地層が変化し、落石により上下の地層が逆転することもあるので注意が必要。地層の違いを読み取るには、地面と壁面の違いを読み解く必要がある。

第2章
5
壁（地層）の分析がとっても大事

溝上 隼弘・西山 賢一

1 洞窟遺跡の地層の特徴

地　層　遺跡の発掘調査における地層の分析は、遺跡の本質、調査の屋台骨となるものです。地層の中には様々な自然現象や人類活動の記録が残されていて、その地層の記録を探るためには、考古学、地質学、土壌学、年代学などによる学際的研究に基づいた調査が必要となるからです。地層は、基本的に下から順番に堆積していきます。つまり、「上に重なる地層は、下にある地層より新しい」（「地層累重の法則」）というごく自然なものです。また、「ある地層には、その地層が堆積した時代に特有の化石が含まれることがあり、堆積時代が異なる地層には、異なる化石が含まれる」という特徴を探すことで、地層の上下を区分することができます（「地層同定の法則」）。この化石を考古学では考古遺物と考えています。例えば、旧石器や縄文土器、弥生土器としての型式学的（文化的）まとまりがその地層の中にある時、上下を区分する重要な指標になり、その地層を遺物包含層（または文化層）と呼びます[1]。しかし、発掘現場で直面する地層には、理論とはかけ離れた複雑で難解なものが多くあります。

細かな地層　開地遺跡では、堆積物が雨風などの影響により取り去られてしまうため、複数の時代の人々の痕跡が、薄い地層の中に包含されてしまいます。ところが、洞窟遺跡では、洞窟という岩に囲まれた空間により、雨風から守られるため、遺物が細かく地層に包含される場合が多くあります。富山県氷見市の大境《おおざかい》洞窟では、重層的な地層の最下層に縄文土器、その上層に弥生土器が含まれ、これまで地層の中に混じって出土していた弥生土器と縄文土器が分かれて存在することが明らかとなりました。今ではごく当たり前ですが、弥生時代の前に縄文時代があることを洞窟遺跡の細かな地層から確認することができたのです。

残りやすい遺構と遺物　洞窟内部に埋積する堆積物の特徴は、洞窟を構成する地層によって異なります。石灰岩で形成された洞窟では、開地遺跡に比べて動物やヒトの骨や貝などの自然遺物が残りやすい環境にあります。また、火を焚いた痕跡などは、縄文時代や旧石器時代の開地遺跡では炭の集中部としてしか残らない場合が多いのですが、洞窟遺跡では焼土の色も脱色せずに残りやすいため、遺構として発見されやすいのです。

洞窟調査の難しさ　このように洞窟遺跡は有益な情報を得られる一方、非常に複雑な地層となり、細かな構造を理解しなければ、調査によっては違う時期の遺物が混じって見つかってしまう場合があります。洞窟内には、洞窟を構成する岩盤が風化してはがれた細粒な土砂や落石（内的要因）が堆積するほか、洞窟外を流れる河川の洪水堆積物、風で運ばれる細粒な土層・火山灰（外的要因）が堆積し、さらには人間活動により多様な材料が持ち込まれて堆積するため、非常に複雑となります。

雨垂れライン　とくに、岩庇《いわひさし》から雨のしずくが落ちてくるラインを「雨垂《あまだ》れライン」といいます。雨垂れラインから洞窟の前と後では堆積物が大きく異なります。この雨垂れラインから中にあって岩に囲われている空間が現代の家の中、つまり「ウチ」であり、その反対側（入口側）が「ソト」になります。このウチとソトでは遺構や遺物の出土状況も大きく異なりますので、先史時代の人類も明らかにその空間を認識していたことがわかります[3]。

堆積物と土壌　堆積物は基本的に層をなして下から上に累重しますが、土壌は性質上、上から下に形成されます。土壌は、母材である岩石の風化物と、動植物が分解した有機物の集合体であり、色彩や有機物を分析することで、土壌の生成過程を検討することができます。また、人類活動の結果残された炭の放射性炭素年代を測定することにより、何年前の地層であるのかがわかってきます（第3章1）。このように、多角的分析により分けられ

1 三次元写真と実測図を読み解く

■調査の経緯

1 層～ 6 層までは，5～10㎝の厚さの壁面を精査・掘削しながら発掘調査を行った。
7～9 層で調査区壁面からの残存幅が南北合わせて 40㎝程度で、10・11 層の落石から下位は、未発掘部分で全体として平面的な発掘調査を行った。
一部の遺構を保存しつつ、14・15 層の河川堆積物を掘削し、地表面から 5.5ｍ で岩盤に到達した。

①層
神社建立時に削片されている。

②～④層
安定した洞窟での堆積。

⑦～⑨層
洞窟地形。奥壁は水性堆積。

⑩⑪層
地すべりによる堆積
（2ｍを越える落石など）。

⑫⑬層
岩陰地形。
炉や石敷など生活痕が残る。

⑭⑮層：河川堆積物。

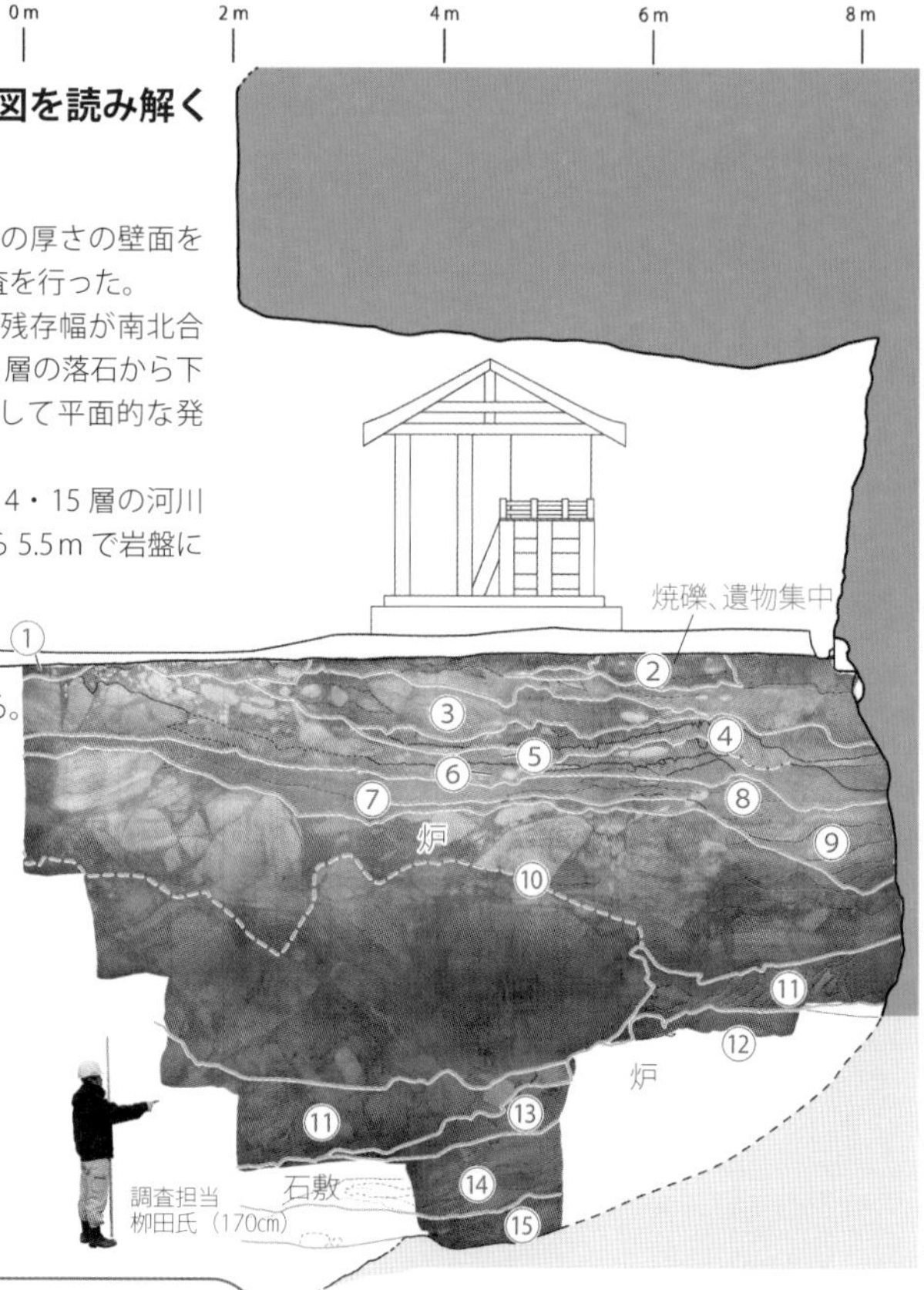

第１調査区北壁の土層三次元測量写真

2 柱状図からわかること

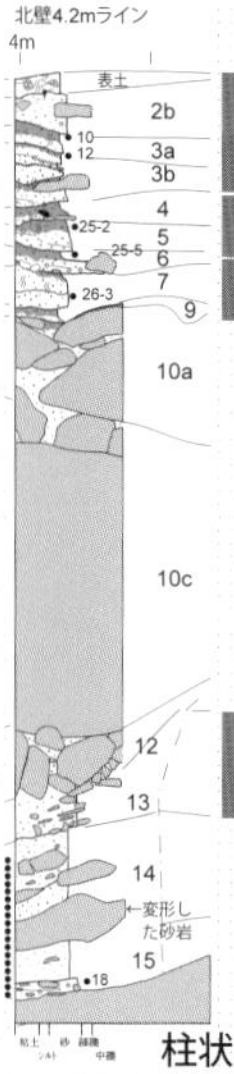

柱状図 A

文化期は各層をまたいだゾーンとしてとらえる。

■柱状に整理することで堆積の変化や分析箇所がみえやすくなり、洞窟の中心に最も多くの人類活動が残されていることがよくわかった。

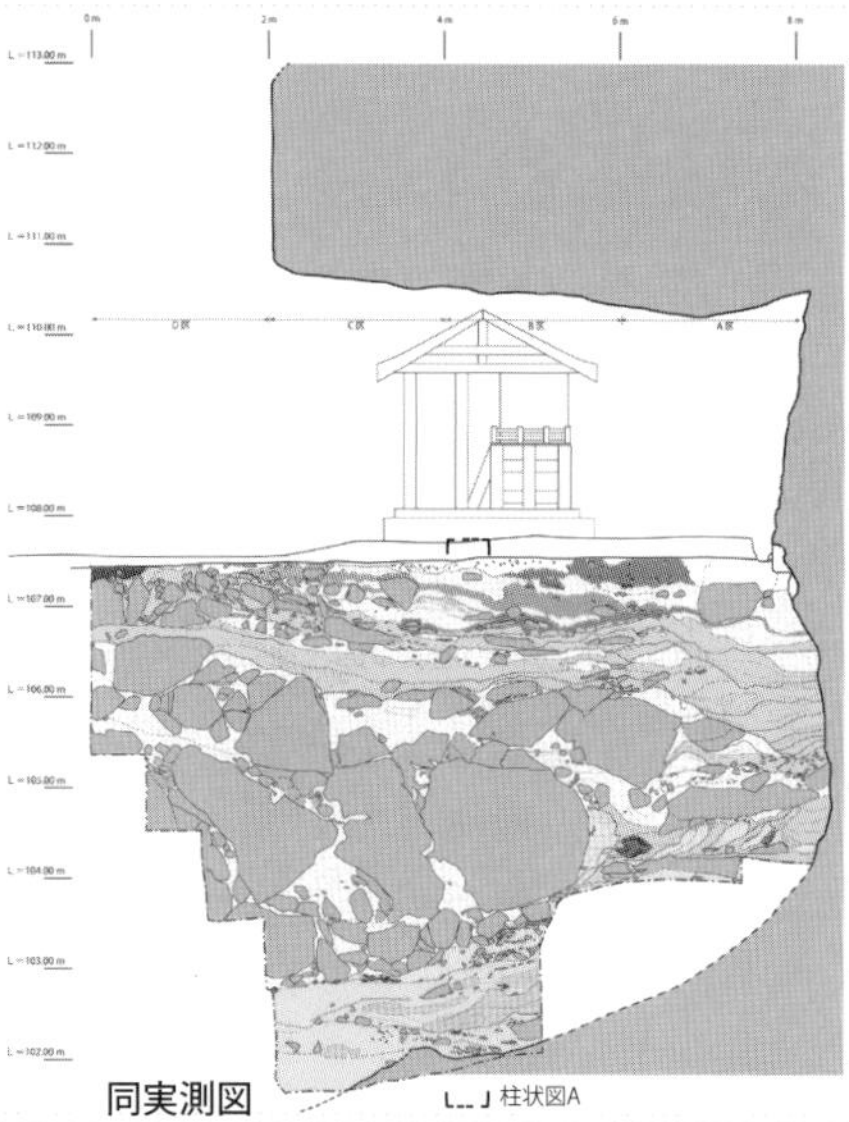

同実測図

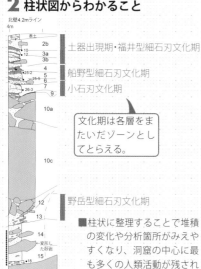

1 高解像度写真の分析

第1調査区南壁の7～9層の観察
（辻本裕也氏調査写真）

■発掘調査では壁を直角にして、地層をきれいに削り、剝いでいく。そして、柱状に堆積物の構造を整理する。

■微細な堆積構造を科学分析や高解像度の写真を元に整理することで、当時の環境なども推定できる。

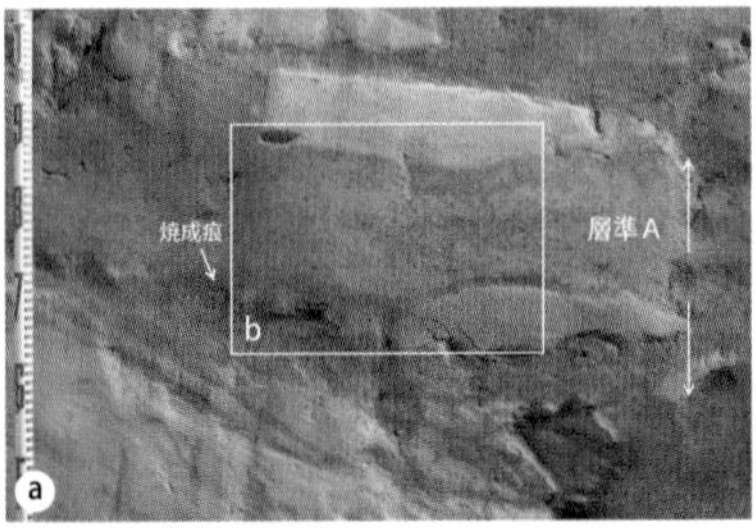

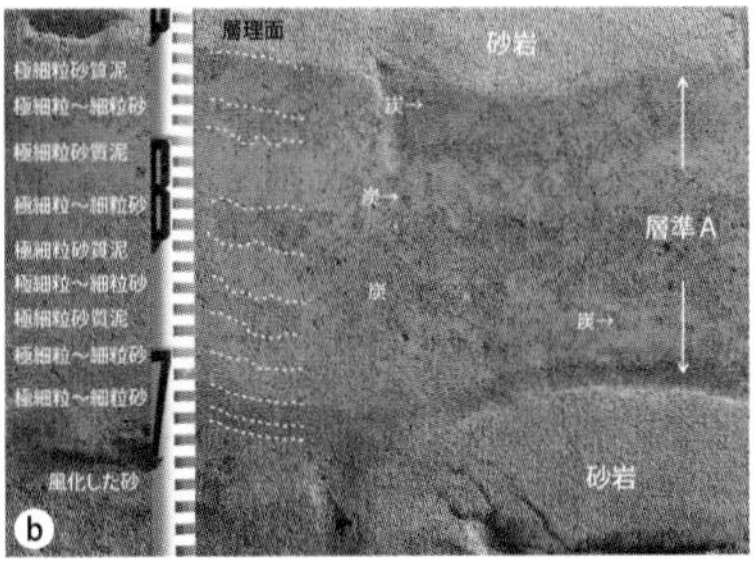

炉跡を示す炭や小石刃の石器群は、砂が堆積する時期によく見つかる。逆に、水で運ばれた泥が堆積する時期は炭や石器は見当たらない。つまり、乾燥して生活しやすい安定した時期にヒトがやってきて生活をしていたことがわかる。

2 河川堆積物の特徴

この地層に含まれる礫は、しばしばやや丸まっている（円磨という）。

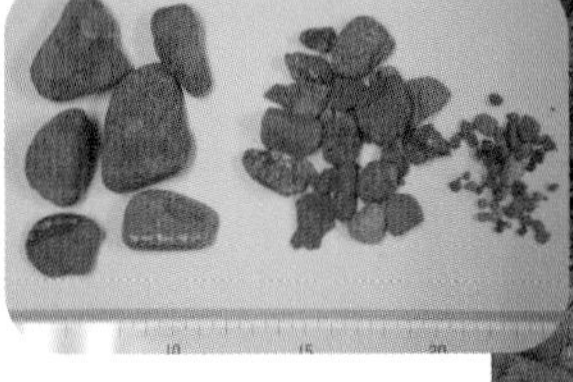

15層の河川堆積物（右）・礫（上）

た地層に番号をつけて整理していきます。堆積物を平面で確認してもわからない時には、トレンチで壁の地層を見ることによって、遺跡の成立ちを細かく調べることができるのです。

２　福井洞窟の地層からみえること

発掘調査　福井洞窟の再発掘調査は史跡への影響を抑え、安全性を確保する観点から、全面的な発掘ではなく、トレンチ（調査坑）を発掘する方法で、過去の調査埋め土《うど》を取り除き、壁の地層を確認しながら調査を行いました。調査中は過去の記載との照合を行い、今回の地層区分との比較を行いました。福井洞窟は、３つのトレンチにより層位が少しずつ違っていて、層位や出土遺物を間違って取り扱わないよう注意が必要でした。現場ではできるだけ細かく分層し、各分野の専門家による現地検討会を何度も行いました。室内の整理となってからも三次元写真や遺物分布、現地から剥ぎ取った土層や微細剥片資料を基に堆積層序の確認を繰り返しました。また、年代層序を整理して発掘するため^{14}C年代測定の分析を可能な限り早く行い、測定結果を発掘作業に反映しました。こうした地道な作業の結果、整理をしたのが土層図であり次のような堆積過程でした【1】。

洞窟地形の始まり　福井洞窟の底には崖をつくっているのと同じ砂岩が現れ、その上には、砂岩の角張った大きな石（礫）や砂がたまっていました。河川の侵食によって福井洞窟の原形がつくられた時は、今より地表が約5.5メートル低く、天井の高い空間だったことでしょう。一番下にあるのは、福井洞窟の壁と同じ砂岩ですので、福井川が砂岩の岩盤を削りこんでできた箱形の「ノッチ（崖）地形」の底の部分をみていることになります（第3章４）。その直上には、15層と呼ばれる地層が堆積しています。この地層には、円礫が含まれています。河川が洪水の時に礫を下流に押し流した際、角張った礫と礫がぶつかり合って削れ、次第に角が取れて丸くなったことを示します。また、岩石の種類も、福井川のより上流の山地に分布する玄武岩とよばれる岩石を含みます。これらのことから、この15層は、ノッチをつくった福井川による河川堆積物であることがわかります。

洞窟の変動　河川堆積物は福井洞窟の最下層だけにあり、その上位には、円磨された石や、玄武岩は見られなくなります。したがって、もう河川水は及ばず、洪水の時にも水や土砂が流れ込まない環境に変わったとみられます。その上からは、しばしば直径1メートルを超える砂岩の岩塊《がんかい》が、地層の中に目立つようになります。これらは、おそらく洞窟の天井からの落盤でもたらされたものと考えられます。砂岩の天井が、長い時間をかけて風化し、地震などをきっかけにして、天井の一部が崩れ落ちることがあったのでしょう。そのため、12層では炉や石器製作跡がパックされたように残されていました。

洞窟地形へ　発掘した地層の真ん中には、遺物のない、砂岩の巨岩ばかりがある厚さが2メートルを超える地層が現れます（コラム⑫）。この地層は、洞窟入口付近で最も厚く、洞窟の一番奥では薄くなります。この原因として、福井洞窟のすぐ北にある小規模な地すべり地形の活動が考えられます（第3章4）。これにより、福井洞窟の景観は大きく変化しました。洞窟入口が高く、洞窟奥が凹んだ、ゆるやかな斜面になりましたし、何より地表と天井の距離が迫ってきました。しかし、人類は同じ所にやってきて、生活を続けています。

洞窟の安定　その後も福井洞窟の景観は、少しずつ変化していきました。相変わらず、時には天井からの砂岩の落盤が生じ、地面に衝突してめり込んだりしますが、落盤は、まれにしか起こらない現象ですので、人類の生活の場としては、その後も長期間にわたって断続的に使用されてきました。ちょうどこの頃、旧石器文化は終末を迎え、土器の発明に始まる縄文文化へと変化していくのです。

このように、地層には様々な自然現象や人類活動の記録が残されています。福井洞窟の6メートル近い地層からは、劇的な環境変化を迎える中、自然と人類の移り変わりを読み解くことができるのです。

第3章

旧石器人・縄文人との対話

福井洞窟と真剣勝負！

写真解説

①見つかった黒曜石の細石刃。竹串をさして、出土位置を丁寧に記録する。
②きれいな砂の地層の洞窟から、はがれてふりつもっている。

◎福井洞窟は何年前？ ☞72ページ

◎石器と土器からわかることは？ ☞80・84ページ

◎いつどうやって洞窟ができたの？ ☞88ページ

◎福井洞窟のまわりにはどんな植物があって、どんな動物がいたの？ ☞100ページ

◎洞窟ではどんな暮らしをしていたの？ ☞108ページ

第3章 1

福井洞窟は何年前？

―年代研究の今昔物語―

工藤雄一郎

文字がない先史時代の遺跡の先後関係は、土器や石器の型式学的・層位学的編年で把握できます。しかし、実際の暦《こよみ》の年代を知ることは考古学独自の方法だけでは不可能で、理化学的な年代測定法を用いる必要があります。炭素の同位体《どういたい》で年代を測る「放射性炭素年代測定法《ほうしゃせいたんそねんだいそくていほう》」がアメリカで開発されたのが１９５０（昭和25）年頃で、日本の先史時代遺跡の測定も行われました。福井洞窟はそれらの中でも最も注目されてきた遺跡の一つなのです。

長い間、縄文時代の始まりの年代観の根拠となってきたのは、１９５０～６０年代に行われた神奈川県夏島《なつしま》貝塚、長崎県福井洞窟、愛媛県上黒岩《かみくろいわ》岩陰、旧石器時代終末の新潟県荒屋《あらや》遺跡などの放射性炭素年代測定結果でした。１９５９年に発表された夏島貝塚の９２４０±５００ＢＰ（ＢＰ＝西暦１９５０年から遡った年代を示す）という年代は、縄文時代早期が９０００年前まで遡ることを示しました。これは日本のみならず当時世界に衝撃を与える古さだったのです。そして１９６６年には、愛媛県上黒岩岩陰の縄文時代草創期の９層出土隆起線文土器包含層で１２１６５±６００ＢＰ細石刃石器群と爪形文土器が伴った福井洞窟２層の１２４００±３５０ＢＰ、細石刃石器群と隆起線文土器が伴った福井洞窟３層の１２７００±５００ＢＰ、新潟県荒屋遺跡の１３２００±３５０ＢＰなどの測定結果年代が公表され、縄文時代の始まりが想像以上に古かったことが明らかとなってきました。もちろん当時は、放射性炭素年代と暦の年代との時間的ギャップの問題は考古学界では認識されておらず、放射性炭素年代が１２１６５±６００ＢＰであれば、そのまま「約１２０００年前」と置き換えて理解していたのです。こうした年代観は１９９０年代後半まで30年以上にわたって支配的だったのです。

　ところが、放射性炭素年代を暦の年代に変換する「暦年較正《れきねんこうせい》」の研究が進み、１９９８（平成10）年には縄文時代の始まり頃のより正確な暦年代を得ることができるようになりました。縄文時代の始まりの頃の放射性炭素年代は、実際の暦の年代と大きなギャップがあることがわかってきたのです。青森県大平山元《おおだいやまもと》Ⅰ遺跡の土器の年代測定に基づき、縄文時代の始まりが１６０００年前もしくは１６５００年前という学説が登場したのが１９９９年のことです。放射性炭素年代と暦年代とギャップを２０２０年に公開された最新の較正曲線《こうせいきょくせん》でみると、縄文時代早期の始まり頃で約１５００年、縄文時代草創期の始まり頃で約２７００年、旧石器時代の年代域ではさらに大きなギャップがあります。福井洞窟の３層の１２７００±５００ＢＰという年代も同様に古くなるのですが、１９６０年代に行われた放射性炭素年代測定結果には±５００年もの誤差があり、現在の学術研究が求める精度には遠く及びません。より高精度の放射性炭素年代測定が必要だったのです。

　こうしたなか、２０１１～２０１５年度に福井洞窟の史跡整備に伴う再発掘調査が行われ、新たに60点もの放射性炭素年代測定が行われました。細かく分層された層序ごとに信頼性の高い炭化材を選んで測定したことも重要な点です。土器を伴わない４層の年代が１３５３０～１３３７０ＢＰ（約１６３００～１６１００年前頃、土器が出現する3c層で１３４００～１３１９０ＢＰ（約１６１００～１５８００年前）でした。４層と3c層と境界が旧石器時代と縄文時代の境界ですが、１６１００年前頃であることがわかりました。これは最近30年の縄文時代の始まりの研究の中でも、最も重要な成果の一つと言えるでしょう。一方、福井洞窟の旧石器時代の年代はどのくらいの古さなのでしょうか。かつて最下層（15層）の年代が「３１９００ＢＰ以前」と測定されました。しかし、現在ではこの結果は洞窟の岩体に含まれる亜炭を測定した可能性を考えています。再発掘で旧15層の亜炭を測定し、測定限界を超える年代が得られました。石器群に確実に伴う炭化材を測定した13層では、約１９１００年前でした。15層の石器群はこれを大きく遡ることはないとみていますが、新たな年代測定による検証が必要でしょう。

1 1960 年代の年代研究

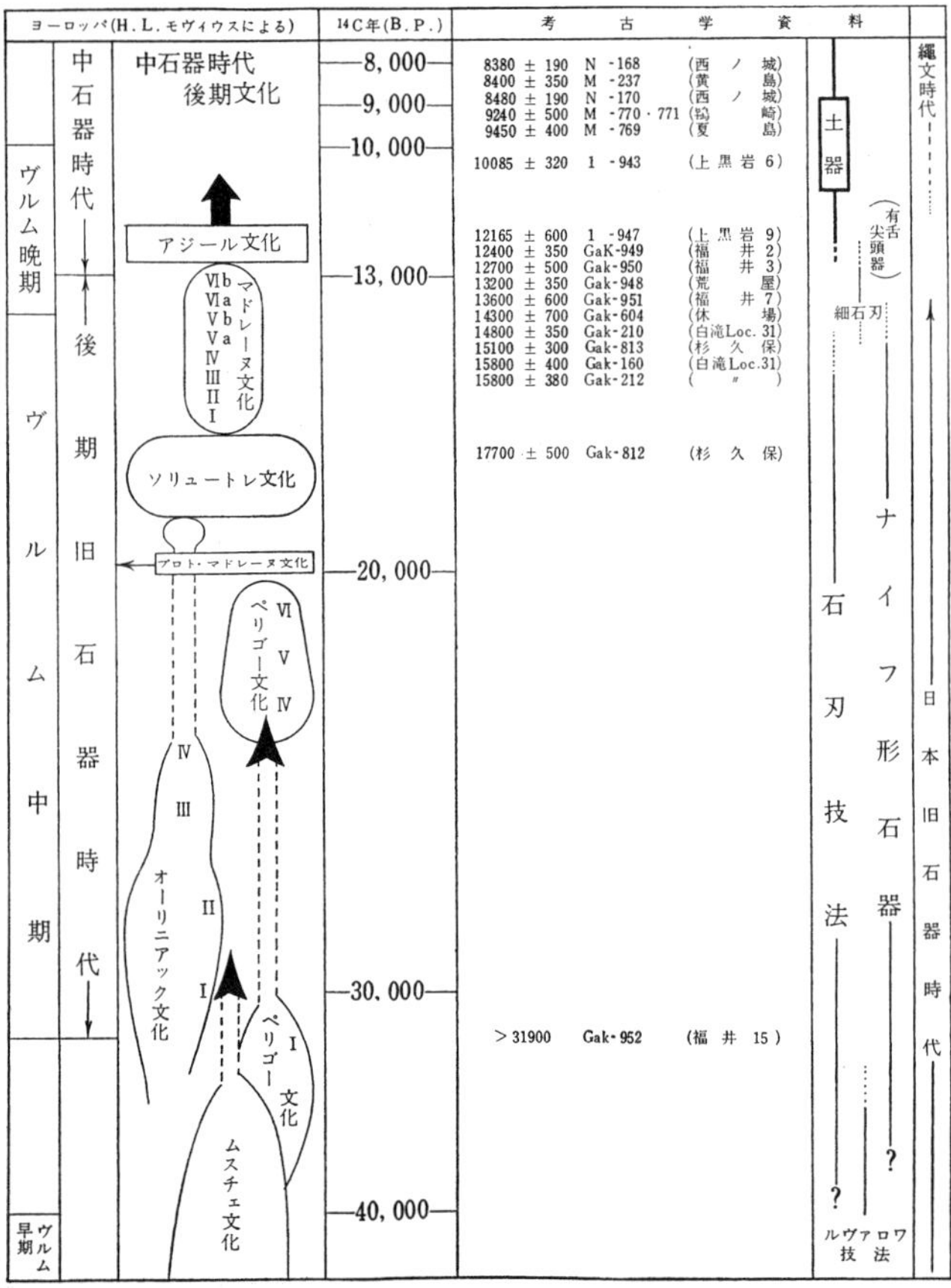

芹沢長介（1967）が提示した放射性炭素年代測定結果

福井洞窟の 2 層・3 層・7 層・15 層の年代が、1960 年代の編年研究において重要な指標になっている。

福井洞窟の 15 層の年代は、最も古い 31900 年に位置づけられている。

2 再発掘調査での分析

再発掘調査での炭化材の採取の様子
細かく分層された各層序から炭化材が採取された。
（左から、柳田氏・工藤氏・川内野氏）

現在ではこのような微量の炭化物で年代測定が可能になった。

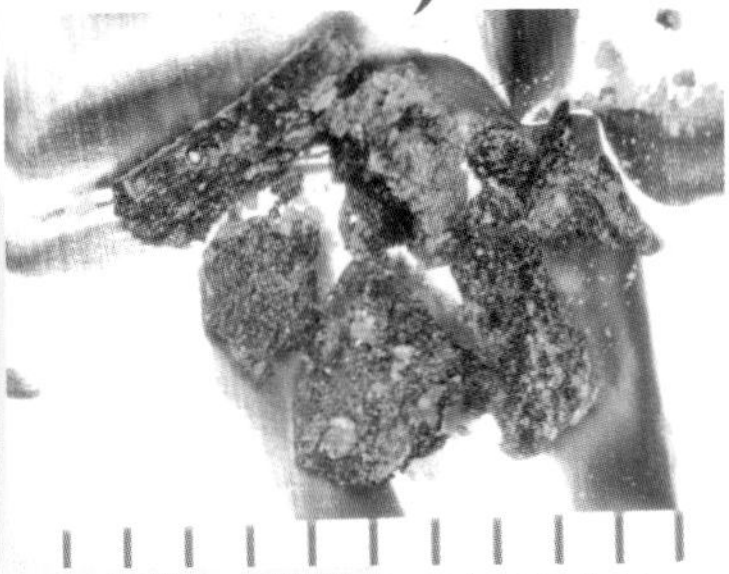

再発掘調査で採取した 13 層の炭化材
（スケールは 1mm）

3 再発掘調査の分析結果

放射性炭素年代と暦年代とのギャップは縄文時代の始まりの頃には 2600 年に達する。

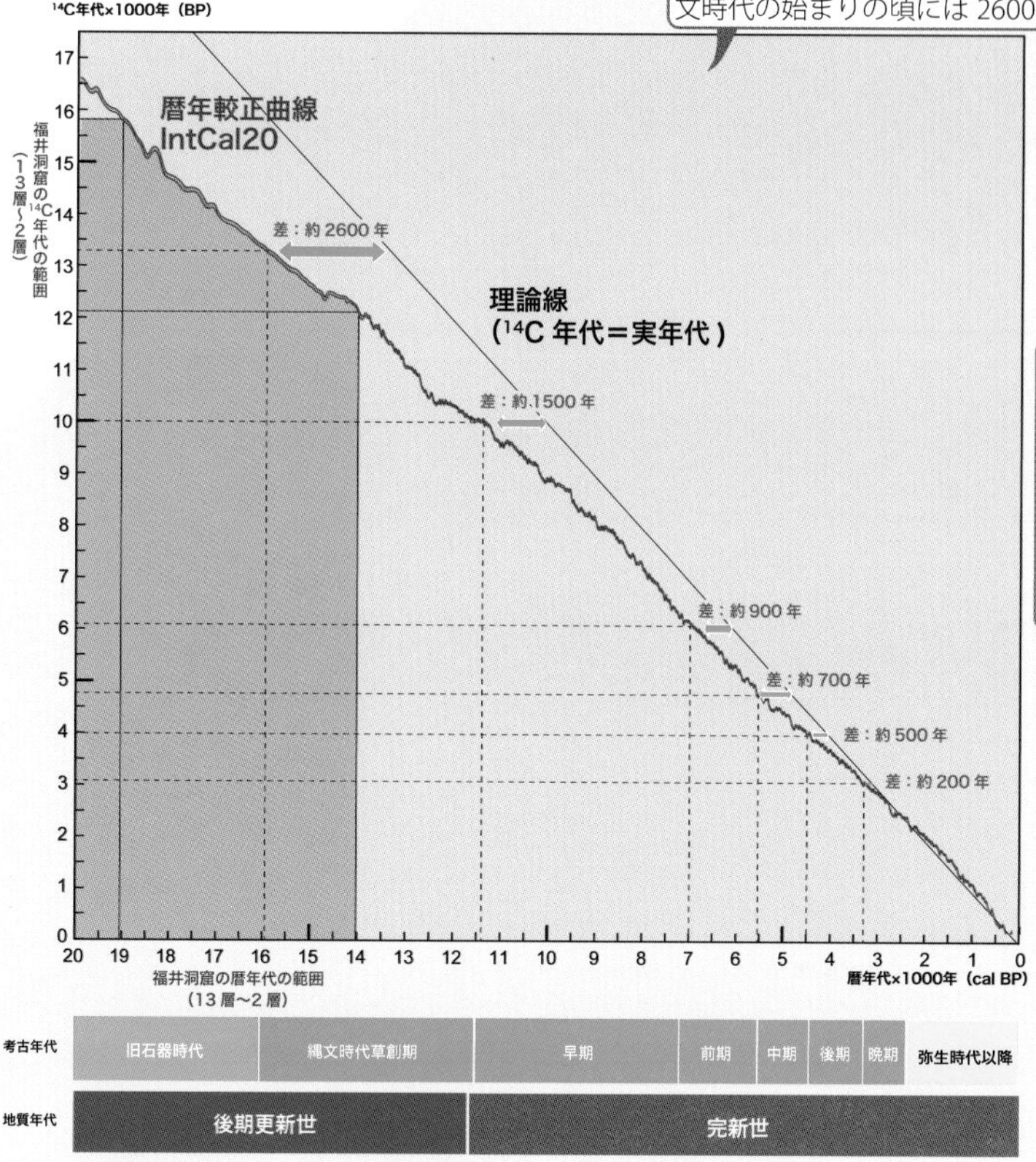

最新の暦年較正曲線 IntCal20 にもとづけば，福井洞窟の 13 層から 2 層までの暦年代は，約 19100 年前から約 14000 年前になる。

暦年較正曲線 IntCal20 と福井洞窟の 13 層〜 2 層の年代範囲

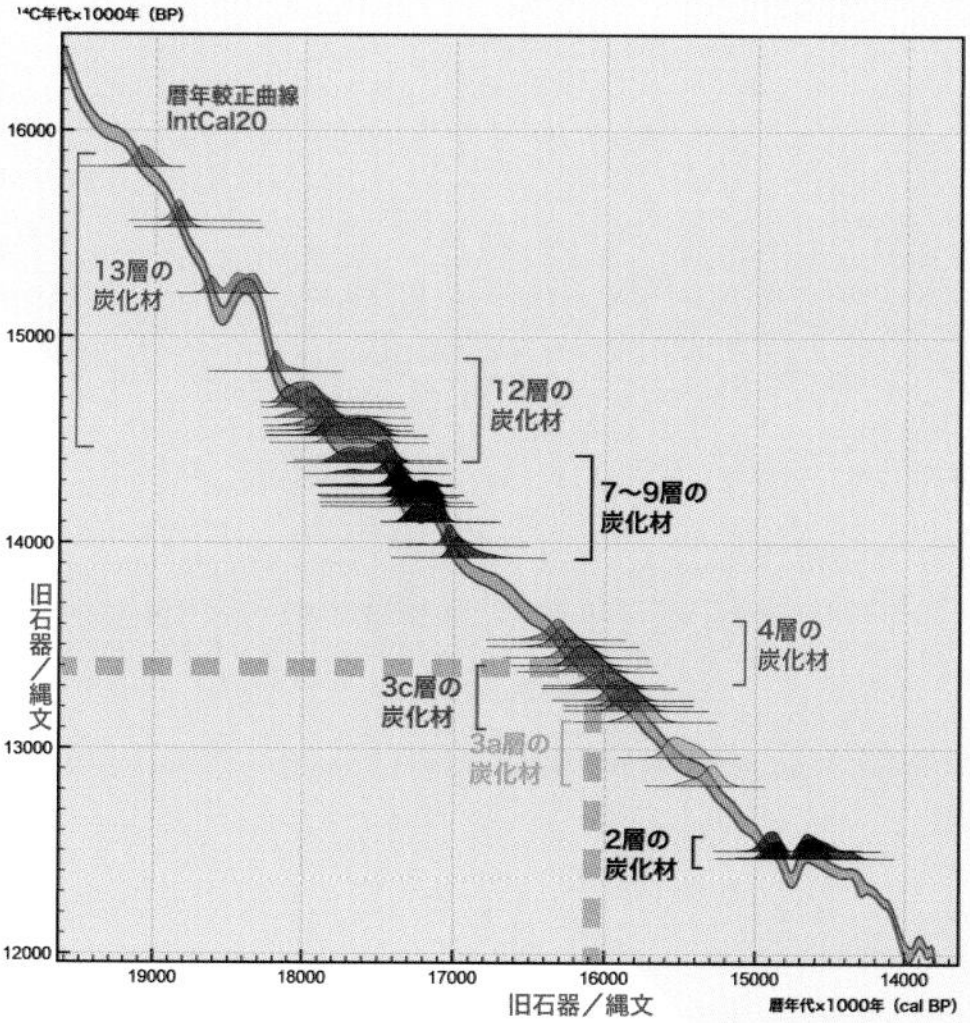

旧石器時代と縄文時代の境界を「土器の出現」を基準とする場合、4 層と 3c 層との境界がそれに当たり、約 16100 年前頃である。

福井洞窟の 13 層〜 2 層の炭化材の暦年代
一部重複があるが，層序と年代がかなり綺麗に並んでいることがわかる。

⑩焚火の跡は何を語るか

杉原 敏之

洞窟の炉跡　福井洞窟の発掘調査では、当時の人々の様々な生活の痕跡が見られます。とくに、いくつかの文化層の生活面では、火を受けて赤くなった箇所を確認しています。周辺には、所々炭化物や焼けた礫、動物の骨などがあり、当時の人々が焚火をして暖をとり、時には獲物を調理した跡だと考えられます。

このうち12層の洞窟中心部で確認した炉跡は、平面楕円形で長さ69センチ×幅53センチ、深さ6センチの規模で炉跡の床面には礫が見られ、周辺からも焼けた砂岩礫が出土しています。自然科学分析によれば、赤化した範囲ではミヤコザサなどの植物珪酸体が検出されており、燃料に使用されたのかもしれません。また、熱ルミネッセンス分析では、熱の温度は300℃程度とされています。

焚火を囲む狩人　炉跡の奥壁側では、石器集中部（石器がまとまって出土する場所）を確認しています。

石器集中部の範囲は径50センチ程で、黒曜石製の細石刃核や剥離された細石刃、剥片や砕片がまとまって出土しています。細石刃には刃こぼれなどの使用痕がみられ、ここで狩人が細石刃の剥離からシャフト（柄）に装着するなど道具の製作や補修を行ったと考えられます。同様に、13層炉跡周辺でも使用痕のある細石刃が出土しています。

この調査成果から、焚火の傍で、黒曜石を割りながら、道具を手入れする狩人達の姿が目に浮かびます。

上層の7～9層の炉跡周辺では、剥離された多量の黒曜石製小石刃だけでなく、安山岩製石器も同じ割合で出土しています。炉を囲む狩人の生活や道具にも変化がみられます。

西北九州の長崎地域では、細石刃を主な道具とした時代、福井洞窟と同様に、泉福寺《せんぷくじ》洞窟9層や城ヶ岳平子《じょうがだけひらこ》遺跡でも、浅く掘り込んで礫を入れる炉跡がみられます。また、日ノ岳《ひのたけ》遺跡Ⅱ層や鷹野遺跡では、石をコの字状に配置した炉跡（石囲炉）があります。いずれにしても、火で熱した礫や石囲炉は食物の加熱にはとくに有効で、この時代の重要な生活様式の一つであったことは確かです。

⑪旧石器人の土木工事？—石敷の謎を探る—

柳田 裕三

石敷の発見

2011（平成23）年9月12日、地表面からマイナス4.5メートルの深さで、砂岩や砂層だけで遺物のない無遺物層（11層）を掘っていると玄武岩や安山岩の石が出てきました。落石の中に交じった石が落ちてきたのか？ 河川堆積物か？ と思いつつ、調査を進めていくと調査区全体に石が敷きつめられているようだとわかりました。これは何だ？ 今までに見たことのないもので、すぐに各研究者に連絡を取りました。

石敷を掘る

考古学だけでなく、地質や自然科学など多くの研究者の助言のもと、石の形を検出し、トレンチを掘って側面からも確認しました。また、石材や形、重さや丸みを計る円磨度のほか、石の傾きと方向から人為性などを検討するファブリック解析を専門の研究者に依頼しました。さらに、遺物の分布、植物ケイ酸体についても分析を行いました。その結果、玄武岩や安山岩の石が現在の岩庇《いわひさし》付近に帯状に敷かれている可能性が高まりました。古代や中世の遺構のような規則性はありませんでしたが、比較的平坦な面を上にして、亜角礫から角礫の石が多くありました。

遺物や炭は、石の上下や石の間からも見つかりました。一部には円磨された安山岩の原石なども含まれていました。また、中には三〇〇キログラムを越える大きさの玄武岩の巨礫もありました。ファブリック解析では、自然とも人為とも明確な結果は示されませんでした。

石敷の謎を探る

これまでに類を見ないものであり、当初は遺構と判断することが難しいものでした。確実なことは、洞窟の前面を流れる福井川に点在する石を用いたものであることです。そこから、おそらく、旧石器人が洞窟前面の河川や岩庇からのぬかるみなどから生活空間を確保するため敷いたものだと考えました。石敷の下層は川の堆積物であり、当時は、非常に近い場所に川があったことが推察され、川の縁あたりに石敷があったものと想定されます。そのため、一部自然の地形や礫のあるところに、周辺の川の石を敷いたのではないでしょうか。

1 炉跡と石器

炉跡で石器が集中して出土。焚火を囲む狩人達の姿がみえてきた。

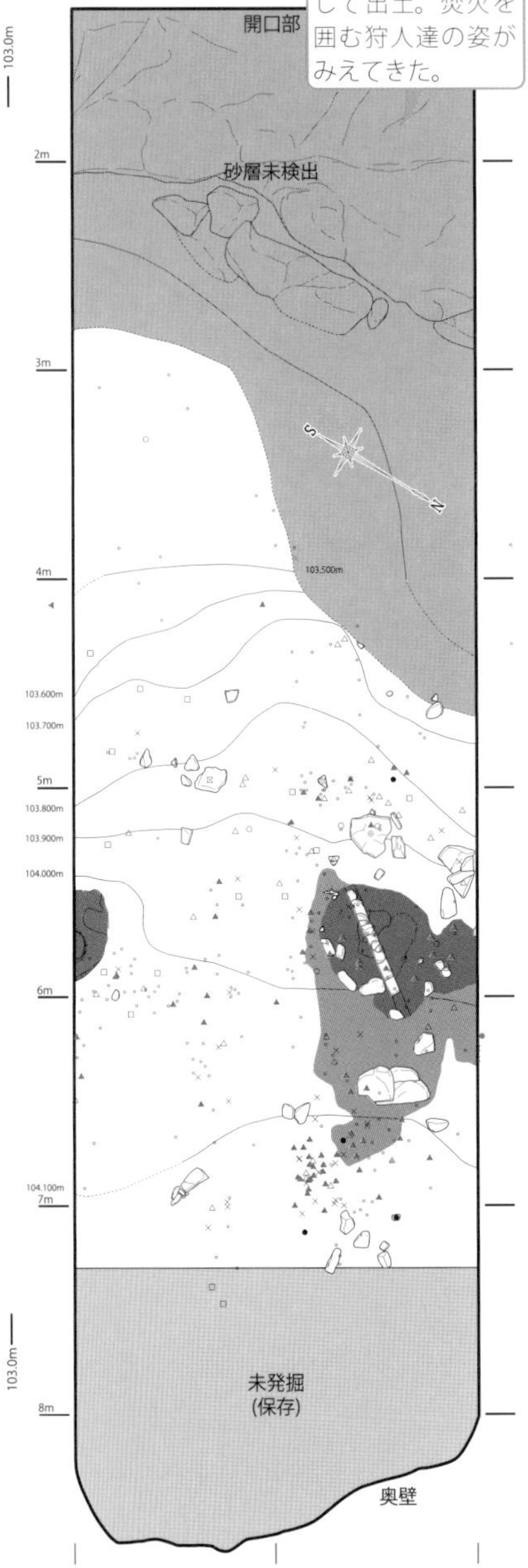

12 層の石器出土状況と炉跡

12 層の石器出土状況（上）と炉跡（下）

13 層の石器出土状況と炉跡

2 炉跡と骨片

4 層の骨片出土状況

コラム　⑪旧石器人の土木工事？ー石敷の謎を探るー

1 見つかった石敷

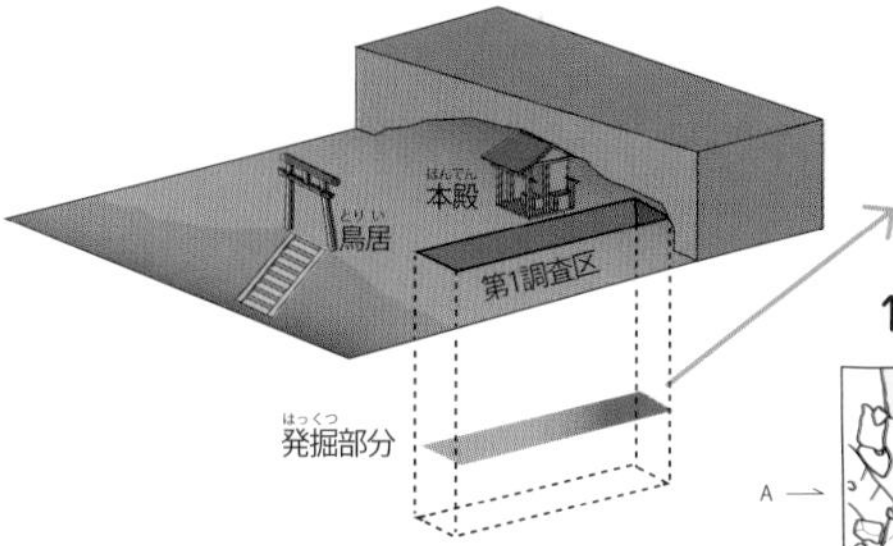

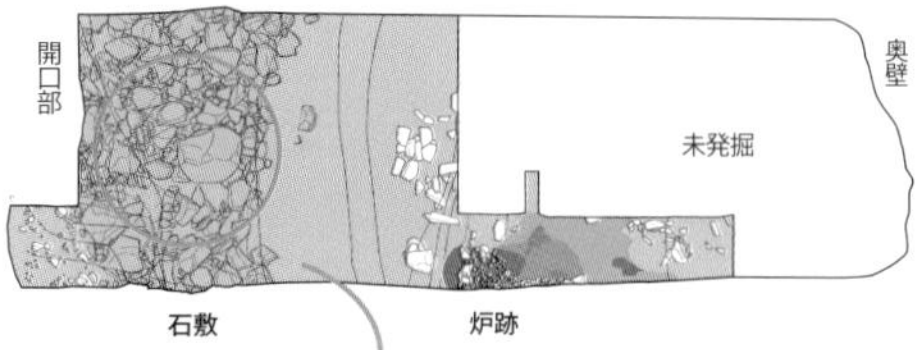

13層平面図（拡大）

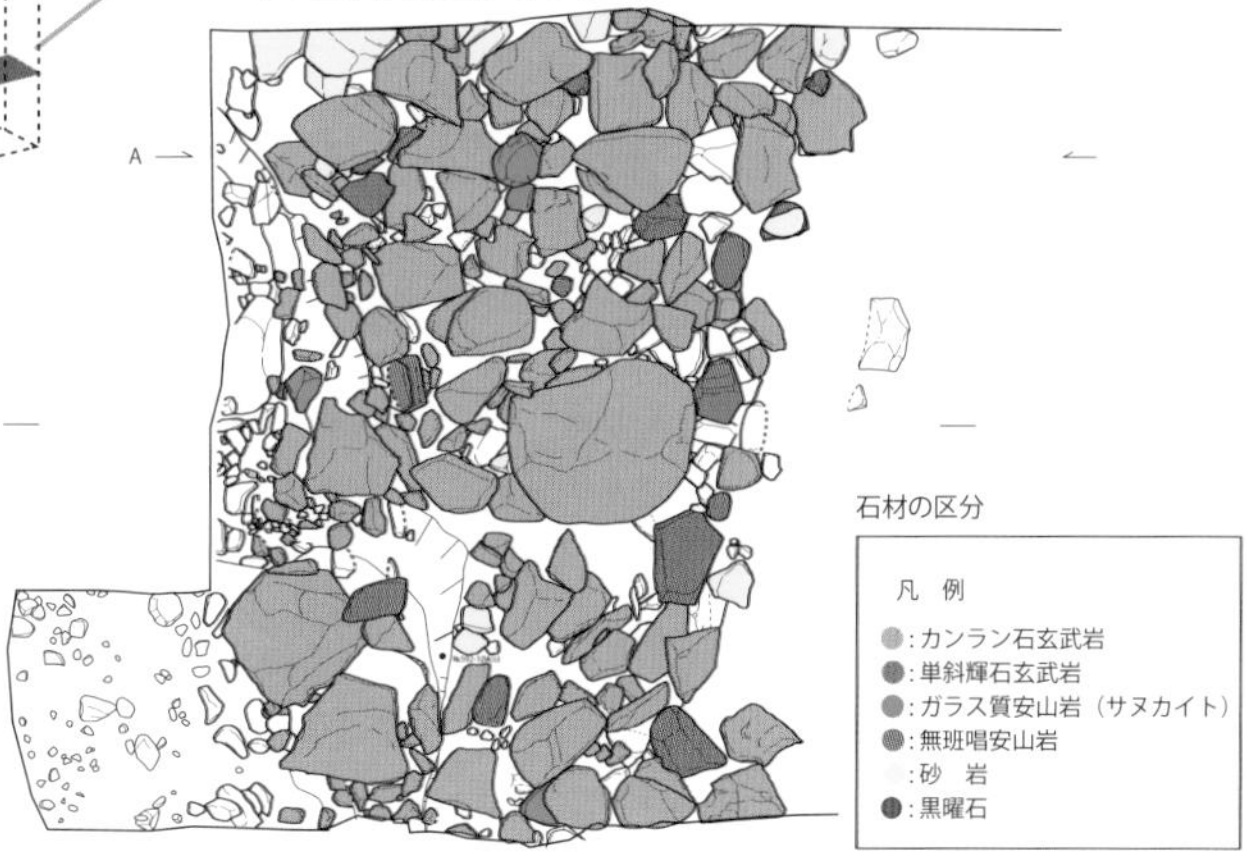

石敷がみつかった調査区

長さ 1.6m、幅 2m 以上の大きさで、洞窟の入口、岩庇の下あたりで発見。角ばった玄武岩が平らな面を上にした状態で見つかっている。おそらく、雨水や土砂のぬかるみを防止する役割と考えられる。約 19000 年前。

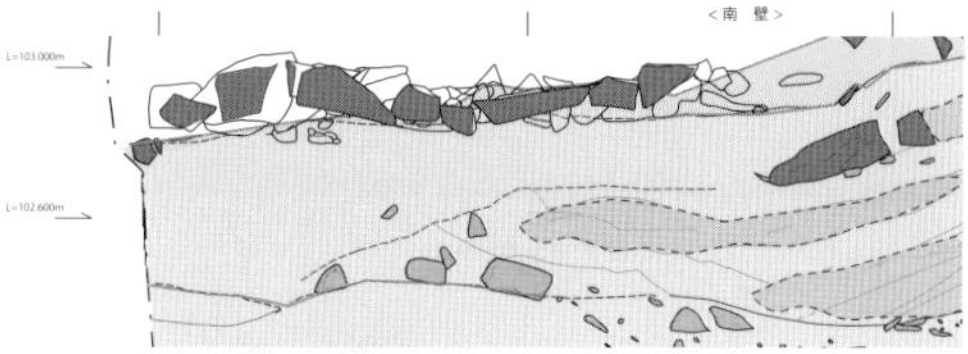

石敷の地層

石が一枚に敷かれた状態がわかる。

2 石敷の発掘

石敷の発掘作業の様子（真上から）

石敷（上：真上から　下：横から）

灰色が玄武岩の石。帯状に並んでいる。

第3章 2

変わる石器から時代と人を読み解く

川内野 篤

旧石器時代の遺跡に残された遺物といえば、ほとんどの場合石で作った道具、つまり「石器」と当時の人々が石器を作ろうとして石を打ち欠いた欠片《かけら》です。土器はまだ発明されていませんし、日本の土壌では植物などの有機物が残されていることはよほど特殊な環境でない限りありません。そのため考古学者は石器の移り変わりやその組み合わせから、当時の人々の生活の様子を復元していきます【1】。

福井洞窟に人類が本格的に住みはじめた約2万年前は、現在よりも平均気温が数度低い「氷河期」と呼ばれる環境でした。近年では分析技術や調査技術の発展により、極地の氷河に閉じ込められた古代の空気や鍾乳洞《しょうにゅうどう》にある鍾乳石の成長過程、湖の底に沈んだ花粉の分析などから、数十年あるいは数百年という単位で温暖化と寒冷化を繰り返していたことがわかっています。全体的には徐々に温暖化に向かっており、縄文時代が始まるころ（約12000年前）にはほぼ現在に近いか、やや温暖な環境となっていました。福井洞窟に人々が住んでいた時代とは、まさにそのような環境にあったのです【2】。

さて、遺跡から出土する石器には狩りに使う狩猟具と、そのほかの労働や作業に使う道具の大きく2種類に分けられます。まず狩猟具ですが、福井洞窟で最も多く出土した狩猟具は細石刃と呼ばれる幅3～5ミリ程度、長さが2～3センチ程度のカミソリの刃のような石器です。これを木や骨で作った軸に溝を彫って植え込み、槍などとして使っていたと考えられています。福井洞窟よりもっと古い時代の遺跡からは、より大きなナイフ形石器や台形石器などが出土しており、主に槍の穂先として使われたと考えられています。細石刃はナイフ形石器に比べて一つの石材から大量に作ることができ、細石刃を植え込んだ槍はナイフ形石器などを取り付けた槍に比べて貫通力が優れているといわれています。そのため細石刃が出現すると、ほどなくナイフ形石器は姿を消してしまいました。福井洞窟からは今のところナイフ形石器は見つかっていないため、主に細石刃を駆使するハンターたちが利用した洞窟と考えることができます。彼らは洞窟内で焚火をし、その周辺で細石刃を作り、狩りに備えていました。そのころ周辺に住んでいた動物は、ナウマンゾウやオオツノジカのような大型かシカ・イノシシの中型の哺乳類だったと考えられています。そして仕留めた獲物の肉を洞窟に持ち帰り、焚火の周りで食べながら破損した細石刃を交換するなど、また次の狩りに備えていたと考えられます。細石刃は、実に５０００年もの間狩猟具の主役として隆盛を極めました。しかし手や投擲具《とうてきぐ》で投げる槍は狙いがつけにくいだけではなく、獲物に接近しないと命中させることは困難です。狩猟の対象が大型獣だったときはそれで大丈夫でしたが、暖かくなっていくにしたがって増えていった動きが素早いシカやイノシシ、ノウサギといった中型、小型の哺乳類を狩ることは難しくなっていったと考えられます。そのため長い時間をかけて、木の「しなり」や枝を引っ張って離した時の「はずみ」などを利用した弓を発明し、弓矢に最適な石の矢じりが細石刃に変わる狩猟具になっていったと考えられています【3】。

次にそのほかの労働や作業に使う道具ですが、いろいろな種類の石器がある中で非常に興味深い出土の仕方をする石器があります。それは掻器《そうき》（エンドスクレイパー）と呼ばれる石器です。このうちとくに形が整った掻器が出土する地層と、出土しない地層があることがわかりました。このような発掘調査結果と各地層で行った年代測定の結果、それと気候変動を照らし合わせてみると、形の整った掻器が出土するのは気候が寒冷化していた時期の地層であることがわかりました。このことから、この石器は毛皮の裏に付いている脂をこそぎ落として皮をなめし、防寒着を作るために生み出された石器と考えられるのです【4】。福井洞窟に住んでいた人々は、厳しい気候の変化に合わせて様々な道具を作り出し、ライフスタイルを環境に適応させることによって生き抜いていたのです。

1 旧石器時代と縄文時代をつなぐ「文化の橋」

各地層の出土品から、道具の変化が読みとることができる。

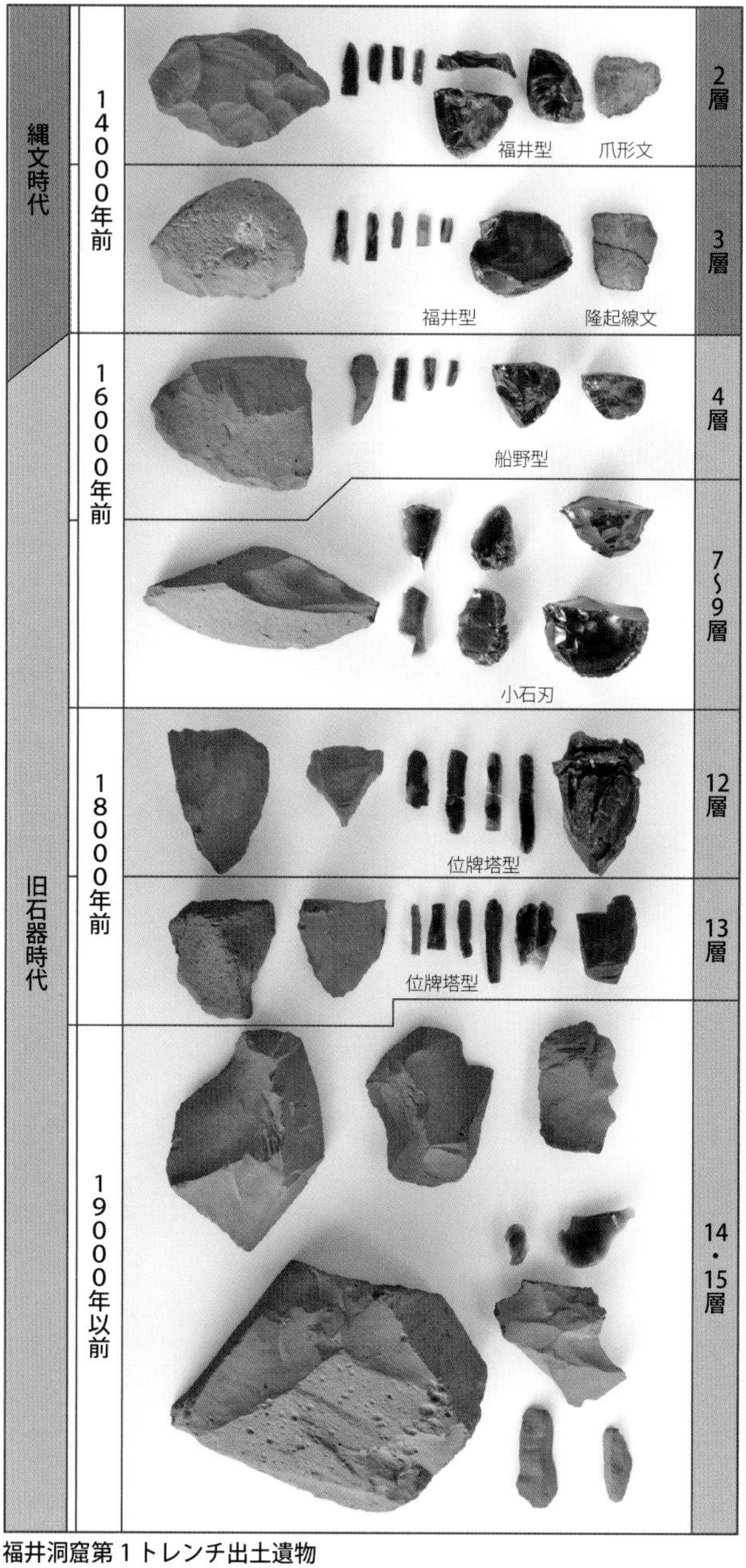

福井洞窟第１トレンチ出土遺物

縄文土器と細石刃が同じ地層から出土！２層が爪形文、３層が隆起線文と土器の文様は変化している。

４層から下には土器がなく，形の整った石槍やスクレイパーが作られている。

上下の層とはまったく違う石器が出土。細石刃文化のなかで細石刃を作らない人たちがいた!?

炉跡を発見！炉の周りで 300 点の石器を確認。炉の近くで、石器作りをしていたことがわかった。

炉跡や石敷を発見！細石刃の出現時期で、幅広を特徴とする細石刃が出土した。

主に安山岩から石器を作る。黒曜石の剝片も数点確認された。年代ははっきりしないが、細石刃文化とは明らかに違うことがわかっている。

2 旧石器終末期から縄文草創期の気候変動

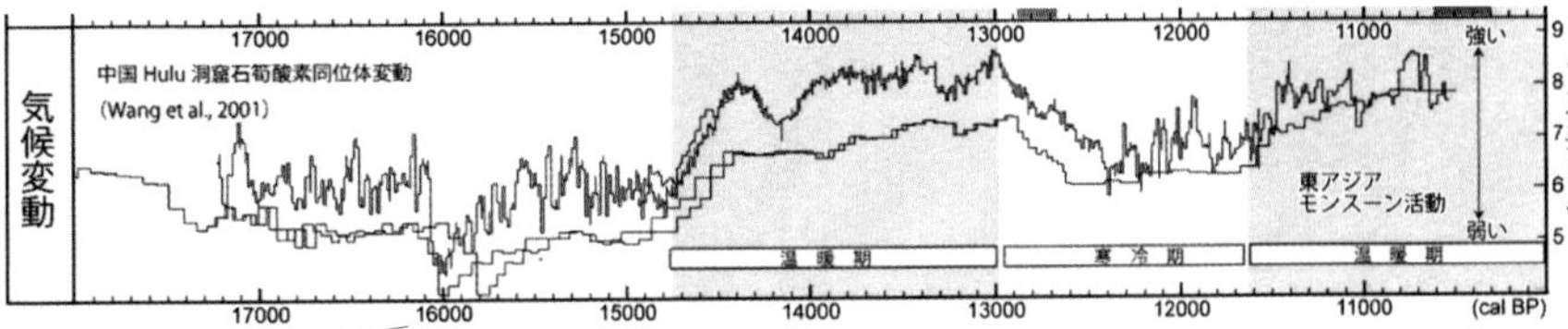

フールー洞窟石筍酸素同位体の変動（註1より）

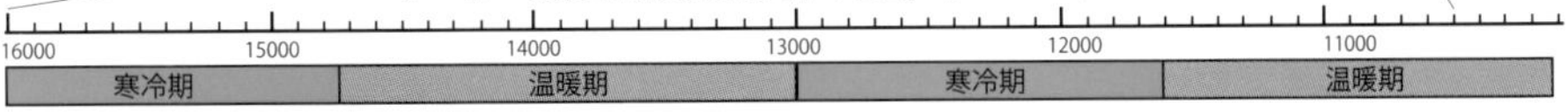

3 石器や石器製作技術と狩猟方法の移り変わり

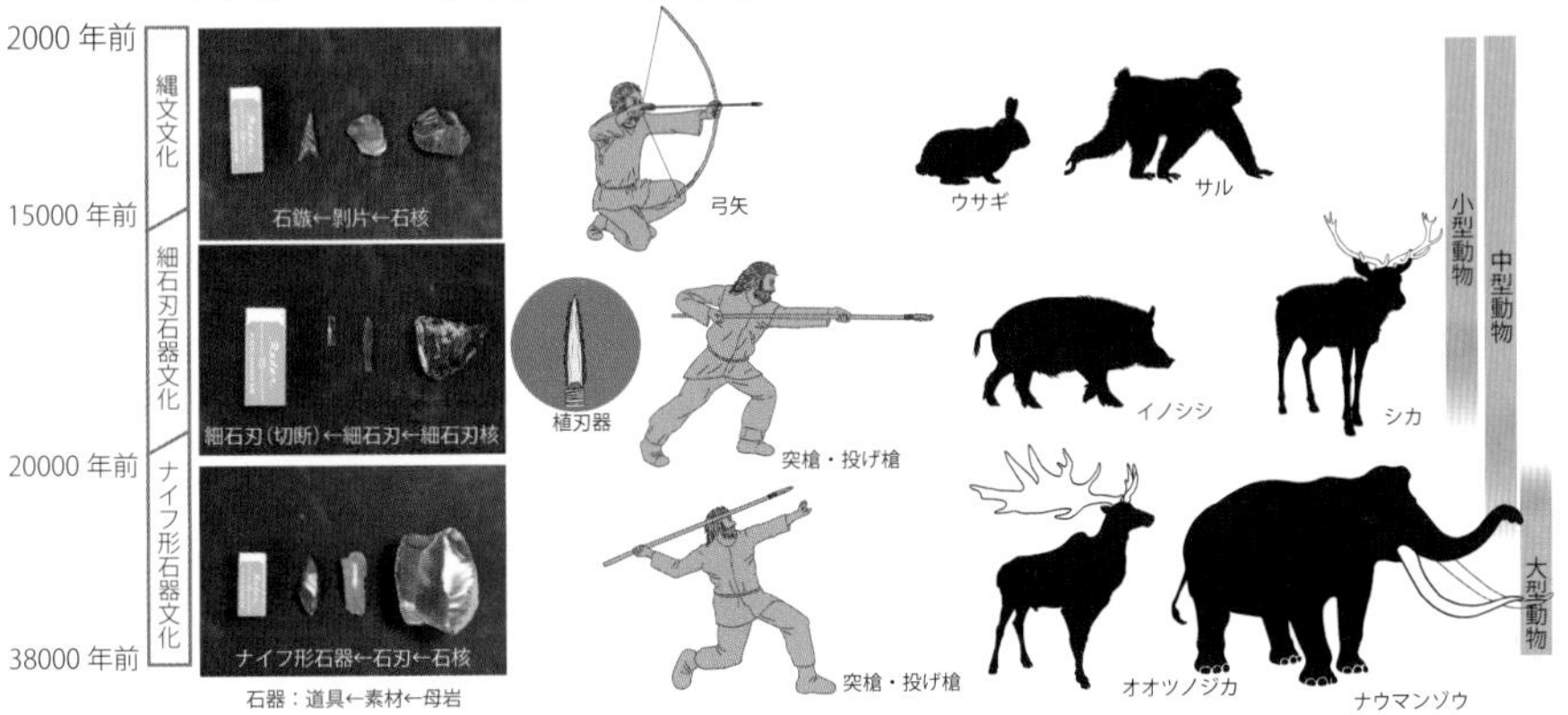

■細石刃は組み合わせ具として使われていたので、母岩から大量の刃器を生み出すことができる画期的な道具だった。槍として使われたと考えられているが、具体的な狩猟方法は、まだ明らかではない。

対象動物とともに、狩猟の方法や狩猟具を作る技術も変化していることがわかる。

4 旧石器終末期から縄文草創期のスクレイパー（西北九州の洞窟遺跡）

1・2：福井洞窟４層　3：福井洞窟３層　4：泉福寺洞窟 10 層　5：直谷岩陰２層
6：泉福寺洞窟５層　7〜9：泉福寺洞窟４層　10：岩下洞穴８層　11：岩下洞穴６層

皮なめしの想像模型
（佐世保市博物館島瀬美術センター）

■寒冷期になると、皮なめしに使われる掻器が多くなる。縄文時代の初頭にある寒冷期（ヤンガードリアス期）には黒曜石製の小型掻器が多く、以後は安山岩製から黒曜石製のスクレイパーに変わる。

第3章 3

土器を作りはじめた細石器人

岡本東三

1 世界のなかの細石器文化

細石器文化は氷河時代の旧石器文化が終わり、完新世初の中石器時代と土器作りの始まる新石器時代にかけて世界的に流行した石器文化です。文字どおり細かく小さな石器が特徴です。なぜ小型化するのかといえば、木や骨の軸に植え込む植刃器の刃先に用いるためです。一つ一つは小さな石器ですが、その刃先を連ねる植刃槍や側刃器は大きな道具に作られます。それが組合せ式石器(コンポジット・ツール)と呼ばれる由縁です。また刃こぼれしても捨てることなく、毀《こぼ》れた刃先部分だけを交換(替刃)して修理することが可能です。作られた石器は小さいのですが、道具としては大きく、かつ機能的・合理的に仕上げるのが細石器の特徴です。

世界に広く流行した細石器文化は、大きく作り方に二通りの流儀があることが知られています。一つは、ヨーロッパ・アフリカ・中近東・インド・オーストラリアに分布する幾何学形細石器と呼ばれるものです【1-1】。通常の大きさの石刃を裁断して、小さな台形石器や彫器を作る方法です。もう一つがはじめから小さな細石核を作り、細石刃を削出する方法です【1-2】。シベリア・中国北東部・日本のアジア大陸およぶアラスカ・カナダのアメリカ大陸北部から中米に分布する細石刃文化です【1-3】。細石刃技法は旧石器時代(約2万年前)に起源があるといわれていますが、新石器時代や青銅器時代に至るまで長い時代に使われています。日本列島の細石器文化は東アジアの細石刃文化の系統と考えられていますが、その年代や流入経路については慎重に議論する必要があります。

2 縄文土器の出現は九州島、本州島

日本列島の細石器文化は、北は北海道島宗谷岬（豊別《とよべつ》遺跡）から南は九州島種子島（銭亀《ぜにがめ》遺跡）に至るまでほぼ列島全域に拡がり、約１８００遺跡を数えています。その存続時期は^{14}C年代によれば、「旧石器時代」（約2万〜1万年前）に位置づけられています。日本列島の細石器文化は九州を除き、縄文時代にほぼ消滅します。新石器時代にも存続する東アジアの細石器は、なぜ日本列島では存続しなかったのでしょうか。

細石器文化の変遷は、福井洞窟の多重的な層位から13・12層（位牌塔《いはいとう》型）、9〜7層（小石刃核）、5・4層（船野型）、3・2層（福井型）へと辿ることが明らかになっています。4層までが土器を伴わない時代、3層から土器（隆起線文・爪形文）を伴う時代に二分できます。日本列島の細石核の形態は稜柱形→船底形（船野型）→楔形（福井型）と変遷しています。九州島で最も新しい福井型（原型）は、最古の細石器とされるシベリアの楔形細石核や北海道島の蘭越型に類似しています。福井洞窟の層位事例と^{14}C年代が示す北海道の柏台1遺跡（約2万年前）の蘭越型細石核の位置づけは逆転する結果となっています。それは東アジアの細石器文化が北廻り（カラフト経由）と南廻り（朝鮮半島経由）の二つのルートから流入し、列島内で複雑に交差したためかもしれません。

もう一つの大きな問題は、最古の縄文土器とされる隆起線文・爪形文土器との共伴関係です。九州島ではこれら最古の土器に伴うのは細石器です【2-1】。ところが本州島では有舌尖頭器が伴っています【2-2】。どちらが古いのでしょう。これは縄文文化が南方に起源があるのか、北方に起源があるのかという重要な問題を提起しています。共伴する隆起線文土器の同時代性を基準にすると、本州島の有舌尖頭器は細石器の次に出現した石器です。細石器には土器は伴いません。一方、九州島では有舌尖頭器文化はなく、縄文時代まで細石器が存続したことになります。おそらく縄文的な新しい有舌尖頭器とともに、本州島から縄文化が始まったのでしょう。

1 幾何学形細石器（ヨーロッパ・アフリカに分布）

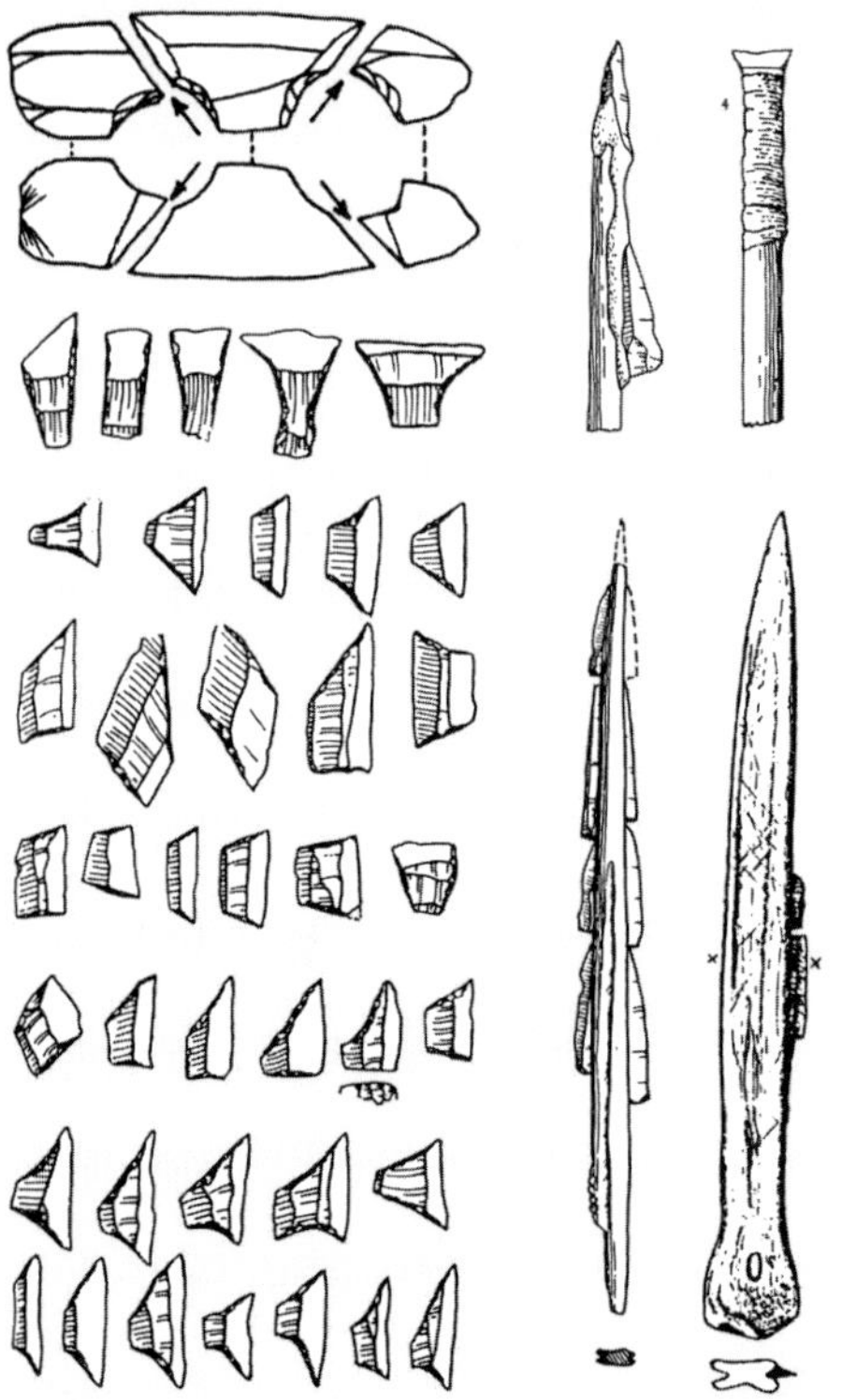

2 細石刃細石器（東アジア・アメリカに分布）

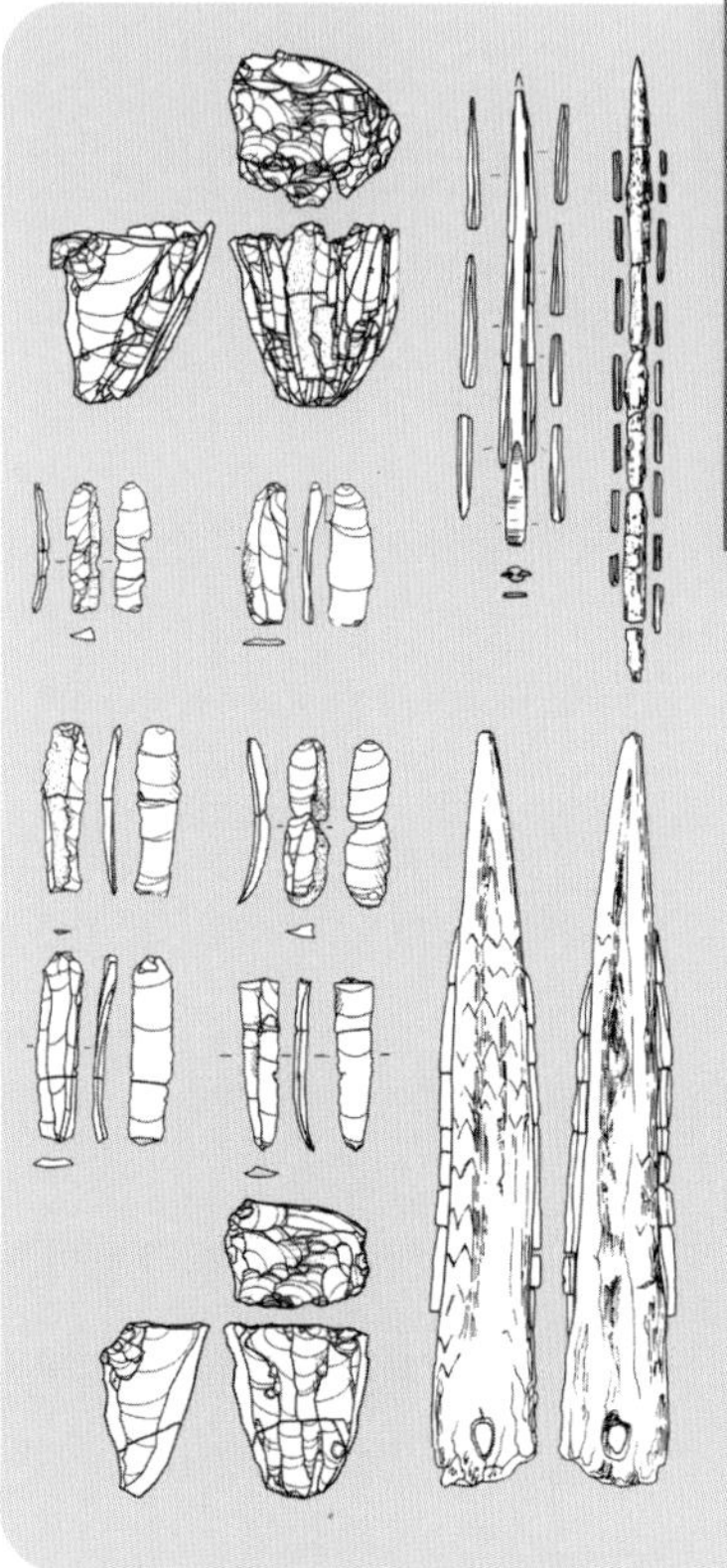

3 東北アジア〜北アメリカの楔形細石核（註1）

幾何学形細石器分布域　細石刃細石器分布域

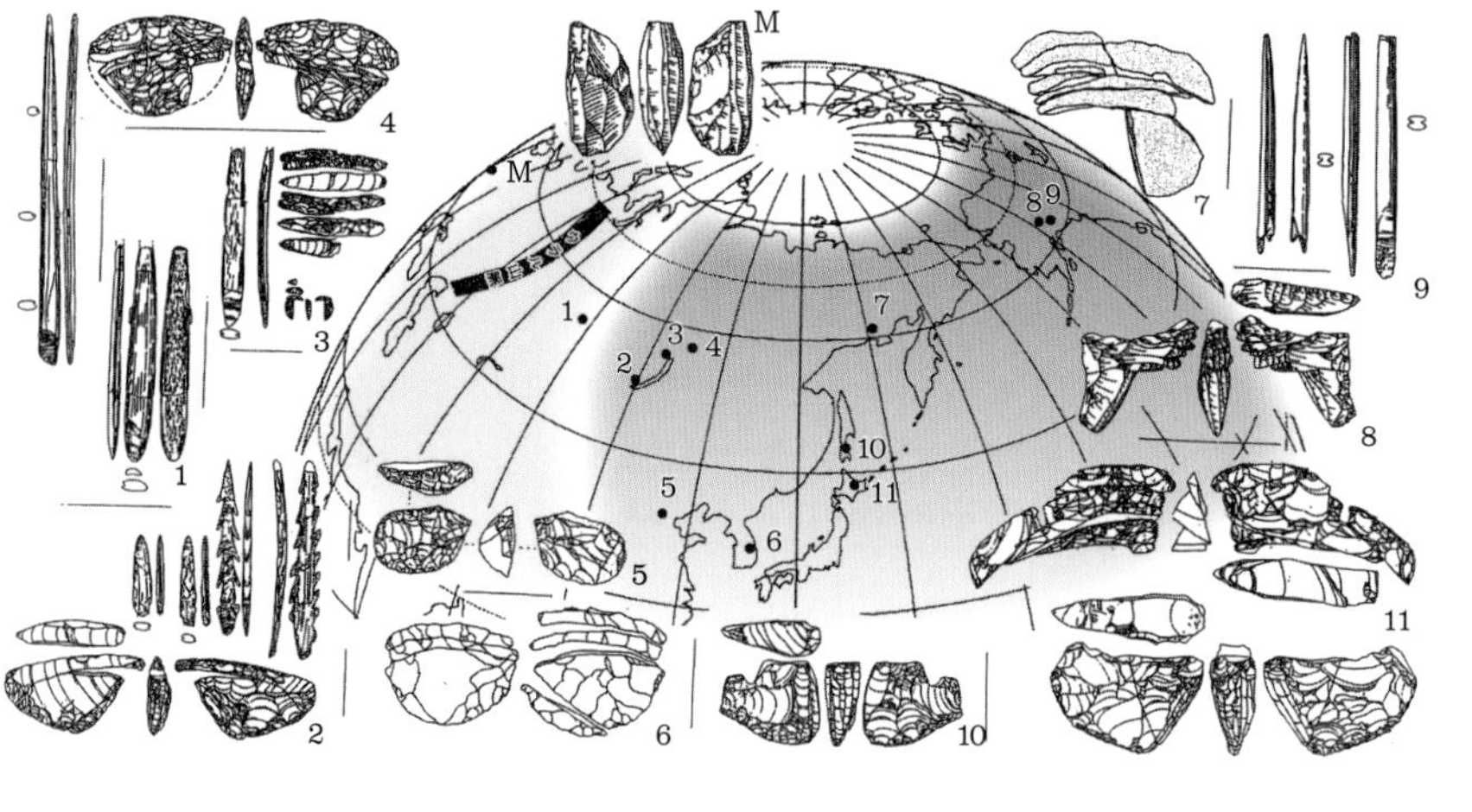

1 九州島の隆起線文・爪形文土器と細石器（福井洞窟2・3層）

2 本州島の隆起線文土器と有舌尖頭器（花見山遺跡、横浜市歴史博物館提供）

第3章 4

この場所に洞穴地形ができたわけ

西山 賢一

佐世保市には福井洞窟のほか、いくつもの洞窟遺跡が分布することが知られています。例えば、泉福寺《せんぷくじ》洞窟や岩下洞穴などがそれです。これらの洞穴や岩陰が分布する場所には、共通の特徴があります。佐世保地域には、新第三紀中新世(約2000万〜1000万年前)に、浅い海や三角州の環境に堆積した堆積岩(砂岩・泥岩・礫岩など)が広く分布していて、そのうちの砂岩に洞穴が形成されています。この堆積岩には、しばしば石炭が含まれていて、かつては佐世保炭田として採掘が行われてきました。砂岩は、泥岩や石炭より硬いので、川沿いなどでは崖状の地形をつくり、しばしば洞穴が形成されているのです。

福井洞窟も、砂岩の崖にできた洞穴です。崖の高さは20メートルほどあり、福井川は深さ5メートル程度の狭い谷をつくって流れています。一方、崖の上はほとんど平坦で、ビニールハウスなどが並ぶ畑になっています。上面がほぼ平らで、側部が急な崖になっている地形を段丘と呼びます。福井洞窟の上にある平らな台地は、かつて福井川が流れていた川沿いの低地だったのです。ところが、今の福井川は25メートルも低い場所を流れています。つまり、福井川は、何かをきっかけとして、砂岩の岩盤を深く掘り下げ、周囲の地形を大きく変えたことになります。

そのきっかけとは何だったのでしょうか。福井洞窟の上にある段丘面と似た高さの段丘面が、福井洞窟より下流の福井川沿いに、点々と見つかります。江迎町田ノ元あたりからは、福井川の下流沿いにではなく、西隣を流れる江迎川沿いに点在する段丘につながっていきます。このことから、かつての福井川は江迎町田ノ元付近から下流は、現在の江迎川に合流していたことを示します。その後この流れが変わり、吉井町大渡で佐々川と合流する現在の福井川の流れに変わったと考えられます。このような現象を、「河川争奪《かせんそうだつ》」と呼んでいます。

かつて江迎川に合流していた福井川の流れが、佐々川に合流する現在の流れに変わると、江迎川との合流地点の標高（約80メートル）よりも、佐々川との合流点の標高（約35メートル）のほうが低いので、福井川の川底は佐々川の川底の標高と釣り合いが取れるようになるまで、岩盤を下に削っていきます。その結果、かつて福井川が流れていた川沿いの低地は段丘という高台になり、川底はそれより低い部分まで削られ、川の側部には急な崖がつくられます。これが現在、私たちが見る福井洞窟の崖なのです。福井川の流れは左右に首を振り（蛇行と呼びます）、岩盤の側部を削ります。すると、砂岩からなる急な崖に、ほぼ水平な凹みがつくられます。この凹みは箱形をしていて、「ノッチ」と呼ばれるものです。これで福井洞窟のかたちができあがりました。

福井川の下流が合流する河川が、江迎川から佐々川に変わった時期は、およそ数万年前だと考えられています。この河川争奪の原因には、佐世保地域で多く見られる地すべりが関わっている可能性があります。というのも、福井川が江迎川へ流れていた部分には、巨大な地すべりが分布することが知られているからです。現在の潜竜ヶ滝駅の南西に広がる斜面全体は「鷲尾岳地すべり」と呼ばれています。この地すべりは昭和20年代に動き出し、当時の国鉄（現：松浦鉄道）の線路を埋めるなど、大きな被害をもたらしました。この規模の地すべりが大きく動くと、河川をせき止め、川の流れを大きく変えてしまうことも、十分に考えられることです。

さて、佐々川へと流れを変えた福井川が、急速に岩盤を削ったおかげで、福井洞窟の地形ができあがりました。できたばかりの福井洞窟は、いまより天井が高くて開放感があり、川が洞窟入口スレスレを流れていたと考えられます。雨風をしのぐことのできる箱形のノッチ地形は、旧石器時代の人間たちにより見つけ出され、以後、断続的に彼らの生活の場として利用されました。

1 福井洞窟周辺で起こった河川争奪と地すべり

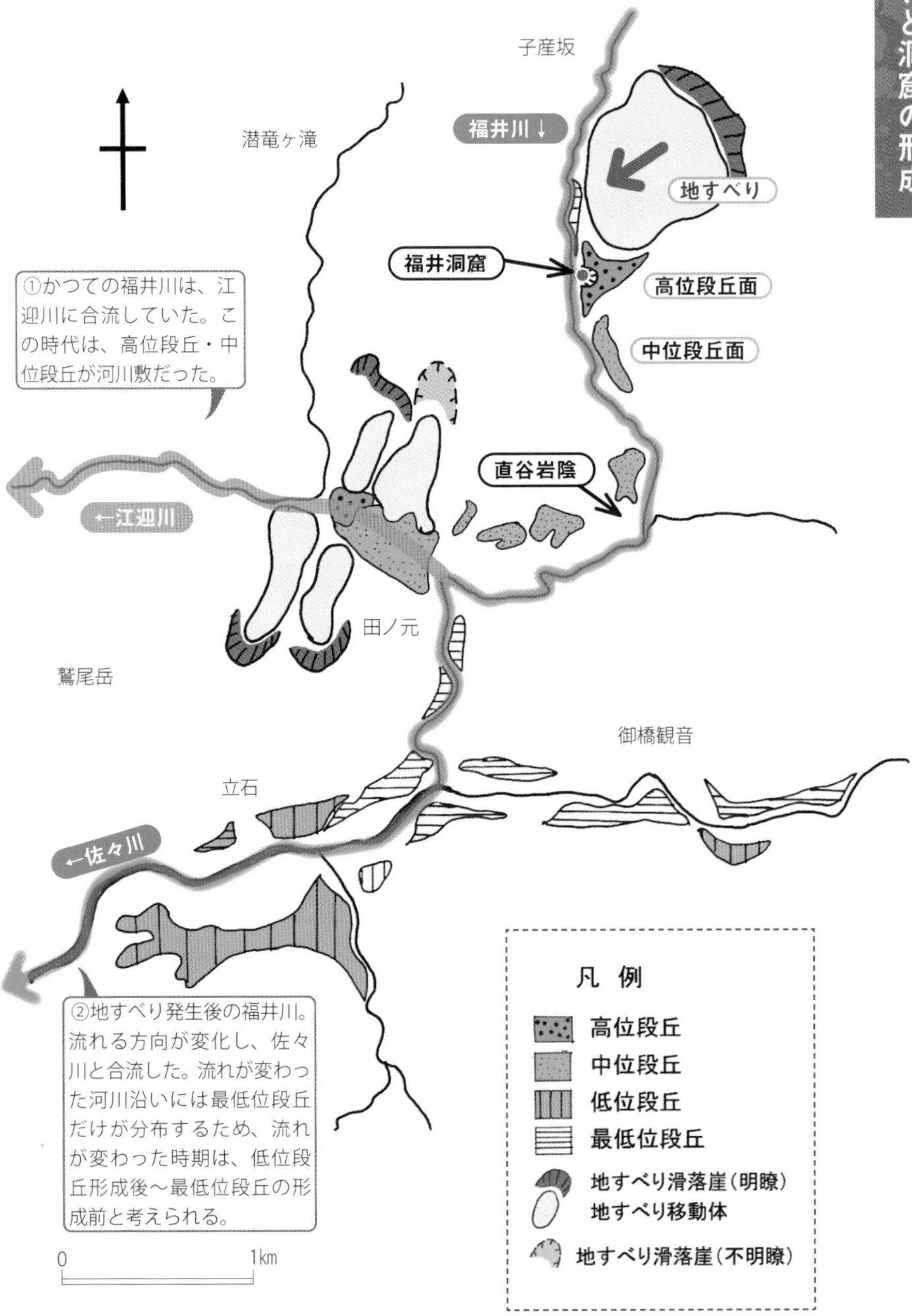

子産坂
潜竜ヶ滝
福井川↓
地すべり
福井洞窟
高位段丘面
中位段丘面
①かつての福井川は、江迎川に合流していた。この時代は、高位段丘・中位段丘が河川敷だった。
←江迎川
直谷岩陰
田ノ元
鷲尾岳
御橋観音
立石
←佐々川
②地すべり発生後の福井川。流れる方向が変化し、佐々川と合流した。流れが変わった河川沿いには最低位段丘だけが分布するため、流れが変わった時期は、低位段丘形成後～最低位段丘の形成前と考えられる。
0
1km
凡 例
高位段丘
中位段丘
低位段丘
最低位段丘
地すべり滑落崖（明瞭）
地すべり移動体
地すべり滑落崖（不明瞭）

2 福井洞窟の立地と地すべり痕

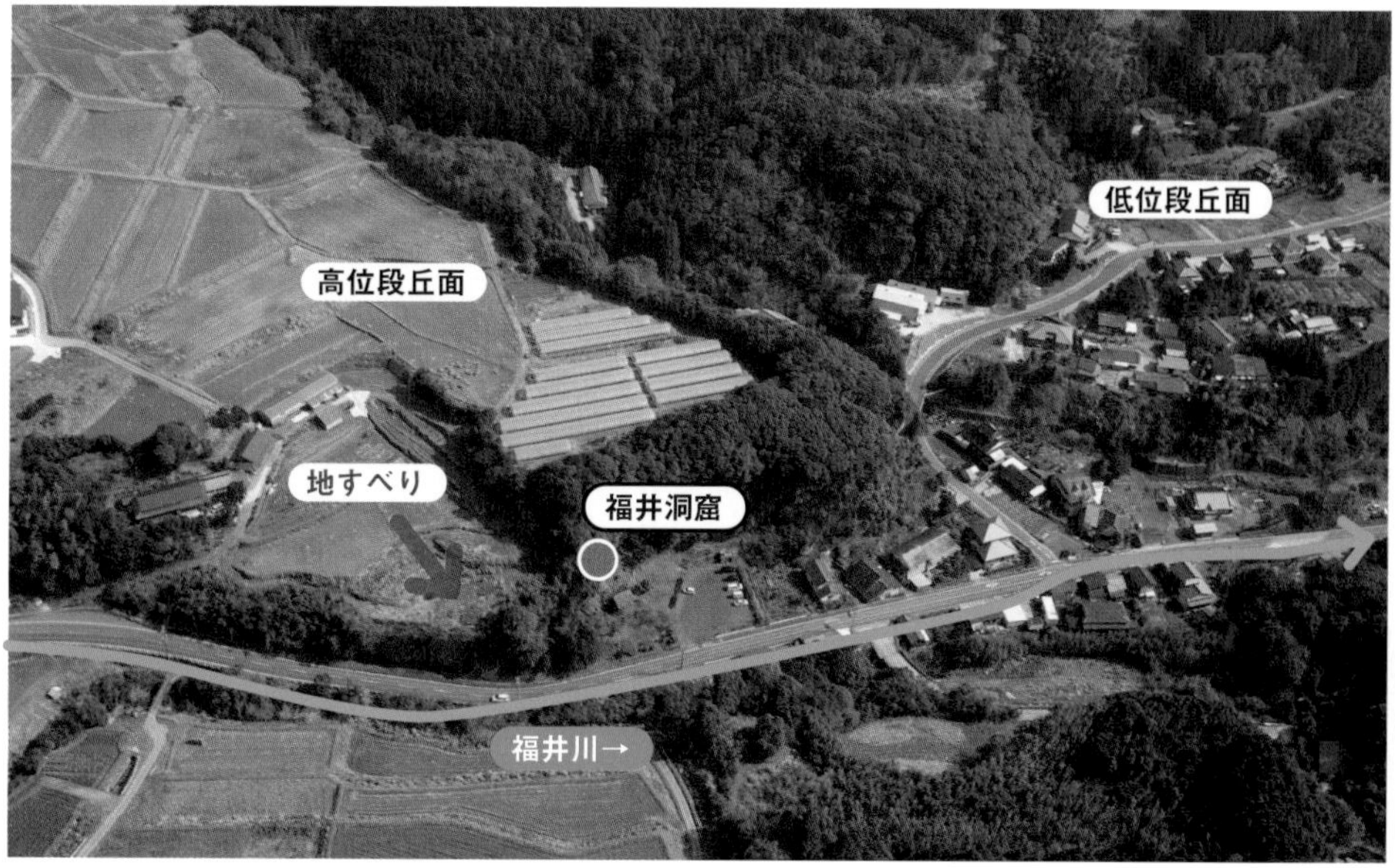

3 河川争奪と福井洞窟の形成

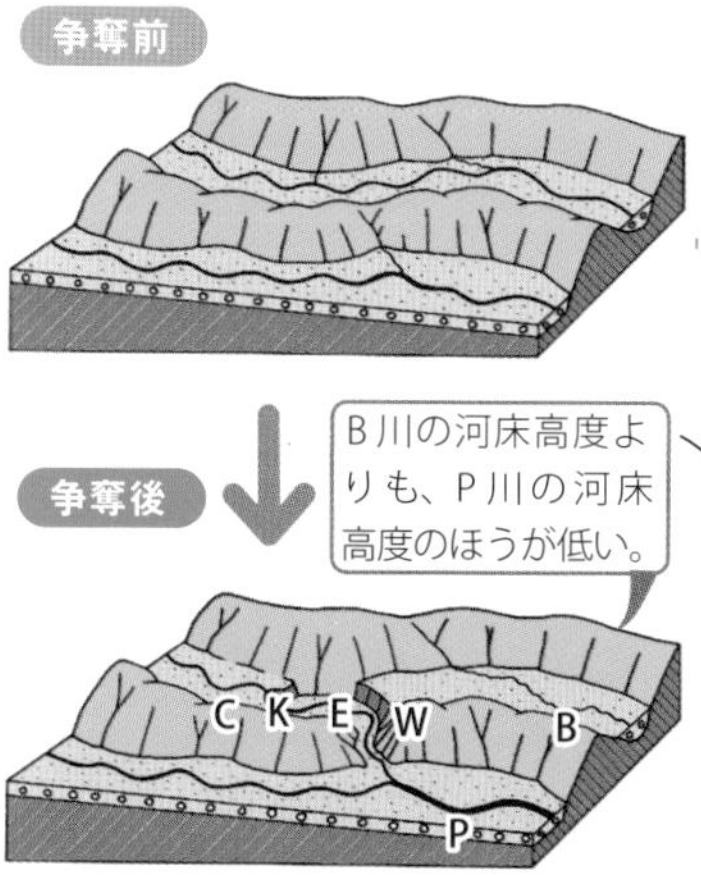

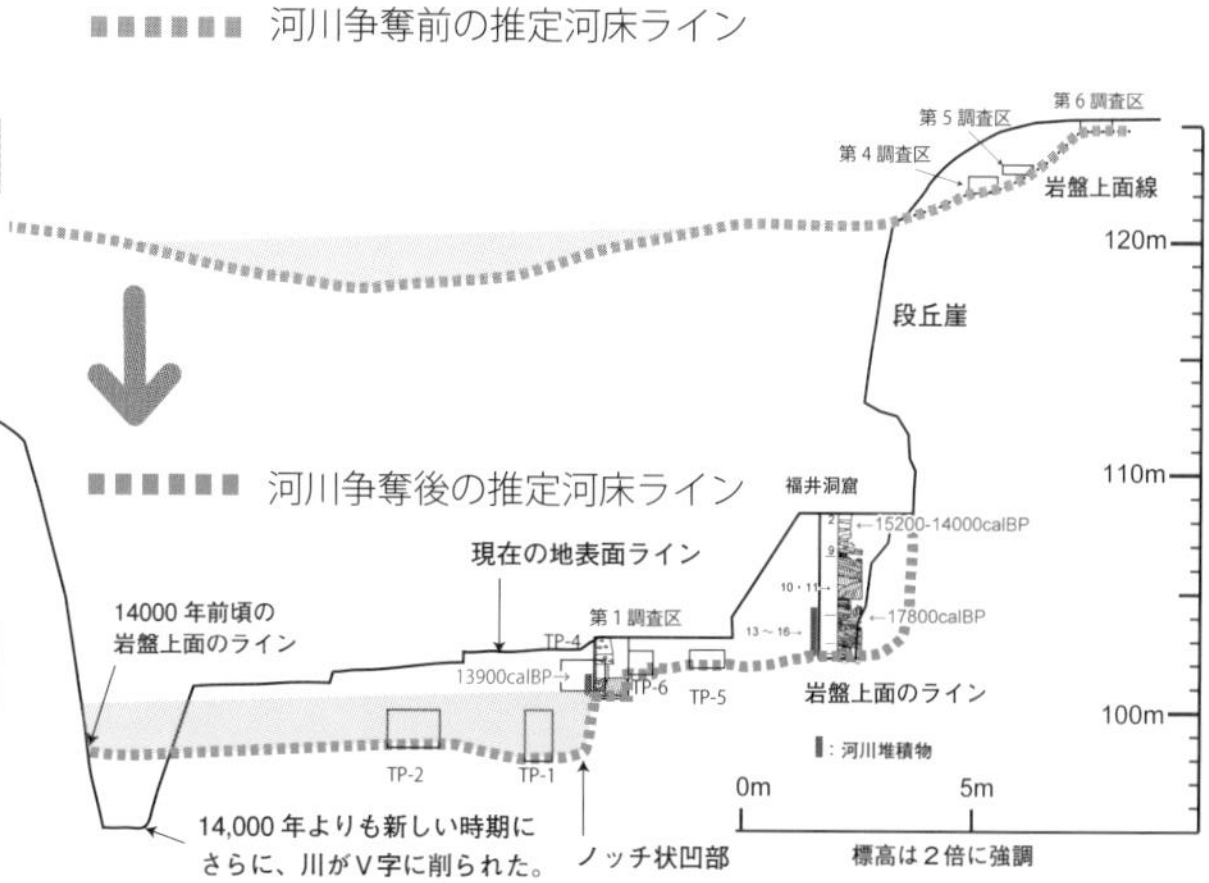

河川争奪のモデル（註１より転載）
C：被奪河川　B：斬首河川　P：争奪河川
E：争奪の肘　W：風隙　K：遷急点

福井洞窟の推定河床ライン（註２に加筆）

■河川争奪の直後から、争奪されたC川は、河床高度の低いP川との高度差をなくすため、急激に下刻される。その結果、C川のかつての河床面は段丘となる。一方、B川は上流を奪われてしまい、土砂が流入してこなくなるので河床の高さは変化しない。そのため，争奪の境界部（風隙W）には、明瞭な崖ができて段丘化する。

■ここでは、福井川をC川、佐々川をP川、江迎川をB川にあてはめてみると、争奪の境界部の風隙Wに崖ができ、もとの河川が段丘化した。その段丘の崖に、福井洞窟などが形成されたと考えられる。

⑫複雑怪奇!? 洞窟遺跡の地層の記録

西山賢一

福井洞窟の発掘調査によって、地表の下に約5.5メートルもの厚い地層が堆積していることがわかりました。洞窟の原形がつくられた時は、今より天井が高い空間でした。その後、1万年以上の時間をかけて、この洞窟内部は、土砂によって埋め立てられていきました。

発掘した地層の真ん中あたりには、遺物をまったく含まず、砂岩の巨岩を含み、最大の厚さが2メートルを超える地層が現れます。この地層は、洞窟入口付近で最も厚く、洞窟の奥では薄くなります【1】。

また、この地層の直下では、ほぼ水平にたまったはずの地層が、洞窟奥に向かってめくれ上がる様子が観察されました【2上】。これらの特徴から、この巨岩密集層は、天井からの落盤だけではなく、洞窟入口から奥に向かって押し込まれた地層と考えました。地層がめくれ上がったのは、入口から奥に向かって岩塊が押し込まれたときに、その直下にあった水平な地層が引きずられたためと考えられます。

この約17500年前に起こった事件の原因は、洞窟のすぐ北にある小規模な地すべり地形の活動との関係が考えられます。この地すべりにより、福井洞窟の崖の上にある段丘が、半円形に落ち込んでいます。したがって、地すべりが発生したのは、段丘面ができた後、つまり、福井洞窟の形成時期と重なります。この地すべりが、福井川の谷に向かって西にせり出し、その時にバラバラになった岩塊の一部が、すぐ南にある洞窟の入口に達し、洞窟内部へ押し込まれたのではないか、と考えました【2③④】。

これにより、福井洞窟の景観は大きく変化しました。できた当時の洞窟に比べると、ずいぶん圧迫感のある狭い空間に変わってしまいました。しかしその分、人類の痕跡を含んだ地層がパックされ、現在まで残されてきたという側面もあるのです。

このような大地の移り変わりや人間の生活の記録は、一見すると複雑怪奇にみえる地層を詳細に調べることで、読み解かれてきたものなのです。

⑬石器の種類と組み合わせから何がわかる？

森先一貴

石器には様々な種類があります。使われていた当時の様子を知らない私たちは、形や作り方に基づいて個々の石器を細石刃や石斧などと分類します。ただし、この分類は石器の用途そのものを示しているわけではありません。研究者の視点からの分類が、当時の道具の用途とどのように対応しているのかは、現生の狩猟採集民の道具使用を参考にしたり、道具の使用痕跡を研究して、その使い道をクロスチェックし、実態に迫る必要があります（コラム㉒）。

こうした分類をもとに個々の遺跡から出た石器を見てみると、遺跡での石器の組み合わせは実に多様です。石器の種類は、それを使って行う作業の種類にある程度関係します。ただし、ある種の石器を様々な作業に使うこともありますから、石器の種類と作業の種類は普通一対一の対応になりません。ここが重要なポイントで、簡単な道具で色々な作業を行う場合と、作業ごとに道具を作り分けるのとでは、道具を仕立てる考え方が違うことになります。

頻繁に居住地を移動する人々は、限られた石材を使いながら生活をしますので、石器を用途ごとに作り分けるとたくさんの種類の石器を持ち歩くことになりますし、壊れた場合にも修復に困ることになるでしょう。一方、定住生活ではこの悩みはある程度解決できますので、効果的に作業をこなせるように石器を作り分けることが多くなります。つまり、遺跡に残る石器の種類の数を調べれば、それを用いた人々の移動性を知る手がかりが得られるのです。旧石器時代と縄文時代を比較すると明瞭ですが、旧石器時代の中でも時期や地域によって石器の種類が様々な理由のひとつには、こうした生活の在り方の違いが関係すると考えられます。

福井洞窟でも、層位ごとに石器の種類と組み合わせが変化していきます。ほかの遺跡と合わせて研究することで、旧石器時代から縄文時代への生活の変化を読み取ることができるはずです。

1 巨岩はどこから？

巨岩は、洞窟上の崖が崩落したものだった。

① 18700 年以前～ 17700 年前頃
(14 層～ 12 層形成期)

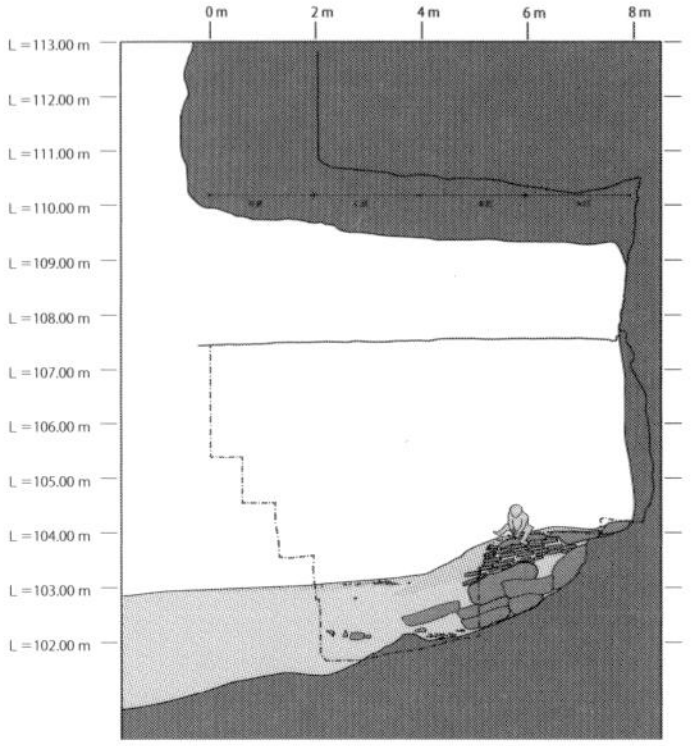

河川堆積物が堆積し、13 層以降は水が入らない河岸状の高まりの上で、人間が活動していた。

② 17500 年前頃
(11 層形成期)

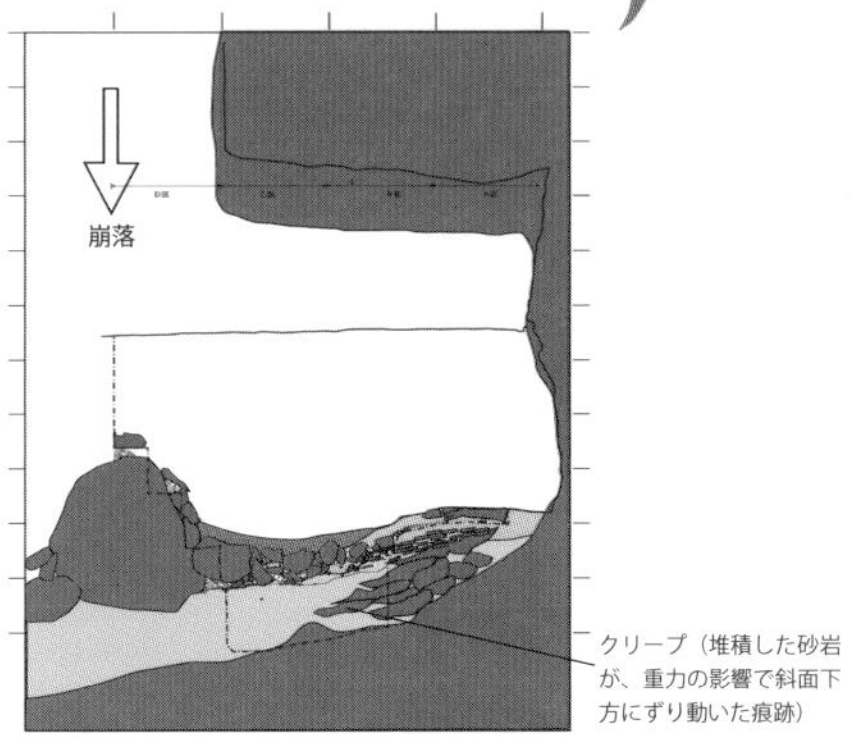

洞窟上部から崩落した砂岩が洞窟入口をふさいだ。内側は排水不良となり、泥質堆積物が堆積した。

2 めくれ上がった地層と 17500 年前の事件

めくれ上がった地層の原因には、地すべりが関係していた。

③ 17500 年前頃 (10b 層形成期)

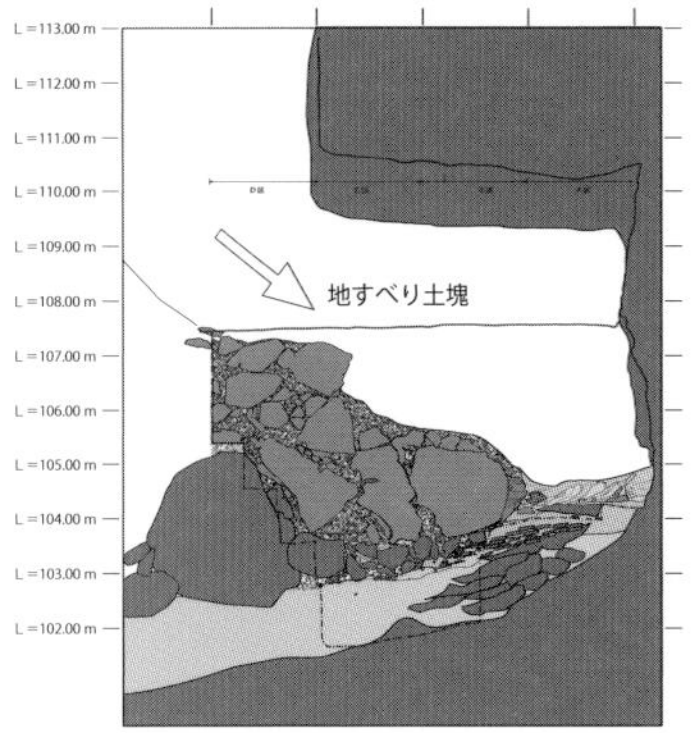

洞窟内に北北西より地すべり土塊が進入し、内側の 11 層上部堆積物を奥壁に押し込んだ。

④ 17500 年前頃 (10a 層形成期)

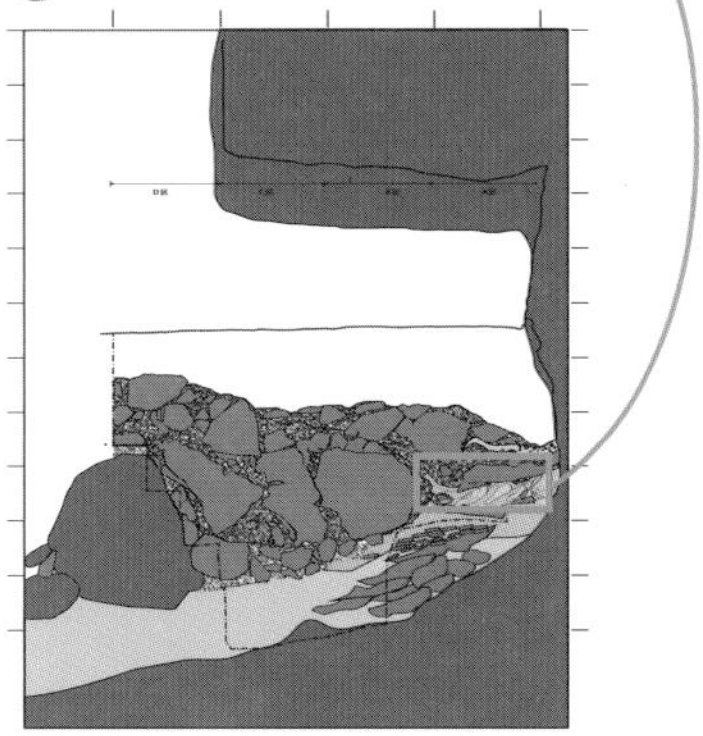

地すべり土塊が数回にわたり崩壊し、奥壁側に再移動した。奥壁側では凹んだ部分が排水不良となり、砂・泥が堆積した。

1 旧石器時代の石器の種類と組み合わせ

道具作りのイメージ
（佐世保市博物館島瀬美術センター）

細石刃は骨や木の軸の縁にはめ込んで、槍やナイフといった道具を作り出す石器。

福井洞窟 4 層の石器セット

まだ寒冷だった旧石器時代末の時期、福井洞窟（4 層）では細石刃を使った道具を駆使して生活を営んでいたことがわかっている。このころには、細石刃以外の種類の石器はあまりない。石器の種類が限られているので、移動性の高い生活を営んでいたと推測できる。

2 縄文時代の石器の種類と組み合わせ

福井洞窟を含む九州北部では、少量の土器が作られ始めてもやはり石器の種類は少ないまま。

福井洞窟 2・3 層の主な石器・土器

出土した土器と石器

竪穴住居跡

九州南部では晩氷期の温暖期以降、多くの土器と様々な種類の石器が作られはじめる。

九州南部の石器・土器（三角山遺跡）
（鹿児島県埋蔵文化財センター提供）

日本列島を含む東アジアでも、約 15000 年前から気候が急に暖かくなった（晩氷期温暖期）。石器の種類などから、九州南部では竪穴住居を作り定住的な生活を始めたのに対し、北部ではまだ移動性の高い生活が続いていたことがわかる。

このように、石器の種類や組み合わせからは、当時の生活の営み方についての情報を引き出すことができる。一緒に発見される住居などの遺構と合わせて、当時の生活の具体像に少しでも迫っていけるよう研究が進められている。

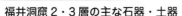

⑭世界最古の土器はどこにあるの？

工藤雄一郎

東アジアは、世界最古級の土器が見つかっている地域です。欧米の考古学では、土器は新石器時代の農耕の開始とともに出現するとかつては考えていましたが、1959(昭和34)年に神奈川県夏島《なつしま》貝塚の縄文時代早期の撚糸文土器が今から9000年前を遡ることがわかり、「狩猟採集民の土器が世界最古！」として日本のみならず世界中に衝撃を与えたのです。そして、福井洞窟などでそれをさらに遡る縄文時代草創期の土器が確認されたことにより、日本は最古の土器の発生地として理解されてきました。

一方、1990年代には青森県大平山元《おおだいやまもと》I遺跡で土器の出現が16000年前頃まで遡ることが判明したのですが、ロシア沿海州でも同等の古さをもつ土器があることがわかってきました。最近では中国で約2万年前ともいわれる土器が発見されており、最古の土器は現在のところ中国にあります。3つの地域の土器は相互に関係しているのか、同時多発的に各地で土器が使用されはじめたのかは未解明です。

東アジアの最古段階の土器は、いずれも煮炊きの道具として使用されました。近年の古環境と年代測定研究の進展によって、東アジアの土器の出現は、最終氷期最寒冷期から続く寒冷環境下での出来事であることが明確になった点も重要でしょう。

一方、福井洞窟で4層と3c層の境界の年代がおよそ16100年前頃とわかったことはとても大きな成果です。大平山元I遺跡の年代は複数の年代測定結果にばらつきがあるため真の暦年代を決めることは難しいのですが、福井洞窟の年代ともほとんど差がないことがわかってきました。当時、本州・四国・九州は、陸続きの古本州島という一つの島になっていました。古本州島のどこかで始まった土器製作は、急速に広がったようです。ただし、大平山元I遺跡では神子柴《みこしば》・長者久保《ちょうじゃくぼ》系の石器群、福井洞窟では細石刃石器群と、最古の土器に伴う石器群はまったく異なっており、異なる文化的背景を持つ集団がそれぞれ土器を受容したことになります。現在、日本列島での土器の発生とその広がりのプロセスの解明が最重要の課題となっているのです。

⑮土器起源伝承と民族誌

徳澤 啓一

土器作り民族誌を受け継ぐ村々の伝承には、土器の起源にまつわる話が遺されていることがあります。中国雲南省から東南アジア大陸部にかけての土器作り民族誌は、1万年を大きく遡る縄文土器の起源を直接示唆するとは思えませんが、これらの中から土器の起源を考える上でヒントになる話題を紹介します。

雲南省西双版納《シーサンパンナ》傣族自治州の景洪《ケイコウ》市近郊に位置する曼勒寨では、傣族の土器作りの起源に関する伝承が遺されています。

かつて曼勒寨の夫婦が、瀾滄江畔《ランソウコウハン》の達磨飄《タツマヒョウ》という場所まで舟を漕いで生計を立てていました。夫婦は毎日竹筒で調理し、湯を沸かしていました。しかし、竹筒は1回の使用で壊れてしまいます。その度に竹筒を切り出すのは大変ですから、妻は土で鍋を作ってみました。すると、1回の使用で壊れましたが、壊れた小さな破片が火の中に入って、これが焼けて硬くなり、水の中でも壊れなくなることに気が付きました。そこで、土の鍋を焼いて、煮炊きの道具として使用するようになりました。

これは、鍋釜に用いられていたタケの代替として土器が誕生したというお話です。日本の孟宗竹は、中国原産と考えられています。雲南省に自生する孟宗竹はとりわけ大きく、節と節の間だけで泉福寺《せんぷくじ》洞窟の豆粒文《とうりゅうもん》土器を優に越える大きさに成長します。先ほどの伝承のとおり、土器の原型がタケの鍋釜であったとしても不思議ではないでしょう。

また、雲南省からミャンマー、タイ、マレーシアにかけての地域では、ヒョウタンを模倣した長頸《ちょうけい》の冷水瓶《れいすいびん》が広く分布しています。ヒョウタンの色合いそのままの素焼きの紅陶と漆塗りを表現した黒色処理済みの黒陶があります。こちらの地域では、ヒョウタンを彷彿とさせるかたちの土器が多くみられますが、これに、様々な文様が施されるようになり、ヒョウタンのかたちから逸脱するようになるのです。

こうした伝承などを参照すると、土器の起源は、タケやヒョウタンのように、植物を利用した鍋釜や容器に由来し、出現期のかたちや文様はこうした植物の一部をかたどった可能性があるかもしれません。

1 日本、中国、ロシア沿海州で見つかった最古級の土器

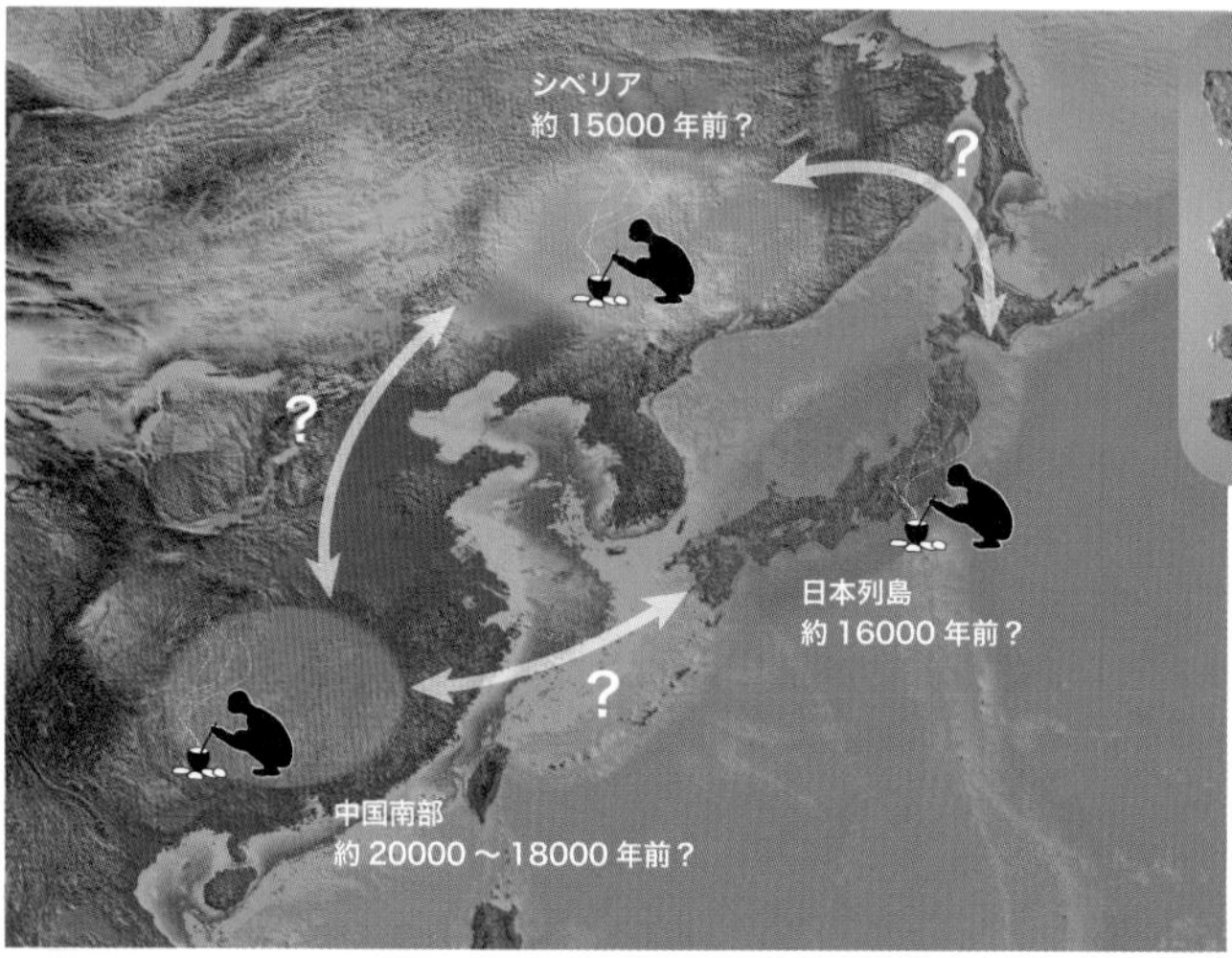

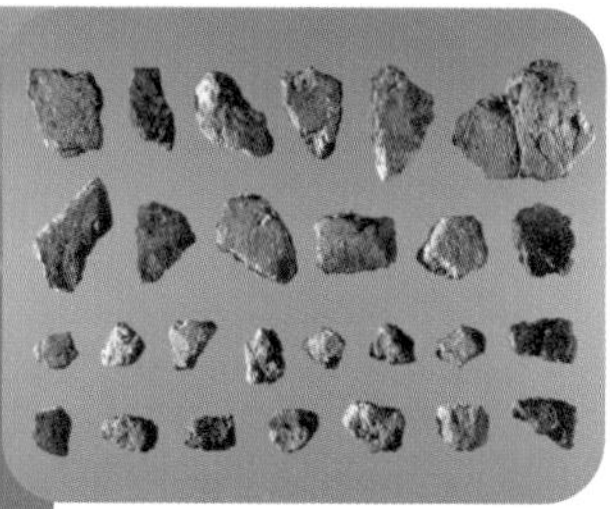

大平山元Ⅰ遺跡出土の土器
（國學院大學考古学研究室提供、小川忠博撮影）

最古の土器は現在のところ中国にある。３つの地域の土器は、相互に関係しているのだろうか。あるいは各地で同時多発的に作られはじめたのだろうか。

2 日本で見つかった最古級の土器（註 1）

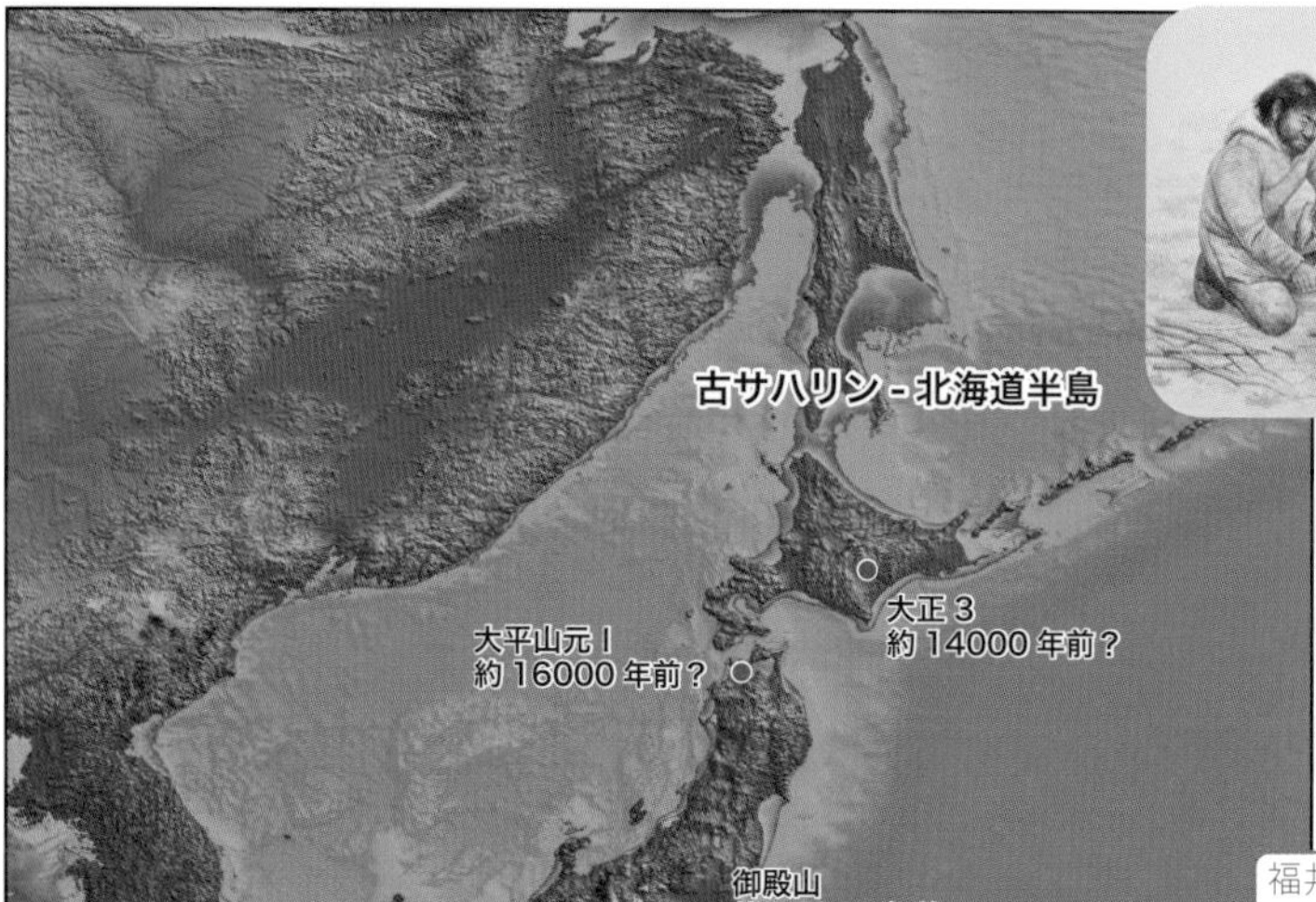

北海道最古の大正３遺跡の爪形文土器での煮炊きの様子
（国立歴史民族博物館提供／石井礼子画）

福井洞窟で出土した土器は、大平山元Ⅰ遺跡にならぶ年代を示し、日本列島の土器の発生と広がりのプロセスを解明するカギとなると考えられる。

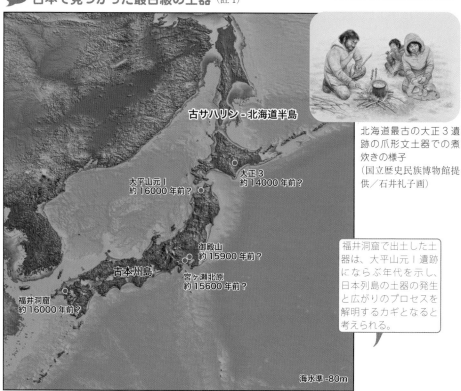

現代タイ：竹筒での炊飯の現生民族誌

もち米に黒豆、ココナツなどを具材とし、砂糖、塩などで味付けし、ココナツミルクで炊き上げる。

竹筒で炊く、カオラム（Kao Lam）

東南アジアの伝統的な米菓子。カオは米、ラムは竹筒という意味。中国雲南省の土器の起源伝承のように、土器や金属製の鍋釜を用いず、竹筒を火にかけて炊飯する。

カオラムの露店

炊き上がったカオラム

ココナツミルクを注ぐ

カオラム炊き

チョンブリー県のノンモン村では、午前３時からカオラム炊きが準備される。長さ 12～12.5ｍ、幅 2～2.5ｍの範囲に竹筒を立てる灰が敷かれ、これにもち米と具材などを詰めた竹筒を立てていく。２列の竹筒を配列し、列間と側縁には、燃料のヤシの実の殻を重ねて、竹筒と並行するように配置する。竹筒の列とヤシの実の殻の間は、竹筒が焼き割れしないように 30㎝程度の間隔が空ける。午前４時 30 分、カオラム炊きが開始され、午前６時 30 分、炊き上がり程度を見ながら、竹筒が取り上げられていく。

竹筒とヤシの実の殻の配置

側面の低い位置からの加熱

カオラム炊飯の様子①

カオラム炊飯の様子②

竹筒の炊飯痕跡

両側縁からヤシの実の殻が焚かれるとおり、竹筒の外面には、灰敷きの直上あたりに強めの斑状のコゲが残る①。また、両側面を垂下する吹きこぼれが筋状にコゲ付く②。その後、竹筒の水洗いに伴って、包丁で筋状のコゲが削ぎ取られ、代わりに切削痕が残される。ただし、開口部上端には、吹きこぼれと連続するコゲが残されていることがある③。内面には、開口部の下位に赤褐色の喫水線が残される。もともとココナツミルクが注がれた高さで、もち米や具材がこれを吸うことで水位が低下し、内面の炊き汁が帯状にコゲ付く。

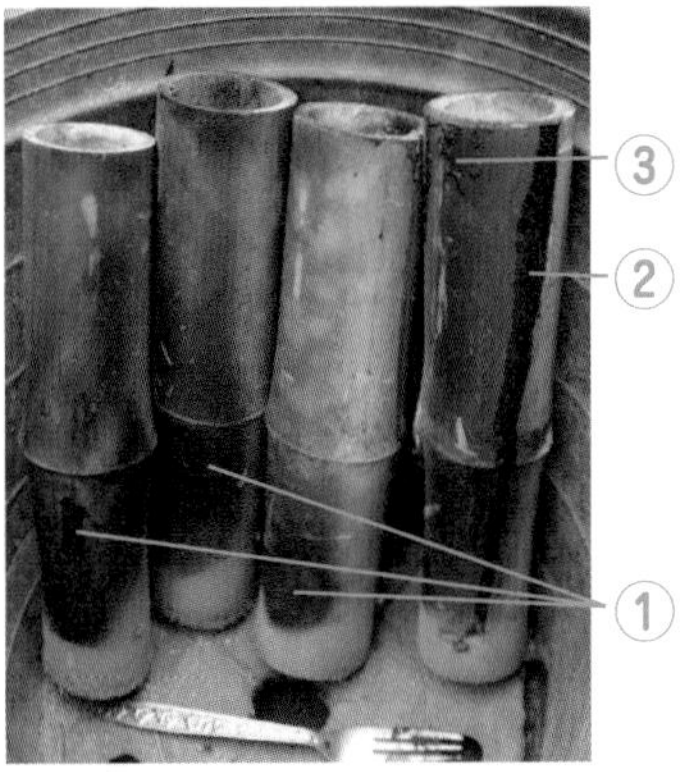

竹筒の側面に付いたコゲ

竹筒の耐久性

竹筒は、立派に鍋釜の役割を果たすが、竹筒が繊維方向に焼き割れするため、繰り返し使い回すことができない。土器の出現は、毎日の炊事にかかる労力を軽減し、強火の利用や長時間加熱を可能にし、調理の幅を広げることに繋がったと考えられる。

（写真すべて著者撮影）

第3章 5

福井洞窟の周りにいた動植物

柳田 裕三

旧石器時代から縄文時代にかけては、地球規模での環境変動が起こります。氷河期（更新世）から温暖期（完新世）へと移り変わるのです。この変化の波は、日本で暮らしていた人たちにも新たな時代の変化をうながします。一般に、旧石器時代には、針葉樹や広葉樹の森や草原地帯であった台地上に、ナウマンゾウやオオツノジカなどの大型の動物が生息していたと考えられています。一方、縄文時代になると、落葉広葉樹から照葉樹に変化し、大型動物からイノシシやシカといった中型動物、さらには、ウサギやタヌキのような小動物が多くみられます。しかし、その移行期にあたる旧石器時代から縄文時代の様相については未だ不明な点が多いのです。

福井洞窟の再調査では、約19000前〜10000年前の自然遺物が確認されました。そのほとんどが植物化石で動物の痕跡はあまり残っていなかったのですが、そもそも全国的にその変化に迫れる遺跡がないなか、よく残っていたと評価すべきでしょう。旧石器時代の最終末にあたる4層では種の同定はできませんでしたがシカやイノシシなどの中型の動物骨が60センチの範囲に集中して出土し、その多くが被熱により変色していました。縄文時代草創期の2層（爪形文土器期）では、いくつかの動植物が確認されています。獣骨の歯はイノシシと確認されました。そのほか、偶蹄《ぐうてい》類の歯からシカなどの動物がいたことが推測されます。哺乳類だけでなく、魚骨もみつかっており、サバの背骨と推定されています。土器に付着した炭からは、淡水魚を煮炊きした可能性も考えられています。洞窟の前を流れる川魚や渓谷の水を飲みに来るシカ、黒曜石の原産地としても利用していた海浜部からの海の魚も食料資源としていたようです。その後の縄文時代では鳥やカエルなども見つかっていますので、多様な動物が見られるようになります。とくに、縄文時代の早い時期から、山と海にまたがって多様な食料資源を確保していたことは重要な点です。

福井洞窟では砂の堆積であったため、シルト層に伴う花粉などの植物化石は見つかっていません。旧石器時代の最終末の13・12層（約19000〜18000年前）では、炉跡などに残る炭の種類からクリを燃料材として使っていたことがわかりました。また石敷にはササ類がみつかっているので、周辺にはクリなどの中低木の樹種や福井川周辺にはササ類が繁茂していたと推定されます。7〜9層（約17000年前）ではマツ属やヒノキ科の針葉樹、カエデなどの落葉広葉樹も燃料材として用いていますので、いずれも針広混交林のやや寒冷な気候の樹木が推察されます。こうした出土資料は、旧石器時代最終末の4層（約16000年前）や縄文時代草創期の3層（15000年前）でも同じ状況です。つまり、19000〜15000年前はほぼ同じような植生だったと考えられます。ただし、地すべりなどにより洞窟地形は大きく変化していますので、新たな植物が発生するなど細かな変化はあったことでしょう。とくに、7〜9層では堆積物に泥やシルトが含まれていますので、雨の影響も想像されます。一方、縄文時代草創期の2層（爪形文期）にはヒサカキやアカガシ亜属が見つかっています。これは、温暖化に向かっている証拠です。ちょうどこの時期は、晩氷期《ばんぴょうき》が終わり一時的な温暖期（アレレード期）に該当します。その後、縄文時代早期の10000年前ぐらいにイスノキやクス、シイなどの照葉樹の森に変化したことが洞窟の前の広場や近隣の直谷《なおや》岩陰の調査からわかっています。

わずかな資料からでは推定の域を越えませんが、旧石器時代の細石刃文化期の始まりから旧石器時代終末期まではほぼ同じ氷河期の環境で動植物相の変化は見られません。おそらく、動物相は中型動物が中心であったと考えられます。一方、縄文時代草創期14000年頃には、一時期的に針葉樹や落葉樹から照葉樹が混じる樹木に変化し始めていたのではないでしょうか。

1 旧石器時代の福井川と台地（イメージ）

■旧石器時代には、針葉樹や広葉樹の森や草原地帯であった台地上に、ナウマンゾウやオオツノジカなどの大型の動物が生息していたと考えられているが、旧石器時代の終わり頃の動物などは明確ではない。そのため、福井洞窟では微細な動物骨も分析した。

木を調べる

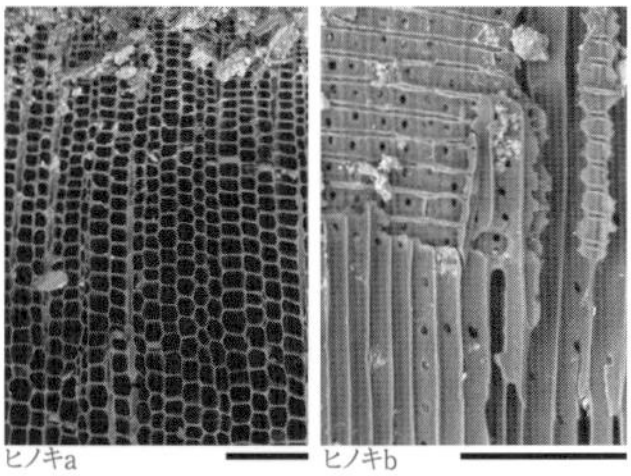

見つかった木材はヒノキとわかった。

獣骨を調べる

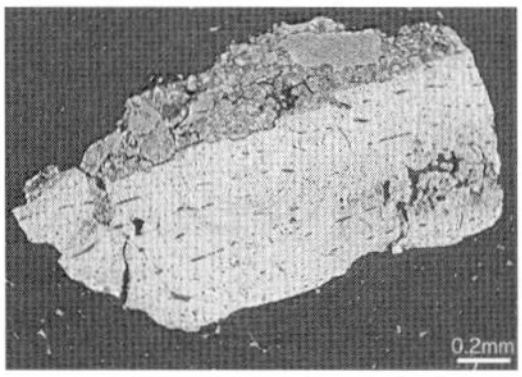

焼骨の CT 画像
中型の偶蹄類に類似している。

旧石器時代の終わり頃、福井洞窟 4 層（約 16200 年前）の獣骨片の出土状態

獣骨の欠けらが密集してみつかった。白や黒く変色していることから、炉などで焼かれたと考えられている。

2 旧石器時代の台地とため池（イメージ）

炉の燃料材として、クリが使われていた。近くに落葉広葉樹が広がっていたのだろう。

木を調べる

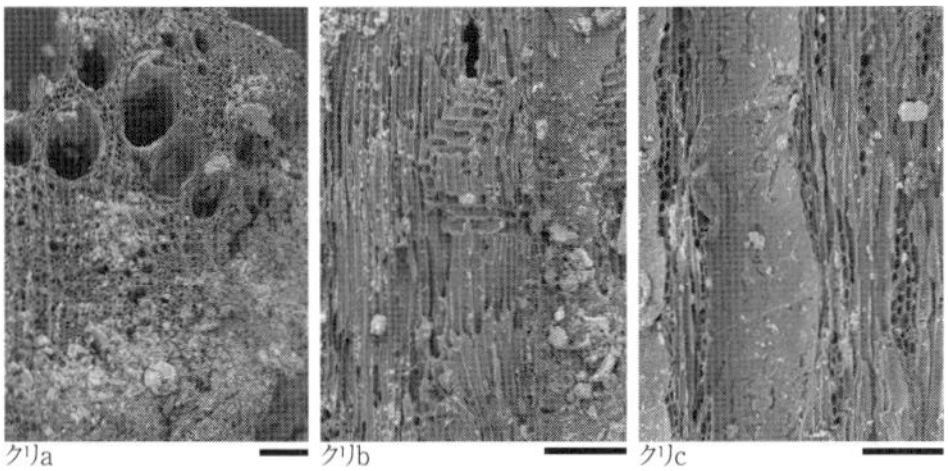

■台地の上にあるため池周辺に、狩猟具を中心とする旧石器遺跡が点在しており、そこには狩猟の対象となる動物が生息していたと考えられる。

化石を調べる

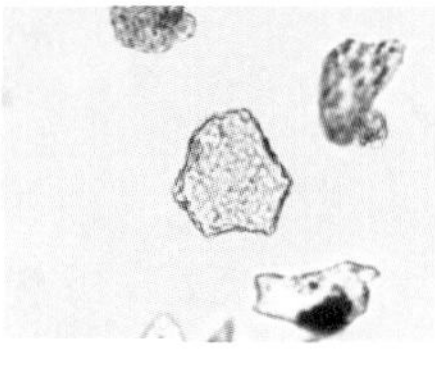

13 層石敷（約 19000 年前）から、寒冷地に分布するササ類の植物化石がみつかった。

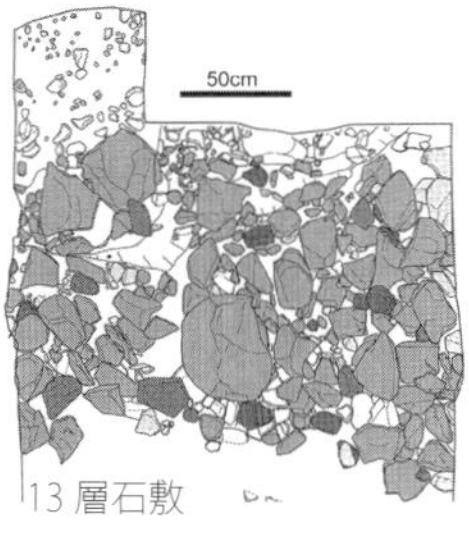

（炭化材分析：高橋敦氏・辻本裕也氏／植物珪酸帯分析：杉山真二氏・辻本裕也氏／焼骨分析：澤田純明氏）

1 縄文時代 早期（1万年前）の福井川（イメージ）

■土器のおこげから川魚を煮炊きしていたこと、獣骨の分析からイノシシをつかまえていたとわかった。ほかに、サバなどの海の魚の骨などもみつかった。縄文時代になり暖かくなると、動植物にも、それを資源として利用する人類にも大きな変化が起きたようだ。

土器のおこげを調べる

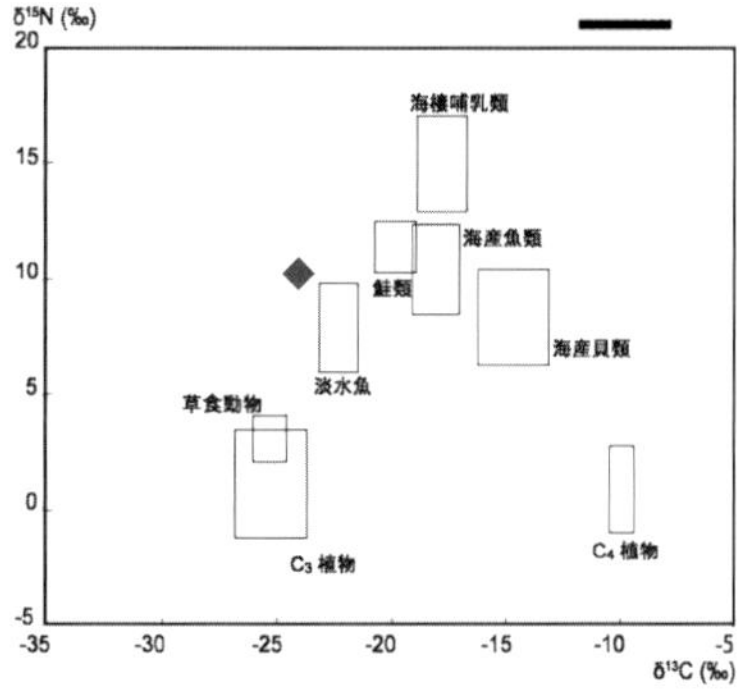

福井洞窟２層（約13000前）の土器付着炭化物から採取した安定同位体分析

土器に付着した炭（おこげ）の安定同位体分析から、淡水魚に近い値◆が確認された。

歯を調べる

イノシシは、出土した歯と標本を比べて同定された。ウリ坊よりも少し大きくなったぐらいの若いイノシシ。

イノシシの歯（2層）の獣骨分析

2 縄文時代草創期の土器作りと植物
（イメージ）

土器の圧痕を調べる

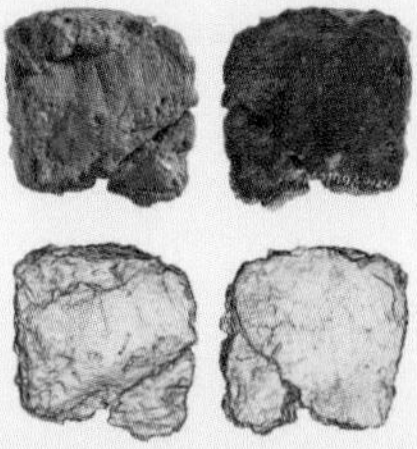

3 層の隆起線文土器

土器の圧痕（くぼみ）をCT スキャンで観察すると、植物繊維とわかった。

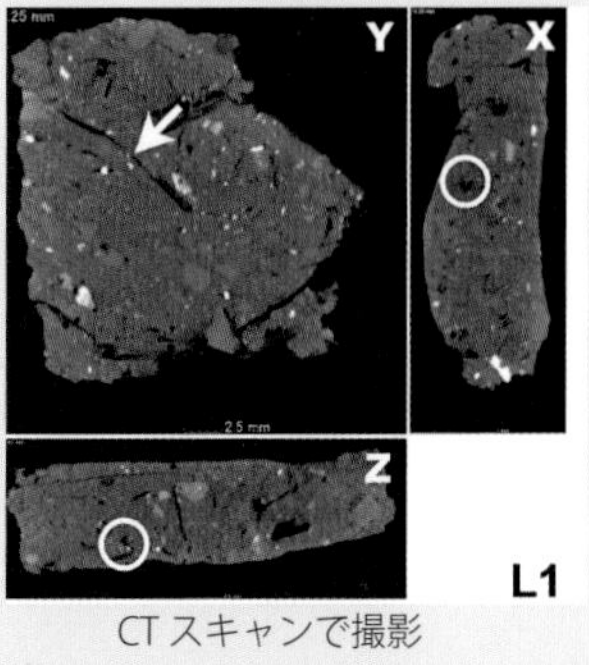

CT スキャンで撮影

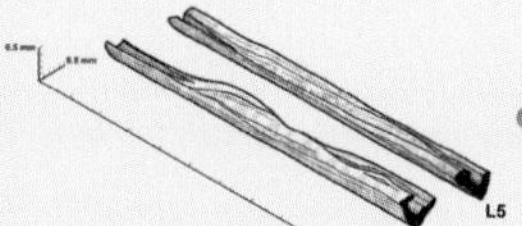

断面から復元された繊維状の植物

シダ植物

植物繊維の断面形状を調べた結果、シダ植物に由来するものと考えられる。

■圧痕の分析から、シダ植物の繊維が土器に練り込まれていることがわかった。

（獣骨分析：鵜沢和宏氏　安定同位体分析：工藤雄一郎氏
土器圧痕分析：小畑弘己氏）

⑯動物骨から探る福井洞窟の暮らし

鵜澤 和宏

発掘調査によって、福井洞窟から少量の動物化石がみつかりました。日本の土壌では有機物が保存されにくく、少量とはいえ旧石器時代から縄文時代に移りかわる古い時代の動物化石が出土したことは、貴重な発見です。

化石の大半は1センチに満たない細かな破片ばかり、総数300点ほどです。これを顕微鏡で観察しました。環境考古学の専門家による同定では、意外にも多くの種が含まれていることが明らかになりました。マガキ、スガイ、イシマキなど14種の貝類、サバ、カエル、さらに複数の哺乳類が同定されています【1】。まず魚貝類を含んでいることが注目されます。水産資源の利用は、気候の温暖化とともに水面が上昇した、縄文時代になって本格化すると考えられていたからです。

哺乳類の化石は保存状態が悪く、歯牙の小さな破片が数点と、イタチほどの大きさの、小型動物の指骨が確認できたほか、種や部位を特定できるものはありませんでした。

しかし、興味深い発見がありました。動物骨の約8割が焼け焦げたり、表面が剥離したりするなど、熱を受けていたのです。さらに、石器によって切りつけられた切創《せっそう》（カットマーク）が二つの破片にみつかりました【2】。石器による切創は、人類が動物を解体し肉を切り取った直接の証拠です。焼けた骨が多数を占めていることを考えあわせると、福井洞窟を利用していた人々が、ここで獲物を調理し、暖をとっていたことが推定されます。

ところで、ばらばらになっていた歯牙破片を接合してみると、イノシシの臼歯であることが確認できました【3】。歯のすり減り方などから若齢獣と推定されます。イノシシは縄文時代の主要な狩猟動物であり、水産資源と陸産資源を組み合わせる生業は、縄文時代の代表的な生業パターンです。こうした縄文的な暮らしが、旧石器時代終末期から縄文時代草創期に移り変わる時期に、すでに福井洞窟で開始されていたことがあきらかになりました。

⑰植物化石から当時の植生を考える

杉山真二・柳田裕三

遺跡で見つかる植物の化石には、炭化した木や種実類および花粉や植物珪酸体（プラント・オパール）などがあります。ここで紹介する植物珪酸体はイネ科植物などの細胞にガラス質の成分が集積したもので、植物が枯れたあとも微化石となって半永久的に残っています。植物珪酸体は植物の種類によって特有の形と大きさをしており、考古学ではイネやムギ類、キビ類などの栽培植物を確認するなど、農耕史の解明に大きく貢献しています。旧石器時代から縄文時代草創期にかけては地球規模の環境変動期にあたりますが、植物珪酸体は当時の環境の指標としても利用されています【1】。

福井洞窟で注目されるのは竹笹類《たけささるい》の植物珪酸体です。竹笹類のうちメダケ属《ぞく》は温暖、ササ属は寒冷《かんれい》な気候の指標とされ、両者の比率の変遷は地球規模の気候変動（氷期─間氷期サイクル）と関連しています。また、ササ属のうちチマキザサ節やチシマザサ節は積雪に対する適応性が高く日本海側の多雪地帯などに分布していますが、ミヤコザサ節は積雪の少ない比較的乾燥したところに分布しています【2】。

福井洞窟では全体的に植物珪酸体が少ないですが、13層（19000年前頃）の石敷ではササ属が認められ、寒冷な気候が推定されます。7～9層（17000年前頃）では、ササ属のうちミヤコザサ節が優勢なことから、寒冷～冷涼で積雪が少ない比較的乾燥した環境が推定されます。笹類は常緑であり、大半の植物が落葉または枯死する秋から冬にかけてはシカ類などの草食動物の重要な食物となっています。遺跡周辺にこれらの笹類が存在したことは、当時の動物相との関連でも注目されます。2層（14700年前頃）では比較的温暖なところに生育するサカキの炭化材が認められました。1層（10000年前以降）上部ではメダケ属とともに照葉樹のシイ属、クスノキ科、イスノキ属が出現しており、この頃には現在のような温暖・湿潤な気候になっていたようです。

1 サバの幼魚の骨（尾椎）

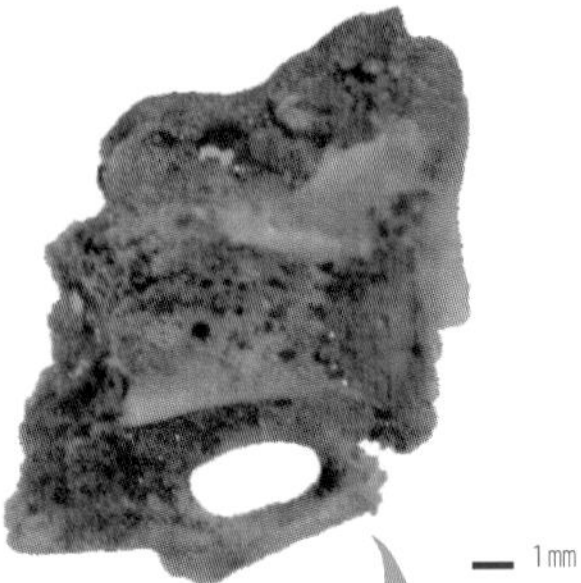

福井洞窟の出土資料には、魚貝類が多く含まれていた。縄文時代になって暖かくなると、水産資源の利用も本格化したと考えられる。

縄文時代　動物を解体する様子（イメージ）

福井洞窟を利用していた人々が、ここで獲物を調理していたと考えられる。

2 石器に切りつけられた痕のある動物骨

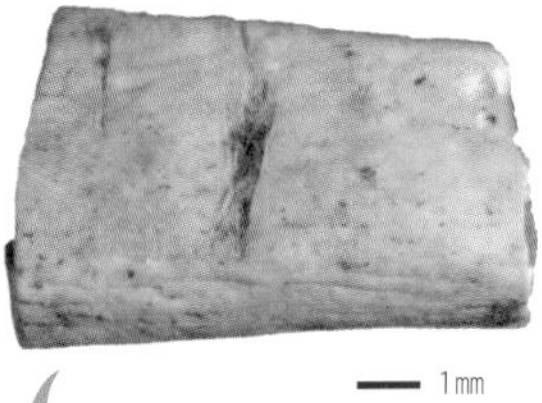

石器で切りつけられた痕（カットマーク）がついている。

石器で動物をさばく（イメージ）

カットマークから、石器で動物をさばいていたことがわかった。

3 イノシシの歯

ばらばらの歯のかけらを接合すると、イノシシの左上顎第四前臼歯とわかった。

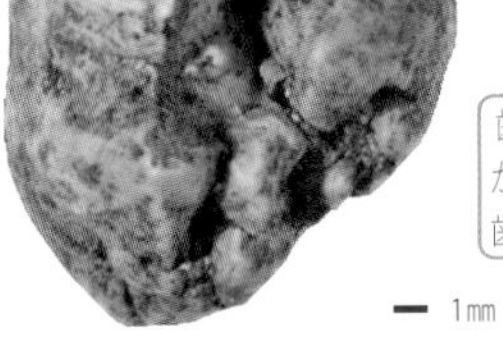

歯のすり減り方などから若いイノシシの歯とわかる。

コラム ⑰植物化石から当時の植生を考える

1 福井洞窟でみつかった植物化石（植物珪酸体）

植物化石からは、その植物が生えていたところが、どんな気候や環境だったのかがわかる。

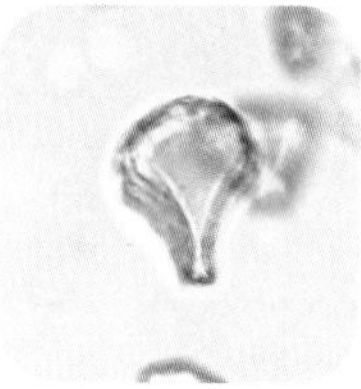
イネ

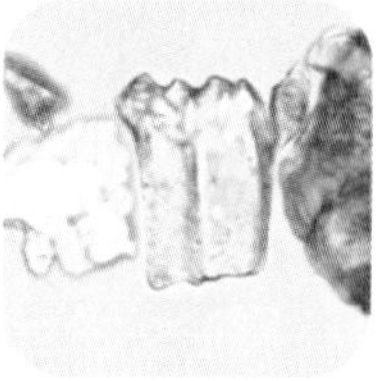
メダケ属ネザサ節

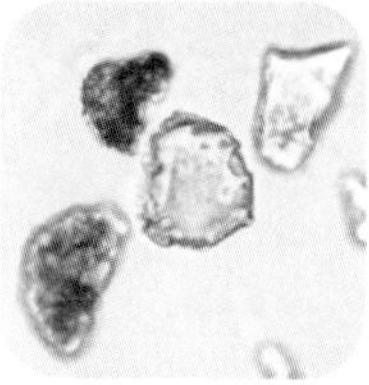
ササ属ミヤコザサ節

シイ属

0.05㎜

福井洞窟でみつかった植物化石からは、旧石器時代から縄文時代草創期にかけて、寒冷な気候から温暖な気候へと変わっていたことがわかる。

2 気候環境の指標となる竹笹類とその植物化石（植物珪酸体）

ササ属チシマザサ節
寒冷で積雪がとくに多い地域に分布。

ササ属チマキザサ節
寒冷で積雪が多い地域に分布。

ササ属ミヤコザサ節
寒冷〜冷涼で積雪が少ない、比較的乾燥した地域に分布。

メダケ属ネザサ節
温暖な地域に分布。

（写真すべて著者撮影）

第3章 6

洞窟での暮らしを解き明かせ

萩原 博文

1 骨片と石器の分布

洞窟内では、一般的な開地遺跡の住居跡や炉跡周辺と同じような行動が行われていたと推定されています。食事や睡眠、石器製作などの日常生活です。2～4層では骨片が検出されており、当時の食料資源の一部が明らかになっています。【2】のように、各層同じ場所で確認されています。この位置は7層や13層では炉が形成されており、骨片の多くは火熱を受けていることから、近くに炉があったと考えられます。

骨片にはキズ痕のあるもの【2①】があり、石器の使用によるものと思われます。それらは、黒曜石のような鋭い刃によって付けられたものです。顕微鏡による石器の観察では、細石刃や使用痕ある剥片などに顕著な微細剥離痕や線状痕【①③～⑤】が認められ、骨のキズ痕【②】と一致するのではないかと思われます。これらの細石刃などは、各層のように骨片集中の近くに分布しています。炉跡の周辺で、骨のついた獣肉を細かな石器を使って食していたと想定されるのです。

3層では、掻器《そうき》が骨片集中の近くに認められます【⑨】。このような形態の掻器は、寒冷期に発達することが知られています。同じく寒冷気候の岩下洞穴Ⅸ層では炉跡の近くに分布しており、皮なめしなどの獣皮加工を行っていたと考えられます。

2 12層の炉跡とヒトの行動

遺構と石器分布から、洞窟空間の使用法が明らかになりつつあります。石器の集中する場所は、炉跡とその洞奥部、開口部の3ヵ所です【3】。洞奥部【A】では、この時代の主要な道具である細石刃の製作が行われています。細石刃核や細石刃とそれに関連する石器が折り重なって多数出土し、その多くは接合しています。接合することにより、その製作技法やその時点での作業場所も明らかになったのです。

開口部側【C】には台石や礫器などの大形石器、削器などがやや疎らに分布しています。ここでは、道具の製作や植物の加工が行われていた可能性が指摘できます。道具の製作または修理に関連し、細石刃が数点一直線に並んでいることが注目されます。一つは開口部【a2】、ほかは炉跡の南側【a1】に認められます。これらは、角などに埋め込んだ状態のものが拡散したと考えられます。開口部のものはかなり離れた距離にある佐世保市針尾島産の黒曜石であり、他の遺跡から運ばれてきたのでしょう。

炉跡の内部やその近く【B】からは、細石刃や削器、使用痕ある石器などが認められます。これらの細石刃は石器製作の場のものと異なり、顕著な使用痕が確認できます【⑪】。この使用痕は、2～4層の骨片集中部の細石刃にみられるものと良く類似しており、炉跡周辺で獣肉などが食されていたと思われます。それらの石器は南北2ヵ所に集中していることから、少なくとも二人いたのでしょう。細石刃には微細剝離痕とともに密集した線状痕が観察されます。刃部に平行する疎らな線状痕【⑫】である【a1】・【a2】の細石刃群とは異なります。

このように、暖かい炉跡の周辺で食事や石器・道具製作、食事の用意などが行われています。空間の使い分けも明確であり、炉跡の周囲で主要な活動が行われているのです。現在よりもかなり寒い氷河時代に生きており、焚火や服装で暖をとっていたと思われます。洞穴が良く利用される意味もここにあると思われます。なお13層には礫やササ、砂で湿地を改良しようとする試みもあり、泉福寺《せんぷくじ》洞窟や大谷《おおたに》岩陰と同様、生活しやすいように洞窟空間の改良も行われているのです。

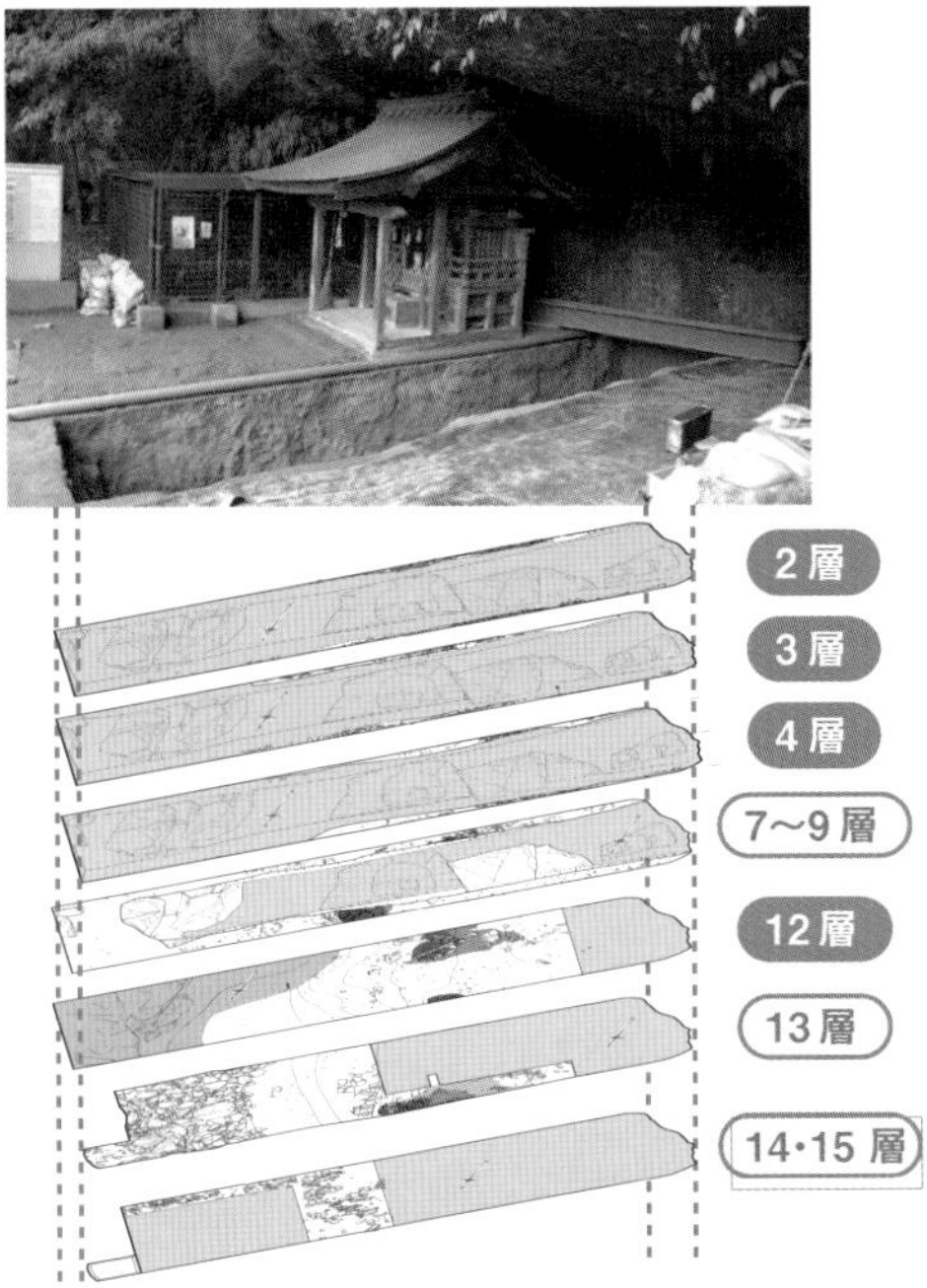

1 福井洞窟の全体図

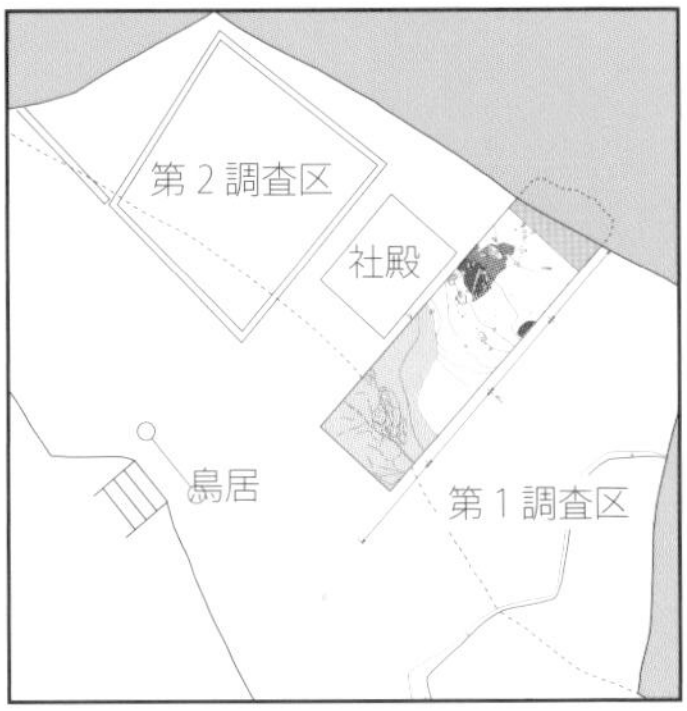

福井洞窟平面図（上）と
調査区の層序模式図（左）

2・3・4層から出土した骨片や石器、12層の炉跡から、人々の暮らしの様子がみえてきた。

2 2～4層から出土した骨片や石器と人々の暮らし

2層 の遺構・遺物

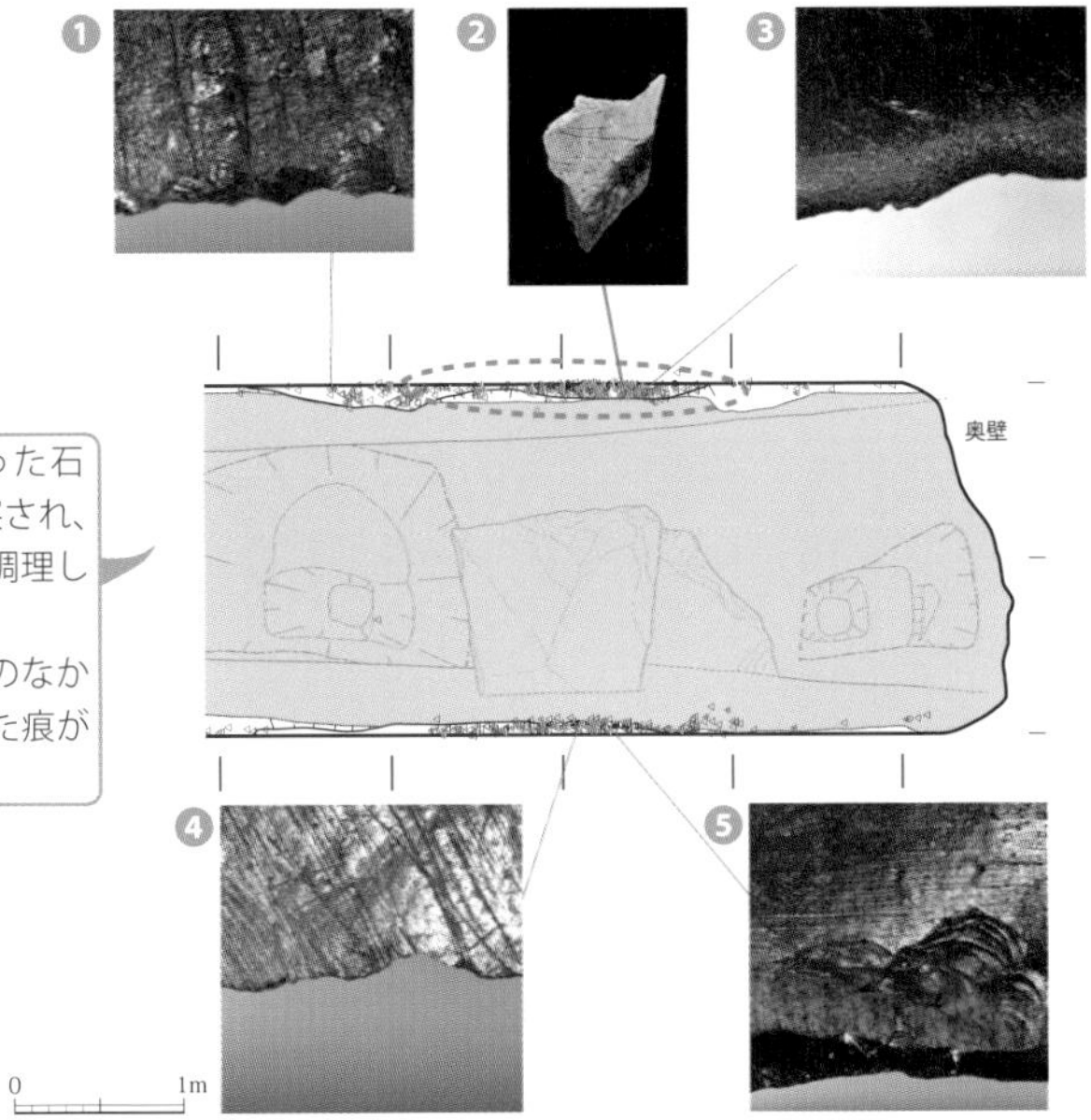

❶❸❹❺周辺でみつかった石器には、使用した痕が観察され、ここで骨のついた獣肉を調理していたと考えられる。
❷集中して出土した骨片のなかから、石器に傷つけられた痕がある骨がみつかった。

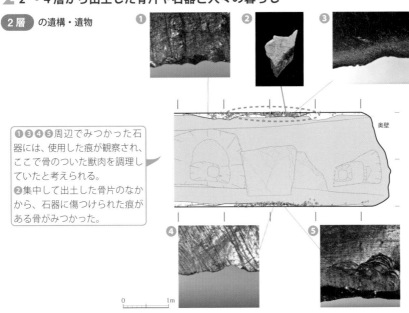

3層 の遺構・遺物

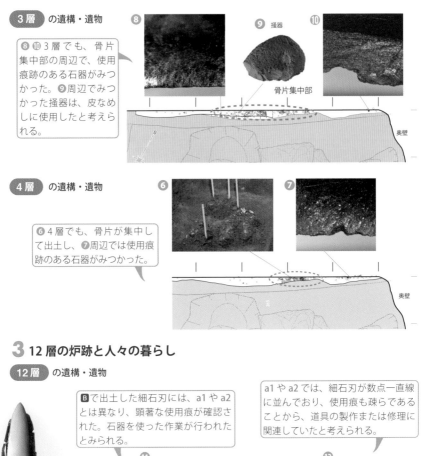

❽❿3層でも、骨片集中部の周辺で、使用痕跡のある石器がみつかった。❾周辺でみつかった掻器は、皮なめしに使用したと考えられる。

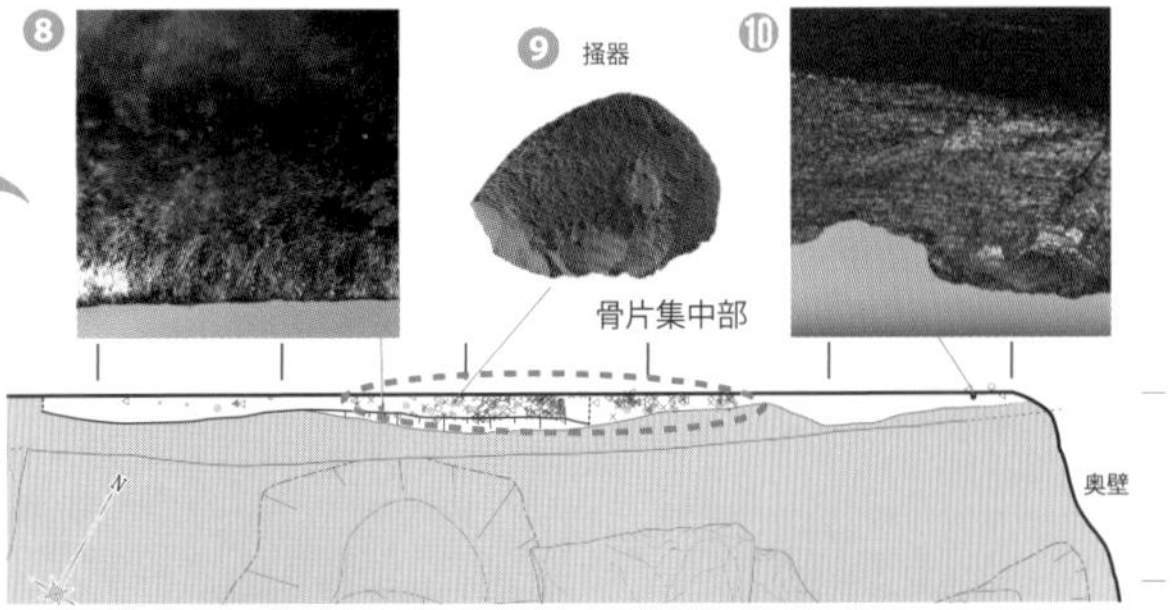

4層 の遺構・遺物

❻4層でも、骨片が集中して出土し、❼周辺では使用痕跡のある石器がみつかった。

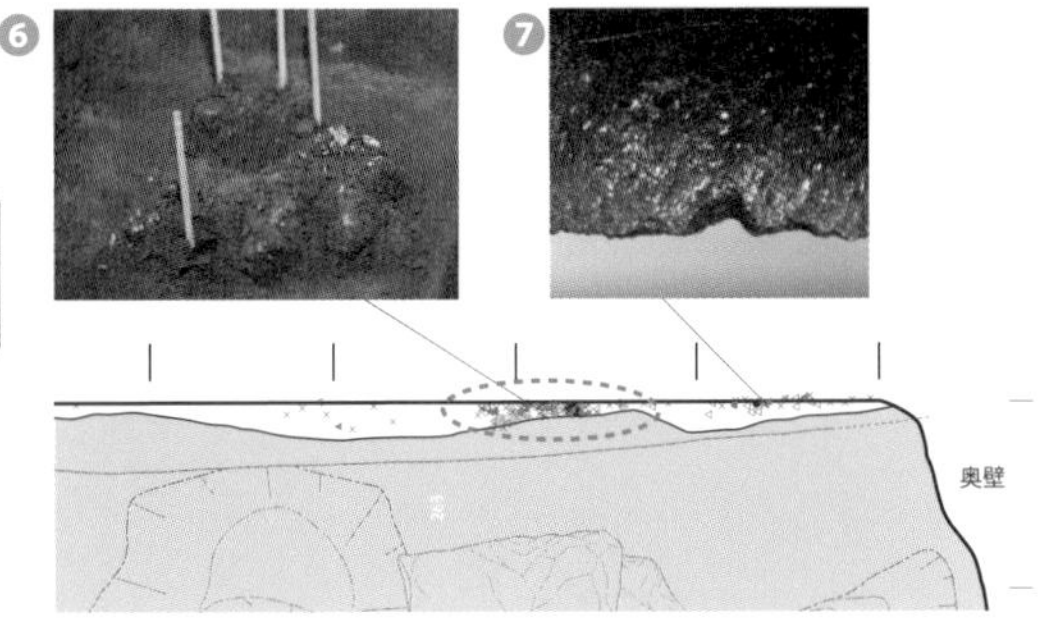

3 12層の炉跡と人々の暮らし

12層 の遺構・遺物

細石刃の復元模型

🅑で出土した細石刃には、a1やa2とは異なり、顕著な使用痕が確認された。石器を使った作業が行われたとみられる。

a1やa2では、細石刃が数点一直線に並んでおり、使用痕も疎らであることから、道具の製作または修理に関連していたと考えられる。

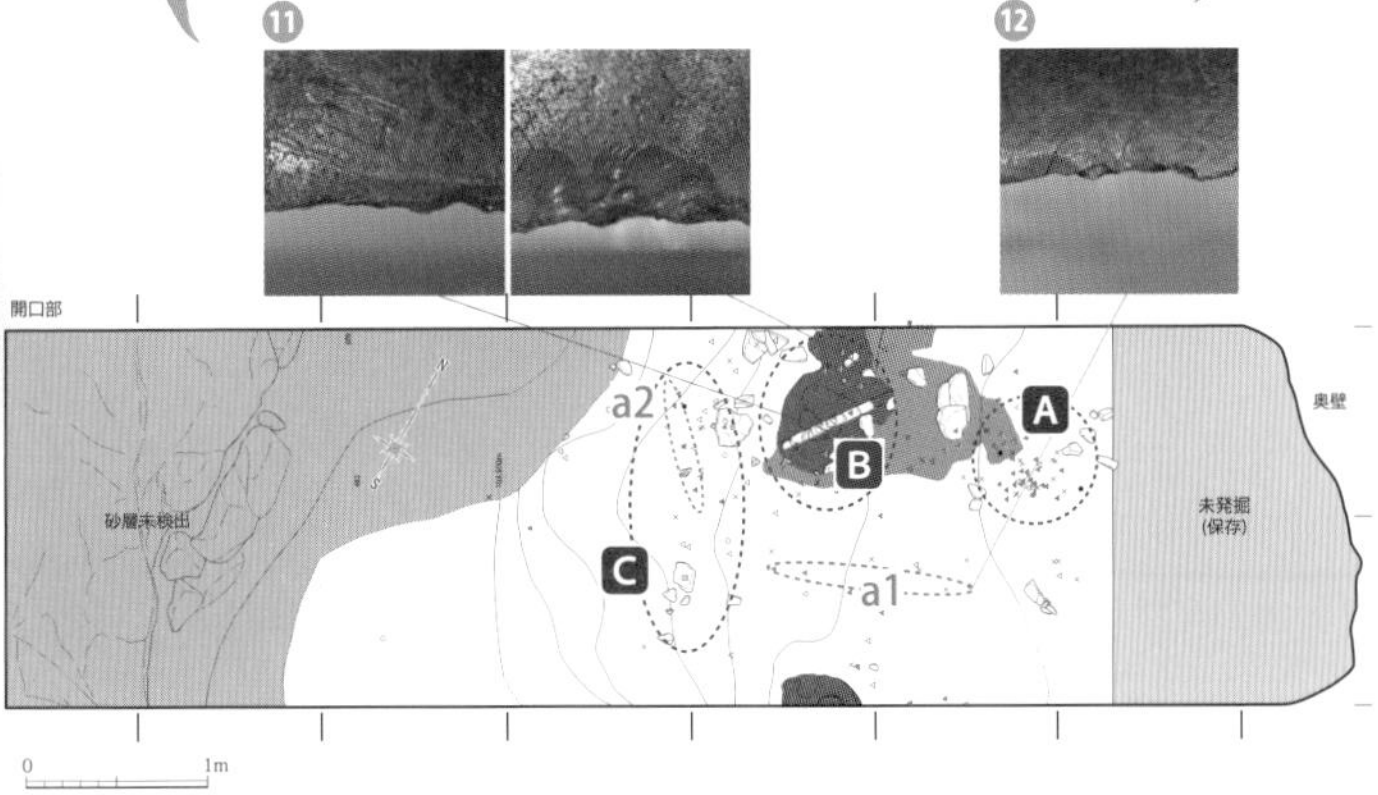

炉の周辺で、食事や石器・道具製作🅐🅒、食事の用意🅑などが行われた様子がわかってきた。

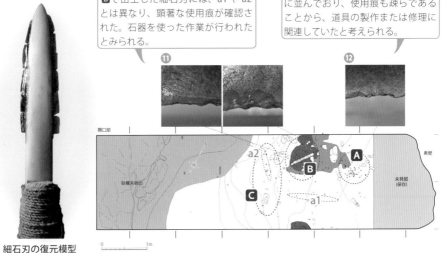

第3章 7

福井洞窟と石器研究のあゆみ

杉原 敏之

1 福井洞窟の調査と石器研究の始まり

1949（昭和24）年の群馬県岩宿《いわじゅく》遺跡の調査後、九州地方には旧石器を求めて多くの研究者が訪れました。50年代後半、富桝憲次氏・松岡史氏らによって唐津市上場台地の採集資料が学会に紹介され、西北九州地域の旧石器時代遺跡に対する関心は高まりました。そして1960年、日本考古学協会西北九州総合調査特別委員会の事業として、鎌木義昌・芹沢長介両氏による福井洞窟の発掘調査、明治大学の杉原荘介氏による佐賀県多久三《たくさん》年山《ねんやま》遺跡や茶園原《ちゃえんばる》遺跡の発掘調査が相次いで実施され、九州地方の本格的な旧石器時代研究が開始されたのです。

福井洞窟の発掘調査は、1960年7月に行われました(1)。第1次調査区は2×2メートルのグリットA〜D区が設定され、1層から9層までの調査が行われました。そのうち、2層上部から爪形文土器と細石刃・船底形細石刃核が、3層下部から隆起線文土器と細石刃・船底形細石刃核がそれぞれ出土しました。そして、4層には土器は無く細石刃・「半円錐形」細石刃核と削器や尖頭器が、7層から黒曜製小石刃と小石刃核が、9層から「瀬戸内技法」的安山岩製剥片がそれぞれ出土しました。さらに、1962・63年に第2・3次調査が実施され、岩盤まで掘り抜いた第2調査区では、最下層付近の15層から安山岩製両面加工石器と縦長剥片が出土しました。

福井洞窟の調査は、2層：船底形細石刃核と爪形文土器、3層：船底形細石刃核と隆起線文土器、4層：「半円錐形」細石刃核と安山岩製尖頭器や削器という、旧石器時代から縄文時代草創期の文化変遷を明らかにする成果を上げました。そして、縄文時代の起源として旧石器時代以来の細石刃文化の中に土器の出現が考えられるようになり、福井洞窟はその後の研究に大きな影響を与えたのです。さらに、第３次調査では^{14}C年代測定が行われ、２層１２４００年±３５０ＢＰ（Ｇａｋ－９４９）、３層１２７００年±５００^{14}ＣＢＰ（Ｇａｋ－９５０）、１３６００年±６００^{14}ＣＢＰ（Ｇａｋ－９５１）、ＸⅤ層＞３１９００年^{14}ＣＢＰ（Ｇａｋ－９５２）という年代値が示されました。九州の細石刃文化に共伴する土器の年代観が示され、測定資料が約３万年前を超えた15層の石器は層位と科学年代によって九州最古級の石器として注目されることになったのです。(2)

2　調査成果と石器研究の展開

１９６５年、『日本の考古学Ⅰ　先土器時代』が刊行されました。その中で、麻生優氏は福井洞窟の層位的成果と細石刃核の型式進化の視点から、半円錐形（福井４層）→円錐形（野岳《のだけ》）→半舟底状（枝去木分校・日出松）→舟底状（福井２・３層）の変遷を想定しました。(3) そして、福井洞窟２・３層にみられる、鱗状の剥離によって円盤状の母核（原形）を作成し、一端より打面形成を行って細石刃を剥離する技術を「西海技法」と呼んだのです。さらに、鎌木義昌・間壁忠彦両氏は、福井洞窟の調査成果と、長崎県百花台《ひゃっかだい》遺跡における細石刃と百花台型台形石器、ナイフ形石器の層位的検出を踏まえ、遠目《とおめ》遺跡や平沢良《ひらぞうら》遺跡(4)出土の石刃や石刃状剥片に注意しながら、九州型ナイフ形石器→台形様石器→福井第７層の石器という九州地方の石器群の変遷案を示したのです。(5)

そして、福井洞窟の調査後、鹿児島県上場《うわば》遺跡、大分県岩戸《いわと》遺跡など、九州地方では重要遺跡の調査が相次いで実施されました。また、佐賀県原《はる》遺跡におけるナイフ形石器・台形石器と細石刃との「共伴」の可能性にも関心が寄せられました。(6) その中で、西北九州では、百花台遺跡の細石刃と小型台形石器、ナイフ形石器の層位的成果を定点として、層位と型式から黒曜石製石器の研究が進められました。下川達彌氏は、日ノ岳《ひのたけ》遺跡の層位的調

1 福井洞窟の調査によりみえた石器群の変遷

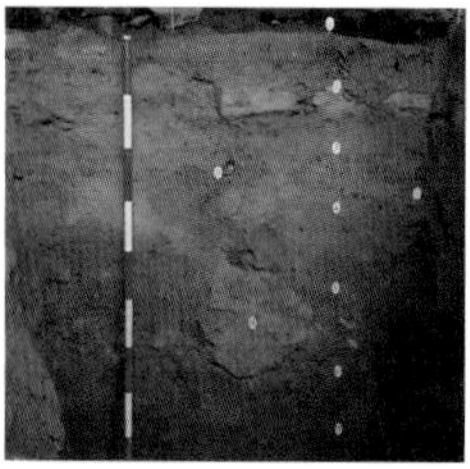

土層堆積状況
（芹沢長介氏撮影）

15 層の両面加工石器
（東北大学大学院考古学研究室蔵）

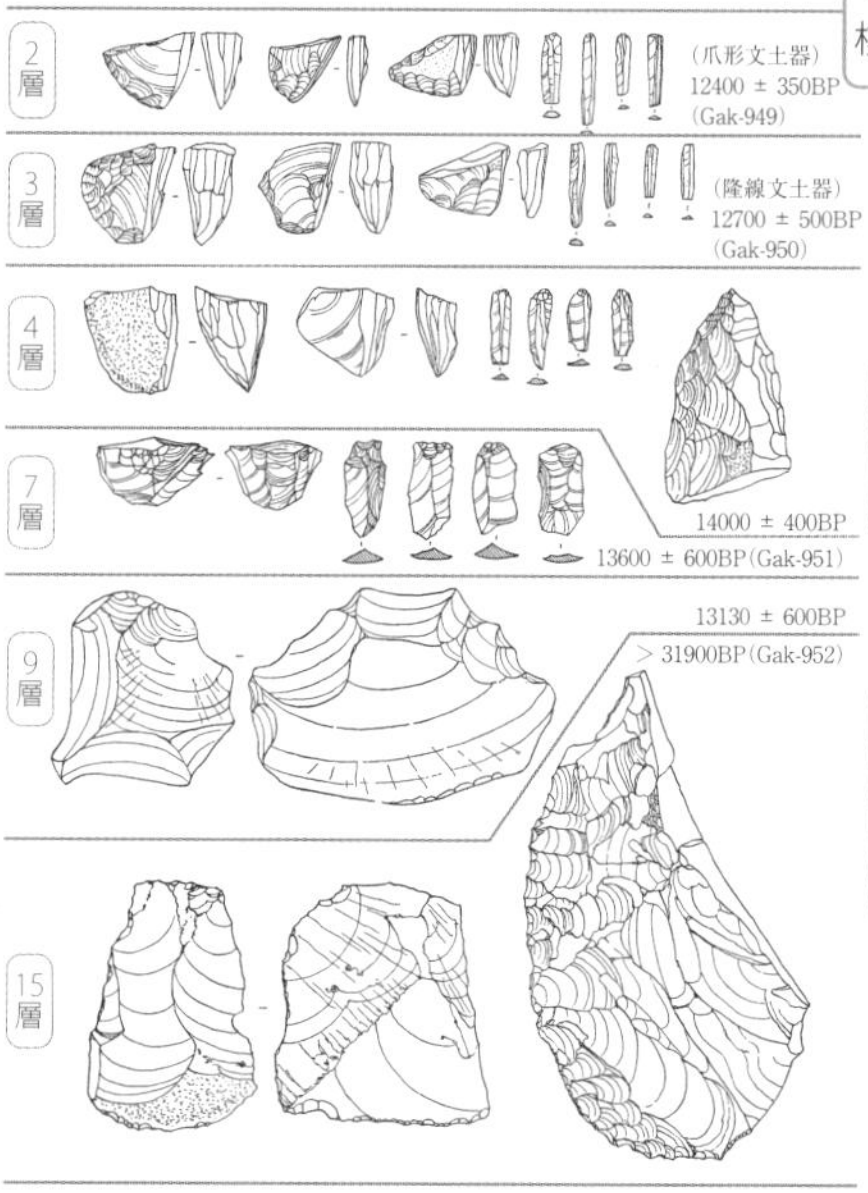

層位的に配置された石器群の変遷図（第１～３次調査、註２より）

2・3 層では、「福井型」と呼ばれる船底形細石刃核と土器が共伴。

4 層の細石刃核には槍先形尖頭器が共伴。

7 層の小石刃・小石刃核より下層は旧石器時代のナイフ形石器文化と捉えられた。

2 石器研究の展開

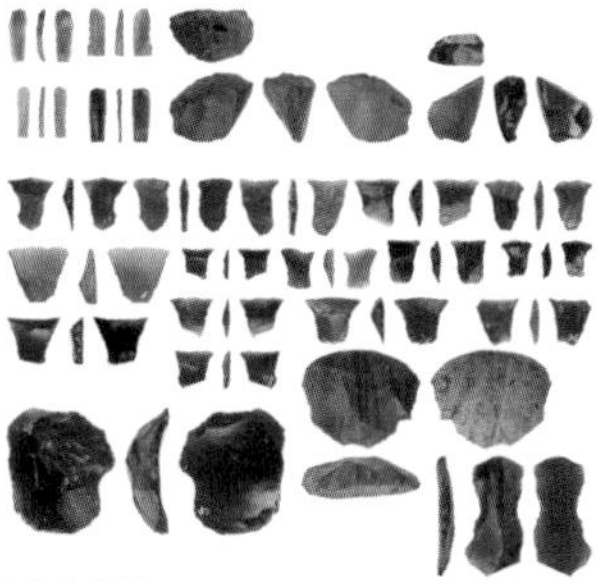

百花台型台形石器（雲仙市教育委員会蔵）

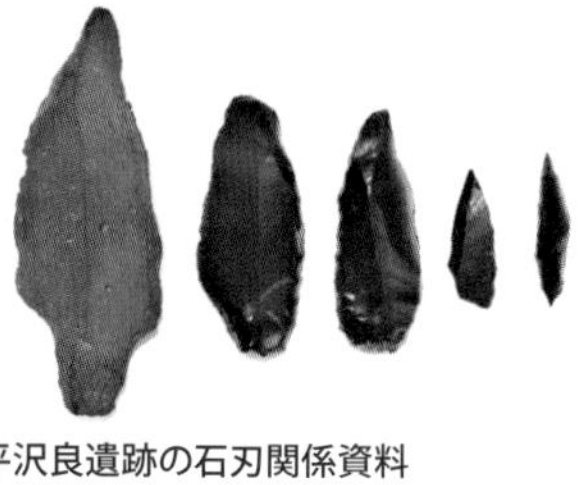

平沢良遺跡の石刃関係資料
（明治大学博物館蔵）

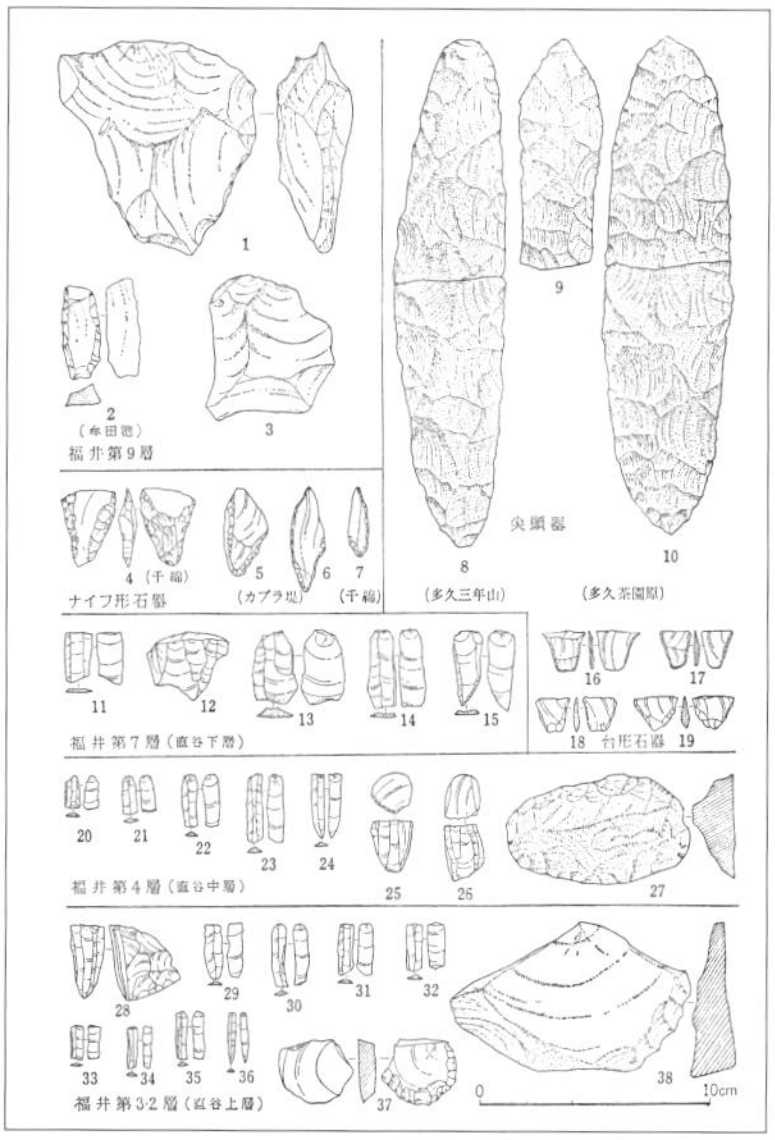

1965 年に示された『日本の考古学Ｉ』における石器文化の編年（註５より）

■福井洞窟をはじめ、研究の初期に調査された石器群のうち、細石刃と分離された百花台型台形石器、石刃が多量に出土した平沢良遺跡は当時の編年の指標としても注意されていた。

1 細石刃文化研究の展開

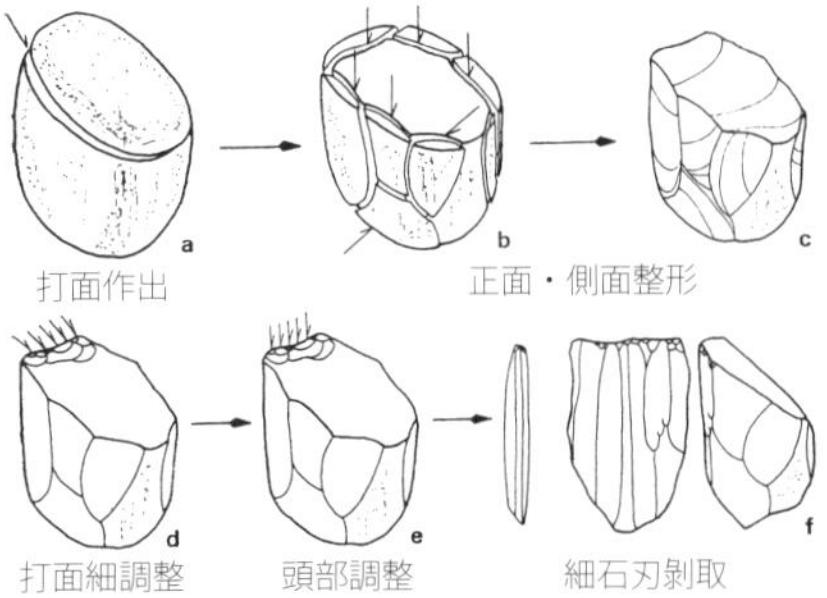

野岳遺跡の細石刃資料（上）と剝離工程図（右）
（東彼杵町教育委員会蔵・註 9 より）
野岳遺跡の細石刃は剝離工程模式図が提示され、あらためて初期細石刃文化の指標として認識された。

茶園遺跡Ⅳ層の細石刃資料（上）と槍先形尖頭器（右）
（長崎県埋蔵文化財センター蔵）
この遺跡では、西海技法による細石刃核に柳葉形の槍先形尖頭器が共伴することが明らかとなった。

2 再調査における新たな課題

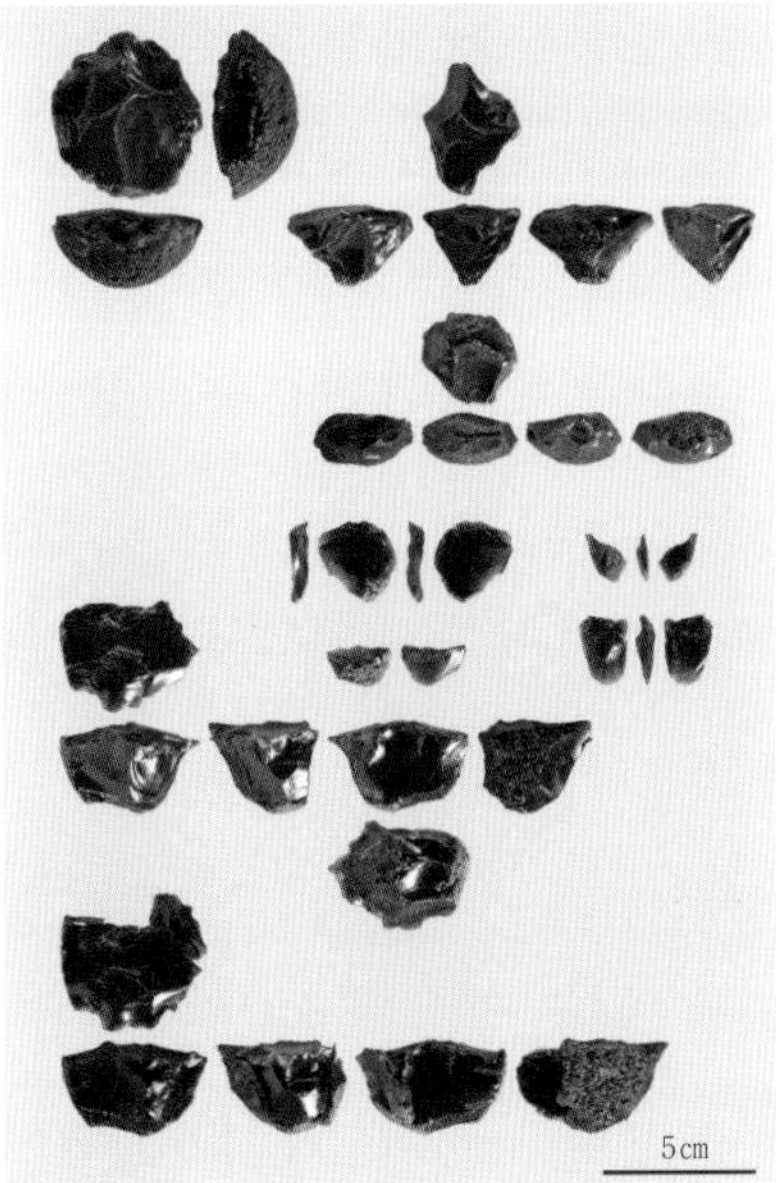

福井洞窟 7 ～ 9 層から出土した小石刃資料

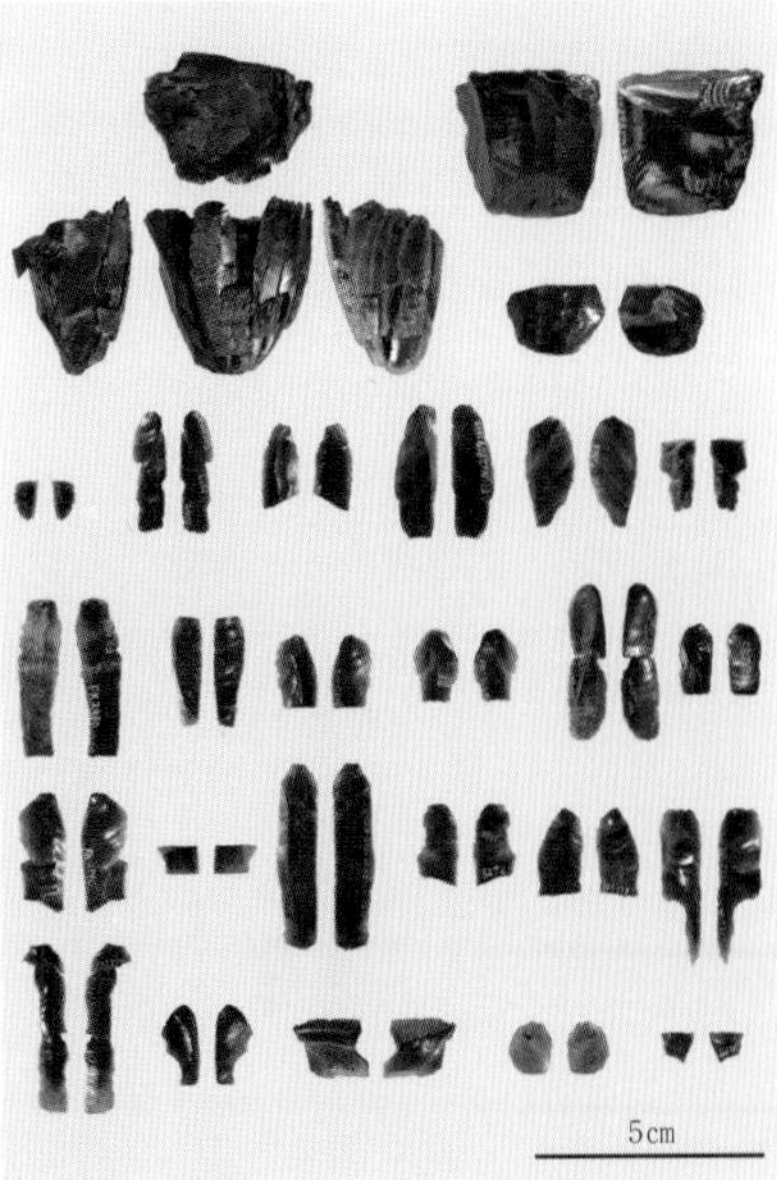

福井洞窟 12 層から出土した細石刃資料

■福井洞窟の再調査では 7・9 層の小石刃の下層となる 12 層から細石刃が出土し、これまで認識されていた両者の時間的関係が課題となった。組み合せ道具の視点から比較検討する必要がある。

査から、3層台形様石器の側縁加工にナイフ形石器との共通性を見出し、ナイフ形石器と共伴しながらⅡ層台形石器の面的調整へと変化し、小型台形石器へと展開する、本地域における台形石器の変遷基準を示したのです。[7]

3　縄文時代草創期研究の進展

再び細石刃文化研究に目を向ければ、1964年の岩下洞穴、1970年の泉福寺《せんぷくじ》洞窟など、重要な洞穴遺跡の調査が相次いで実施されました。とくに10次に及んだ泉福寺洞窟では、最古の土器、豆粒文《とうりゅうもん》土器が発見され、また、5層押引文土器段階には細石刃文化に石鏃が出現し、4層条痕文土器段階では狩猟具は完全に弓矢に転換することが明らかになりました。[8] 一方、鈴木忠司氏は、長崎県野岳《のだけ》遺跡の細石刃核を詳細に検討し、剥離面が全周する円錐形や、側面や背面に石核調整を施して打面が背面方向に傾斜する角柱形の技術形態を明らかにしました。静岡県休場《やすみば》遺跡との類似性から、西南日本の初期細石刃文化として「野岳・休場型」を提唱しています。[9]

1980年代後半、研究の進展により、福井洞窟4層の「半円錐形」細石刃核が注目されます。4層には分割面を打面として細石刃を剥離する、東九州に分布する船野型と同じ特徴を持つものがあります。大分県市の久保遺跡では石斧が、上下田《かみしただ》遺跡では尖頭器が、それぞれ船野型細石刃核に共伴することが明らかとなり、石槍と石斧に象徴される「長者久保《ちょうじゃくぼ》・神子柴《みこしば》文化」との関連が認識されました。そこで、綿貫俊一氏や栗島義明氏は、隆起線文土器以前の福井洞窟4層について、船野型細石刃核の存在や尖頭器の存在から、「神子柴文化」並行段階の縄文時代草創期初頭の細石刃文化と評価したのです。[10・11] さらに、1997（平成9）年、長崎県五島列島の茶《ちゃ》園《えん》遺跡の発掘調査では、西海技法による船底形の細石刃核の細石刃文化に石槍や石斧が伴うことが明らかになりました。沈線文土器や石鏃が一緒に出土することから、福井洞窟2層・爪形文土器の頃の時期と考えられ、西北九州では、縄文時代開始期の要素である石槍や石斧についても時間的前後関係があるようです。[12]

4　再調査の成果と新たな課題

西北九州の福井洞窟は、層位的にナイフ形石器文化から細石刃文化への変遷が追える数少ない重層遺跡として評価されてきました。その中で、福井洞窟の整備が企画され、２０１１～２０１５年に発掘調査が実施されました[13]。第１次調査区を利用して、１層～15層まで層位的に確認されています。

　再調査では、７層の小石刃・小石刃核が９層にもみられ、安山岩製の石器類と共伴することが明らかになりました。小型石刃核の多くは円錐形で、分割面を打面として打面調整を行いながら直接打撃によって小石刃を剥離しています。さらに、12・13層では、角柱形の「位牌塔型」あるいは「野岳型」と呼ばれる初期の細石刃文化が確認され、接合資料から、打面調整や作業面の調整を行いながら細石刃を剥ぎ取る過程が復元されています。また、^{14}C年代測定値は、１４４００±４５^{14}CＢＰ～１４８３０±４０^{14}CＢＰ（１７３５３calＢＰ～１８２００calＢＰ）の値を示しています。

　この調査成果によって、７・９層の小石刃と小石刃核の位置づけが大きな課題となり、石器文化の変遷にも見直しが迫られています。つまり、福井洞窟では、12層で盛んに使用されていた細石刃技術が一時的に消滅・終息した後、ナイフ形石器文化終末と認識されてきた黒曜石製小石刃が使用された事実が判明しました。あるいは、細石刃技術と並行して使用され続けた石器技術だったのかもしれません。いずれにせよ、細石刃と同じ組み合せ道具の可能性を視野に入れて、小石刃の遺跡での在り方や使用痕など多角的な研究を進めていく必要があります。

　さらに15層の調査では、安山岩製石器以外に黒曜石製の剝片類が出土するなど、新しい知見が得られています。ただし、^{14}C年代測定値の多くは著しく古く正確な値としては不明で、今回の調査でも、とくに時期を示すような定形石器も出土しませんでした。この状況から、これまで多くの研究者を魅了した両面加工石器については現在も謎に包まれたままで、福井洞窟の研究課題として生き続けています。

第4章

石器が語る人類の技術と影像

石器ヲ考古学スル

イラスト解説

福井洞窟のある佐世保市吉井町の五蔵池をモデルに当時の狩猟活動を描いたもの。細石刃文化期終末期で福井洞窟4層（16200年前頃）の狩猟具や植生環境を再現している。このイラストの作者早川和子さんと訪れた五蔵池では、偶然安山岩製の石器を発見。まさにこの絵の人物たちが残した道具に遭遇したような気持ちになった。

◎石器をどうやってくっつけて復元するの？ ☞120ページ
◎石器の元になった石はどこから来たの？ ☞128ページ
◎石器はどうやって使われたの？ ☞136ページ

第4章 1

割られた石器を元通りにくっつける！
―石器の接合から考える―

柳田 裕三

1 接合って、何？

福井洞窟の整理作業の中で、最も根気が必要だった作業の一つが石器の「接合《せつごう》」です。接合とは、「つなぎあわさること、あわせること」(1)を意味します。一般に、土器などの遺物の接合は、本来の形を復元することで遺物の種類や形、時代を正確に判断することを目的としています。また、そのことにより資料の公開などに活用することができます(2)。石器の接合の場合、接合による形の復元以外にも①石器の製作工程や、②同じ原石から作られたものかの確認ができます（第4章コラム⑱）。さらに、発掘現場で行った遺物分布図に接合した資料を反映することで、③石器が廃棄された過程やヒトがどの場所で石器を作っていたのかを推定することができるのです。

2 接合石器と母岩をくっつける

福井洞窟では、とくに12層で調査した遺物の接合に時間を要しました。落石により保存された炉や石器集中部が確認されたことで、石器の接合が予測されたからでした。1センチに満たない黒曜石の破片資料も余さず接合していきました。2年間かかりましたが、母岩から剥離した細石刃と細石刃が接合しましたので、連続して細石刃を剥離していたことがわかってきました。また、細石刃を剥離した打点から鹿の角などのハンマーを利用して押圧剥離をしていたこともわかってきました。割れた細石刃の破片をくっつけると、一本の長い細石刃が復元されたことから、細石刃を切断して槍の先などにつけたことがわかりました。細石刃核と石器の接合は、ほかの遺跡でも見られるのですが、このような細石刃の製作工程がわかる資料は全国でもめずらしいものです。この工程から再現された石器のヒストリーは、次のようなものと考えられます。海岸の近くで卵形の黒曜石の原石（母岩）を拾って福井洞窟に持ち込みます。その原石から細石刃を剥離するための打面を作り出し、固定のための側面や背面にも調整を行い、細石刃を連続して何枚も剥ぎ取っていきます。角度が丸くなり、細石刃が剥離できなくなると、石器の下を分割して転用しようとしますが失敗し、あきらめて棄てたものと考えられます。当時の技術とヒトの動きが見えてきます。

三　石器の接合から考える洞窟での暮らし

接合した石器の位置を、発掘現場で測量した遺物の分布図に重ねてみます。このことにより、洞窟という限られた空間の中で、どのようにヒトが動き、生活をしていたのか、推測するのです。壁に投影されたシルエットを想像するような作業で、石器というモノからヒトに「考古学スル」最も重要で難解なところでもあります。

洞窟中心から奥壁側にある炉の周辺で、石器が集中して出土していました。細石刃核はここで出土し、細石刃もここで集中してくっついています。つまり、ここで石器製作が行われ、棄てられたことが考えられます。さらに、炉の周辺では使用痕の著しい細石刃が見つかっています。もしかすると、壊れた細石刃を付け替えて、棄てたのかもしれません。また、食事用のナイフに利用したことも想像されます。このようにくっついた石器の分布図を分析することで、作った場所の利用などが明らかとなります。さらに、石器の石材や使用の痕跡、遺構と組み合わせることでより具体的なヒトと洞窟の関わりが見えてくるのです。

1 どこで石器を作っていた？

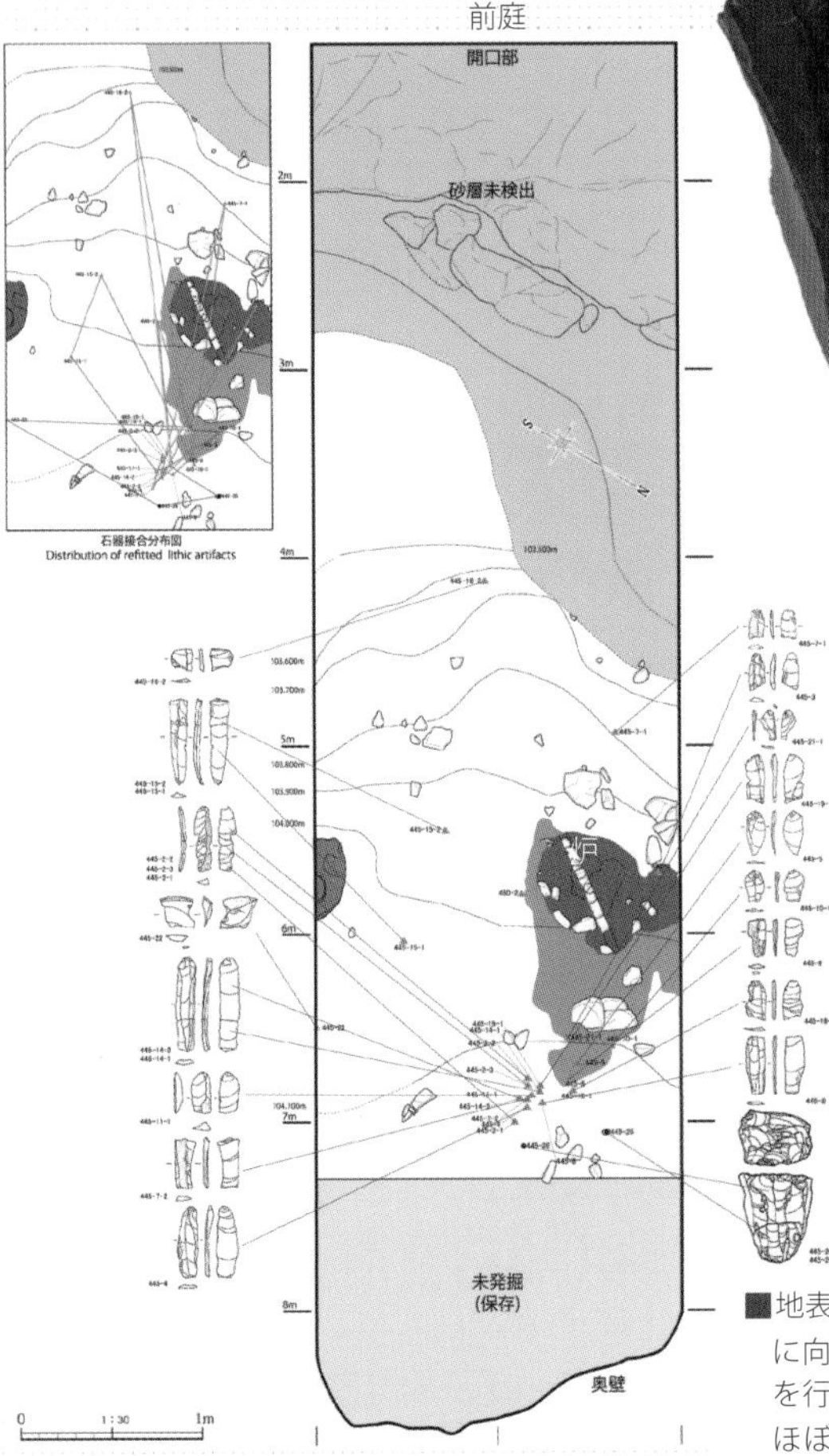

接合した細石刃の出土分布

細石刃の接合した細石刃核
分布図の場所から出土した 50 点近い細石刃が接合した（コラム⑱）。

炉から、洞窟の奥壁側部分に集中して出土した。数点のみ砕片や細石刃が前庭に向かって飛んでいる。

■地表の傾斜角度からも、洞窟内から外側に向かって火で暖をとりながら石器製作を行っていたと考えられる。基本的にはほぼ同じ個所で石器が見つかっていて、製作後にその場にまとめて捨てたのではないだろうか。

2 細石刃を使った突き槍の製作

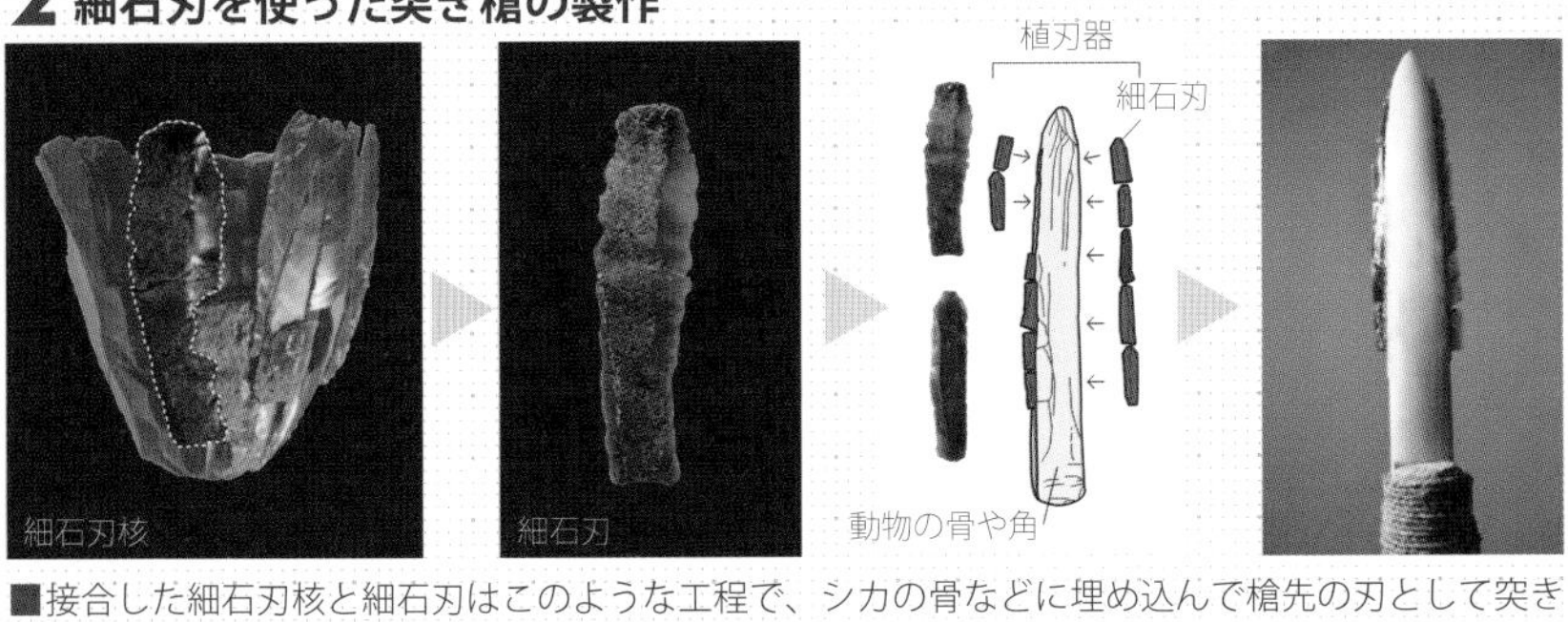

■接合した細石刃核と細石刃はこのような工程で、シカの骨などに埋め込んで槍先の刃として突き槍の道具などに利用されていたと考えられている。

3 接合から考える細石刃の製作技術（位牌塔型細石刃核）

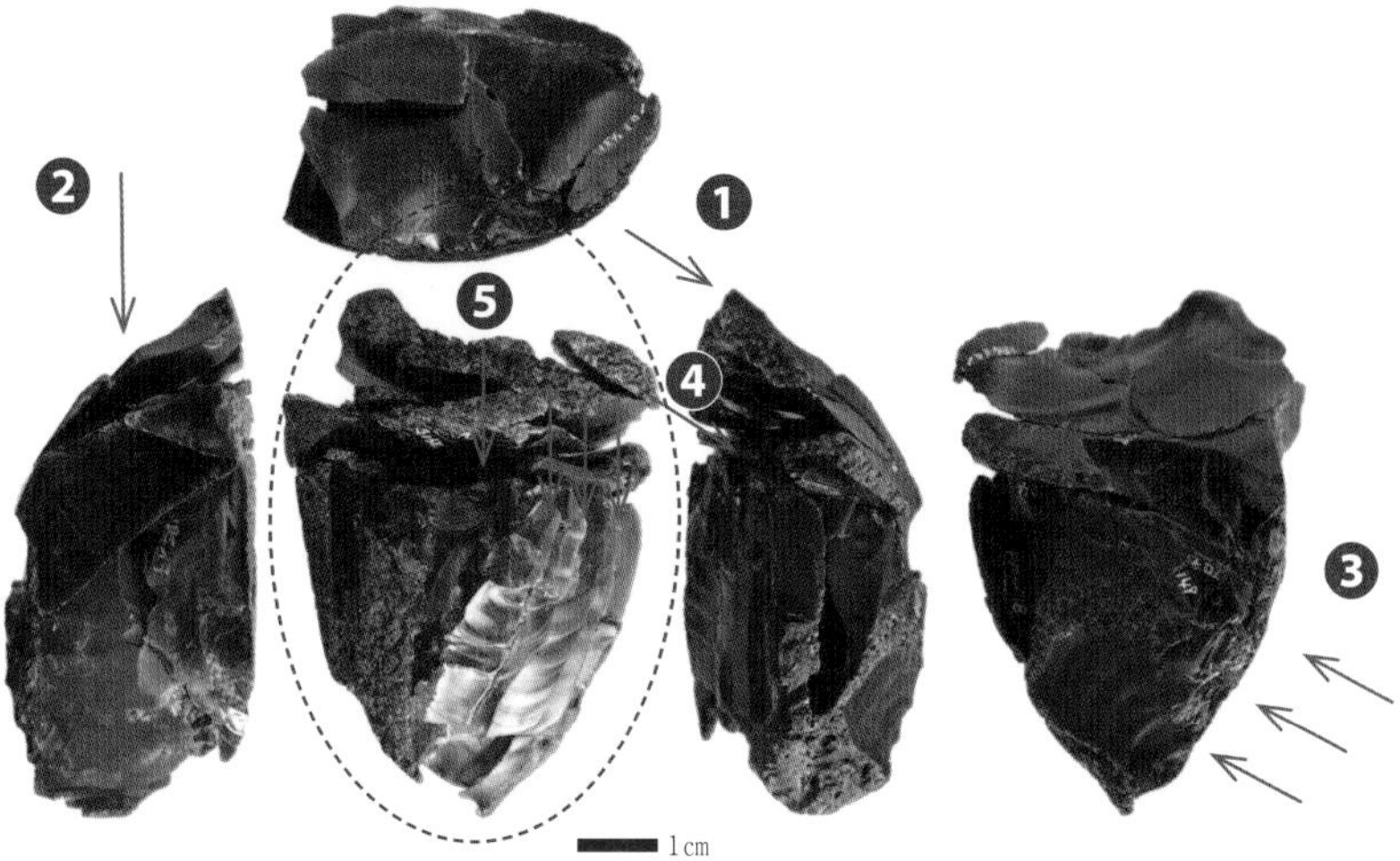

12 層で接合した細石刃核
赤丸は、打ち剥ぐ前の黒曜石（母岩）の大きさ。青線は打ち剥いだ方向。

3 の石器に見られた打ち剥ぎの痕跡❶～❺から、制作工程を復元する。

4 接合から復元する細石刃の製作工程

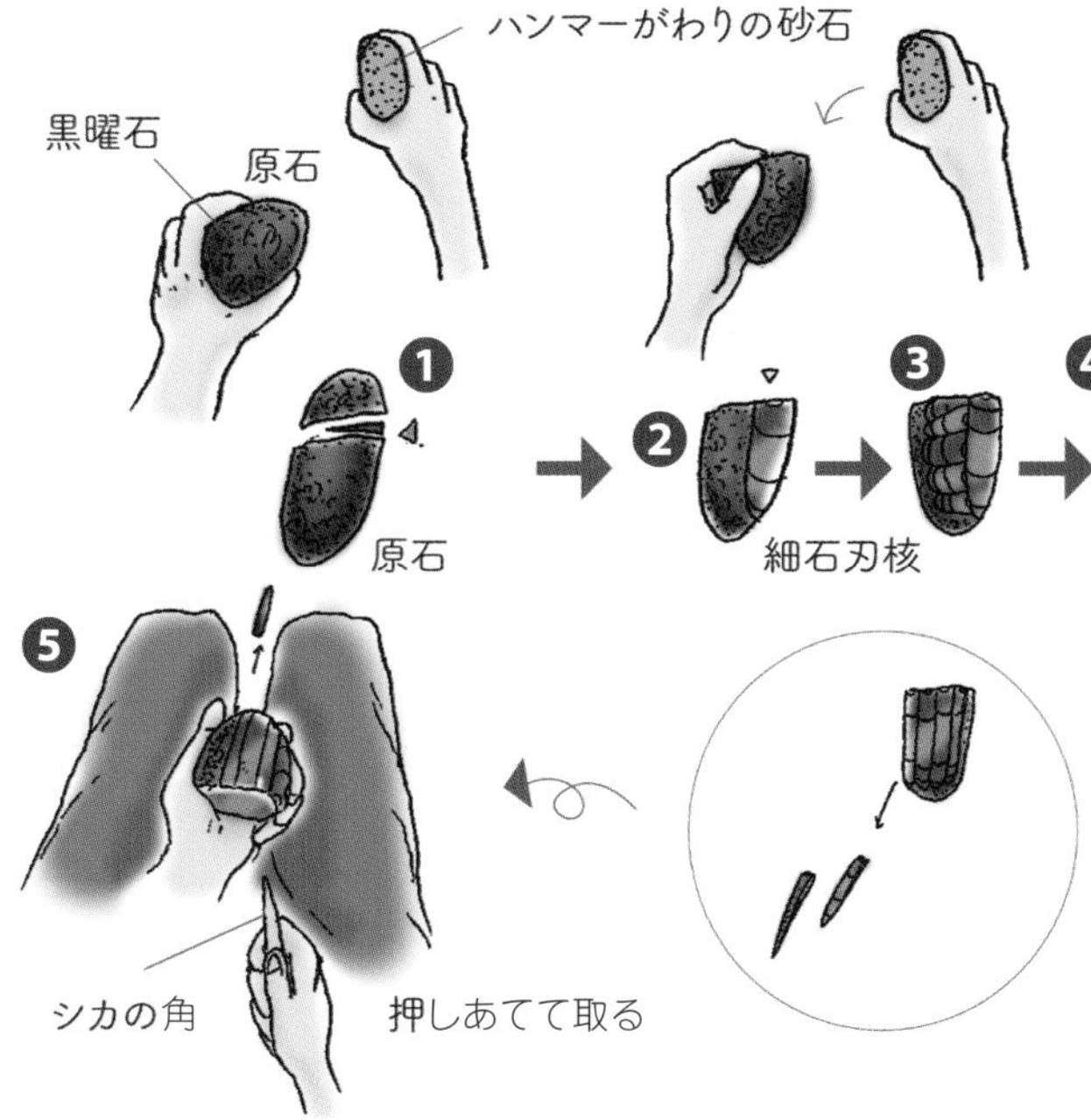

製作工程の復元図
❶打面調整→❷側面調整→❸背面調整→❹打面調整→❺細石刃剥離を一連の同じ動作で行っている。

⑱ 石器がくっつかない憂うつな日々の先に

（整理作業員）
山野 清美

福井洞窟の遺物整理で柳田さんに声をかけて頂いたときは、約20年ぶりの整理作業でした。たしか、泉福寺《せんぷくじ》洞窟の出土品について重要文化財指定のための表作成が、最後の整理作業だったと思います。

そんなことで、柳田さんから「石器の接合をして下さい」とお願いされた時も、今も石器を接合するんだなぁと思いました。ですが、最初は、細石刃が少し接合する程度でしたので、すぐに終わるのかと思っていました。それでも、柳田さんの熱心さとたまに接合した時に喜んでくださる姿に背中を押されて作業を続けました。たまたま九州歴史資料館で北海道の黒曜石の接合資料を見る機会があり、こんなに多くの破片が接合するんだとわかり、それも励みになりました。作業が進みだすと、同じ黒曜石でも色や自然面に違いがあることがわかり、個別の名前を付けて、母岩別に分けていくことになりました。そのうち、いくつかの石器がくっついてブロックになりはじめました。

ある日、作業を終わるかどうか、という時でした。それまで、どうしても気になっている石器がありました。フローテーション作業で出てきた黒曜石の砕片だったのですが、ほかとは違う形をしていました。この石を接合できたら、これまでと違う展開があるような気がしてなりませんでした。今日は、この石器で最後にしようと、似たような石器と総当りしましたが、駄目でした。

休憩時間のことでした。お茶を飲みながら標本箱にある石器を眺めていた時、ふと、その砕片の一面と合いそうな角度をもつ大きな石器が目につきました。まさか、とは思いましたが、くっつけてみると〝ピタっ〟とはまりました。それは、違う黒曜石の母岩と考えていた石核でした。

それから、見る目が変わり、いくつかの母岩に分けていた石器が次々にその石核とくっつき、50点近い接合となって大きな石器になりました。資料館で見た石器と大きさは違いますが、数は同じ位になったと柳田さんが言っていました。

石器と石器がくっついたあの瞬間の感覚は、今も忘れられず残っています。

⑲模型でわかる！ 石器接合の重要性

水ノ江和同

伝わらない接合の意義　本章1で示したように、石器の接合《せつごう》は考古学的にはとても重要な研究手法です。とくに、年代差や地域性を雄弁に物語る縄文土器が出現する以前の旧石器時代において、石器はもっとも普遍的に出土する考古資料であるだけに、この接合資料が旧石器時代研究にとって最大の武器になるのです。

しかし、その重要性はもちろん、コラム⑱でも示したようなご苦労は説明や再現が難しいため、一般の方々にはなかなか伝わらないという悩みがあります。通常、博物館にいくと、石器が元の原石近くまで接合された「接合資料」がしばしば展示されていますが、それを説明するものは解説文と模式図だけであるため、また専門用語が使われることもあり、接合の意義を伝えるには十分ではありません。

接合の意義を伝える　そこで九州国立博物館では、【1】のような模型を考案・作成しました。これは九州国立博物館の開館に際して接合の意義を伝えるために、佐世保市内に所在する根引池《ねびきいけ》遺跡から出土したナイフ形石器と剥片で作成しました。

本物のナイフ形石器と剥片は展示ケースの一番手前に配置して、来館者が見やすい位置に展示します。背後に設置した模型では、実物のナイフ形石器と剥片から作成したレプリカを使って、原石⇓粗割り⇓薄剝ぎ⇓仕上げ⇓完成（柄を着けて矢としての完成形）の4工程を復元しました。

この模型で苦労・工夫したポイントが2点あります。1つはナイフ形石器の存在を常に示すことであり、そのために模型のナイフ形石器には、どの工程でも赤い色を付けて目立つようにしました【1-6】。もう1つは、石器を作る人間の手です。マネキンのようにすると生々しくて石器より目立つ可能性があったため、透明のアクリルでデフォルメした手を表現しました【1-7】。実物の石器を敢えて接合せずに、模型で接合作業を復元して接合の意義を伝える手法です。

50点近くの破片が接合した石器

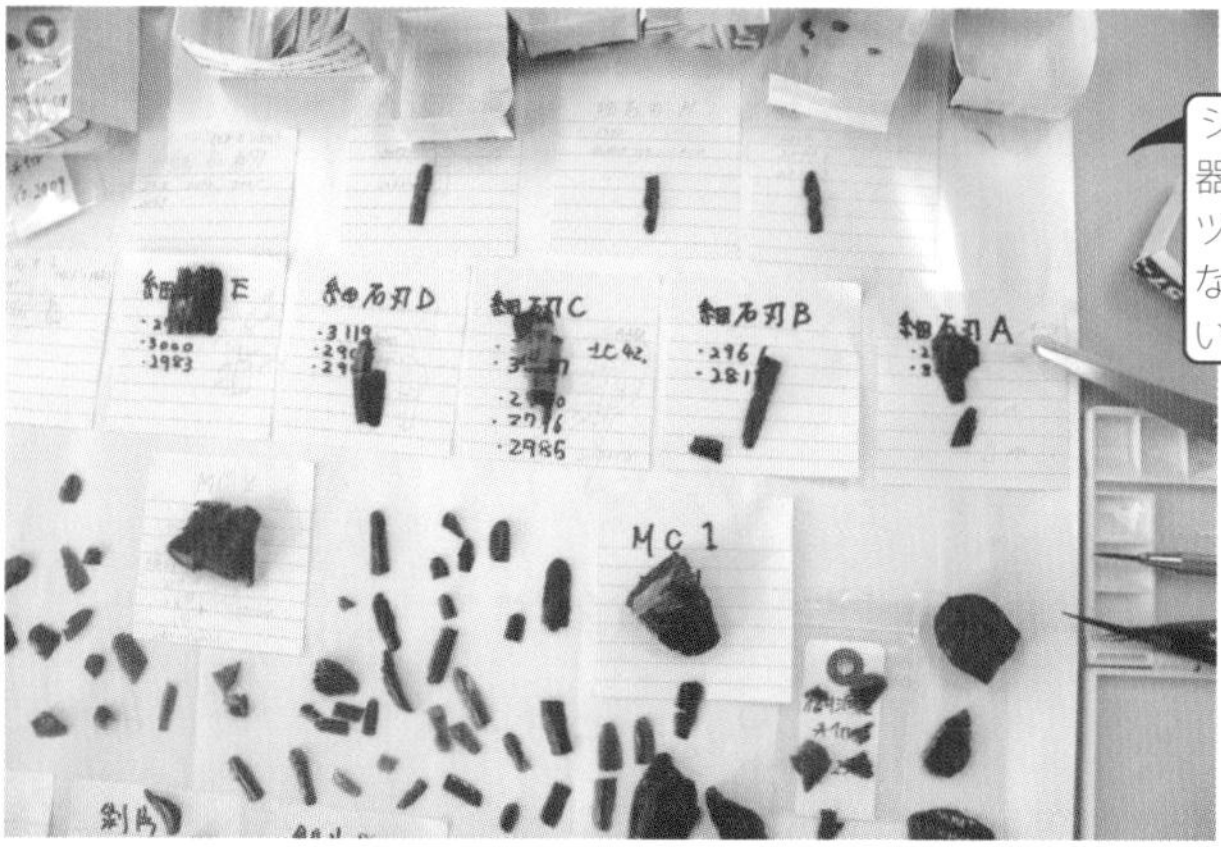

石器接合のための作業

シマシマ模様の透明な石器「シマシマ」、にぶいブツブツの自然面の「クロ」など名前をつけて分けていく。

ちょっと動かすとすぐ忘れてしまいそう…。

最終的に接合した細石刃核

この破片は、★にくっついた。

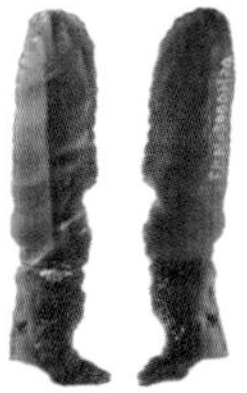

まさか、ここにくっつくとは！

「よく頑張ってくれました！」と小林委員長から表彰されました！

感謝状
整理作業員一同様
あなたがたは福井洞窟の整理作業において約五・五トンもの土を洗いだし　五万点を超える資料の中から一㎝にも満たない黒曜石を選別し　あろうことか三千点を超える資料の中から四十二点も接合し　空前絶後の細石刃核を見事に整理されました　よってここにその顕著な功績を讃え　その功績に感謝の意を表します
福井洞窟整備検討委員会
委員長　小林達雄

福井洞窟整備検討委員会での表彰

1 ナイフ形石器の接合模型展示の工夫

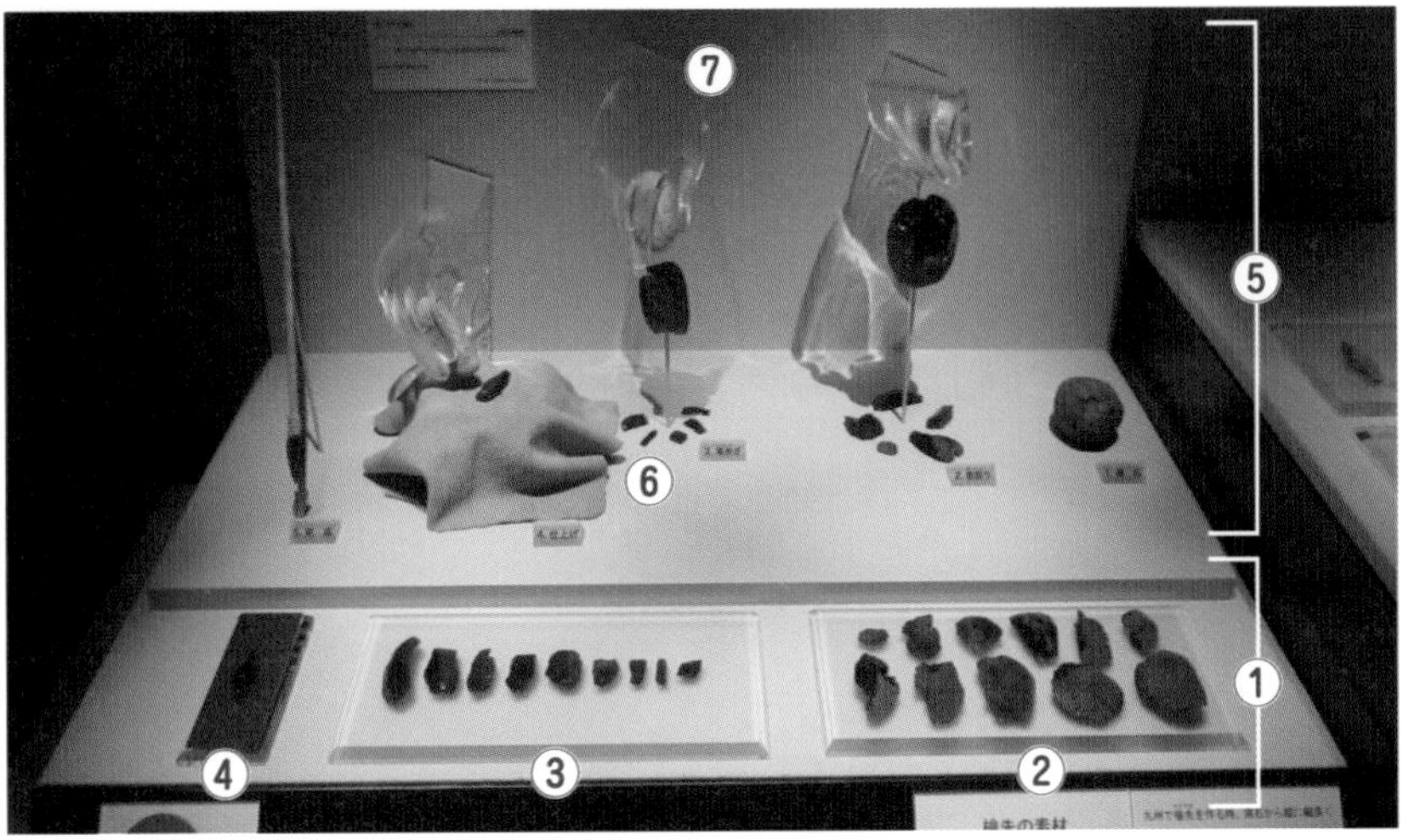

①来館者が見やすいように本物の石器を一番手前に展示。
②③④と製作工程順に並べる。
②原石の自然面が残り、最初に剥ぎ取られたことがわかる。
③真ん中の一群の石器は薄く剥ぎ取られた剥片。
④完成品であるナイフ形石器は左の赤い台紙上に展示して、とくに目立たせた。
⑤製作工程を示した奥の模型と石器レプリカで示す。
⑥各工程でレプリカのナイフ形石器には赤く色付けすることで、ナイフ形石器がどのように製作されるか一目でわかる。
⑦石器を作る人間の手は、リアルに作ると生々しく石器より目立ってしまうので、あえて透明のアクリルで作成しデフォルメした。

これらをすべて接合すると、ほぼ原石の形態がわかる。

2 大型槍先形尖頭器の接合模型からわかること（北海道遠軽町・白滝遺跡）

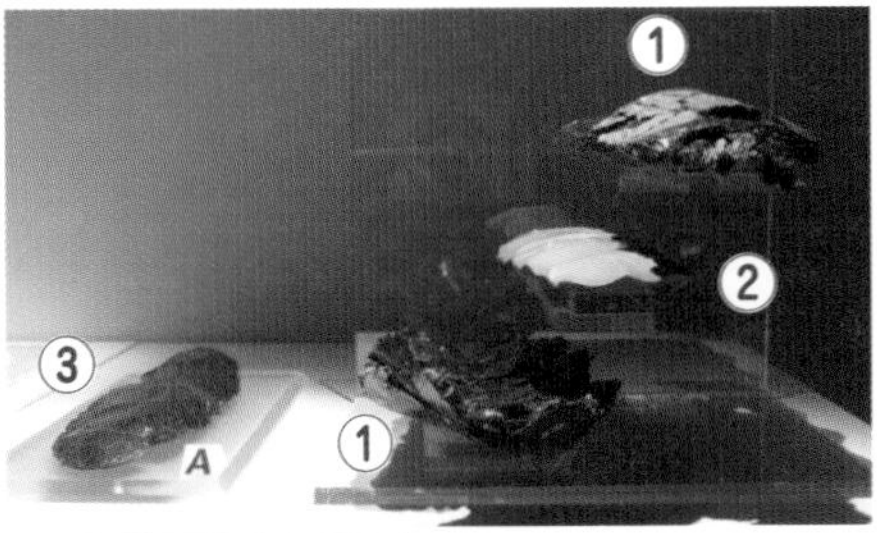

①製作遺跡では多数の剥片が出土し、それを接合すると中心部分に空間ができる。
②その空間部分を象って、灰色の塊を示す。これは左端に展示している実物の大型尖頭器③とほぼ同じ形態になるとわかる。

③のように、完成した大型尖頭器は槍として使用するために製作遺跡から持ち出され、製作過程で生じた剥片①だけが残ったので、中央部分に②のような空間ができたのである。このように接合作業を進めることで、製作遺跡の実態を知ることができる。

旧石器時代終末期～縄文時代草創期の北海道では、20㎝を超える大型尖頭器が製作された。

（上：九州国立博物館協力。この接合資料の模型は、所有者の佐世保市（旧・江迎町）の協力を得て、九州国立博物館が開館時に作成した。下：九州国立博物館協力。この接合資料の模型は、所有者の遠軽町と公益財団法人北海道埋蔵文化財センターの協力を得て、九州国立博物館が開館時に作成した。）

第4章 2

石器に使える石はどこにある？

角縁進・柳田裕三

1 石の素材を考える

石器をみた見学者の方から「石器の材料になる石はどこにあるの？」という質問を良くいただきます。実は、遺跡から見つかる石器の素材はそのほとんどが、当時の人類によって持ち運ばれたものです。そもそも石（岩石）は、火成岩、変成岩、堆積岩に分類されますが、当時の人類はその名前や分類は知らなくても、自分たちの作る石器の用途や機能に応じた石材を探したことでしょう【1-1】。そこで、まず福井洞窟周辺にどんな岩石があるのかを調べてみましょう。それには表層地質図《ひょうそうちしつず》が欠かせません【1-2】。

2 福井洞窟周辺の地形・地質を調べてみよう

洞窟のすぐ前には、付近を水源とする福井川が北から南へほぼ直線的に流れています。洞窟とその周辺には、この川が生み出した洞窟地形が広がります。洞窟のある砂岩の岩壁や洞窟自体の形成も、福井川の浸食がもたらしたものです。この砂岩層は本地域の基盤層である第三紀の堆積岩で、佐世保層群の上部にある福井層と呼ばれています(1)。

洞窟の反対側は、急な斜面で標高250メートル付近で平坦な台地状の地形になります。第三紀層の上位に北松玄武岩類《ほくしょうげんぶがんるい》と呼ばれる溶岩が噴出して形成されたものです。平坦な台地には、湧水を利用した溜池が造られています。溜池の多くから、旧石器時代の遺物が発見されていますので、当時の人々にとっても、湧水は必要なものだったようです。

次に、剝片石器の素材となる岩石を調べてみましょう。この地域の表層地質図では、流紋岩類は確認できません。つまり黒曜石はないということです。北松玄武岩類は、玄武岩・安山岩などからなり、含まれる鉱物の斑晶《はんしょう》によって細かく細分されています。斑晶があると、思うように割れず石器製作には向きません。石槍などの大型の石器を作る岩石としては、ガラス質で無斑晶質《むはんしょうしつ》の安山岩が最も適しています。表層地質図では、2ヵ所確認できます。一つ目は福井川の右岸、子産坂のヘアピンカーブの南、標高250メートル付近です。この露頭は子産坂まで広がるようです。もう一つは、高法地岳の南、標高290メートルの海寺内川池付近です。

3　安山岩の産地を調べてみよう

安山岩は、福井洞窟周辺以外にもいたるところにみられます。なかでも佐賀県多久市の鬼ノ鼻山はとくに有名です。この石材で作られた石槍は、九州一円はもとより遠く南は種子島の園田遺跡にまで及びます。長崎県内では、佐世保市針尾島の明星ヶ鼻にもガラス質の無斑晶質安山岩が確認されています。

こうした安山岩の原産地を特定することは、経験を積んだ研究者なら風化や石質の違いから肉眼でもある程度は可能ですが、正確さを求めるには蛍光X線分析が必要です。福井洞窟から出土した安山岩製石器を計測した結果、そのほとんどが福井洞窟周辺のガラス質の安山岩であることがわかりました。洞窟の前を流れる福井川の河床を眺めると、黒々とした石が点々と目につきます。上流から運ばれてきた安山岩です。目前にある河原で狩りや生活に必要な石材を入手できる洞窟は、当時の人々にはとっても魅力的だったことでしょう。

一方で、わずかですが遠く佐賀県多久市の鬼ノ鼻山産、佐世保市針尾島の明星ヶ鼻産の安山岩も出土しています。いずれも剝片で、大きい原石ではありません。こうした遠隔地の石材の出土は、福井洞窟の人々の行動範囲を示すものと考えられています。

1 石の素材を考える

黒曜石は流紋岩の一種。
天然の火山ガラス（コラム⑳）。

岩石の分類

- **火成岩**
  - マグマが急激に冷える ― 火山岩 → 流紋岩、安山岩、玄武岩
  - マグマがゆっくり冷える ― 深成岩 → 花崗岩、閃緑岩、斑れい岩
- **変成岩**
  - 高い圧力を受ける ― 広域変成岩 → 結晶片岩、片麻岩
  - 高温を受ける ― 接触変成岩 → ホルンフェルス、結晶質石灰岩
- **堆積岩**
  - 砂や泥、火山噴出物が堆積 ― 砕屑岩 → 砂岩、泥岩、頁岩、粘板岩、凝灰岩
  - 生物の死がいが堆積 ― 生物岩 → 石灰岩、チャート
  - 水に溶けた物質が沈殿 ― 化学岩 → 岩塩、石こう

2 地質調査のフィールドワークで石材の産地をさぐる

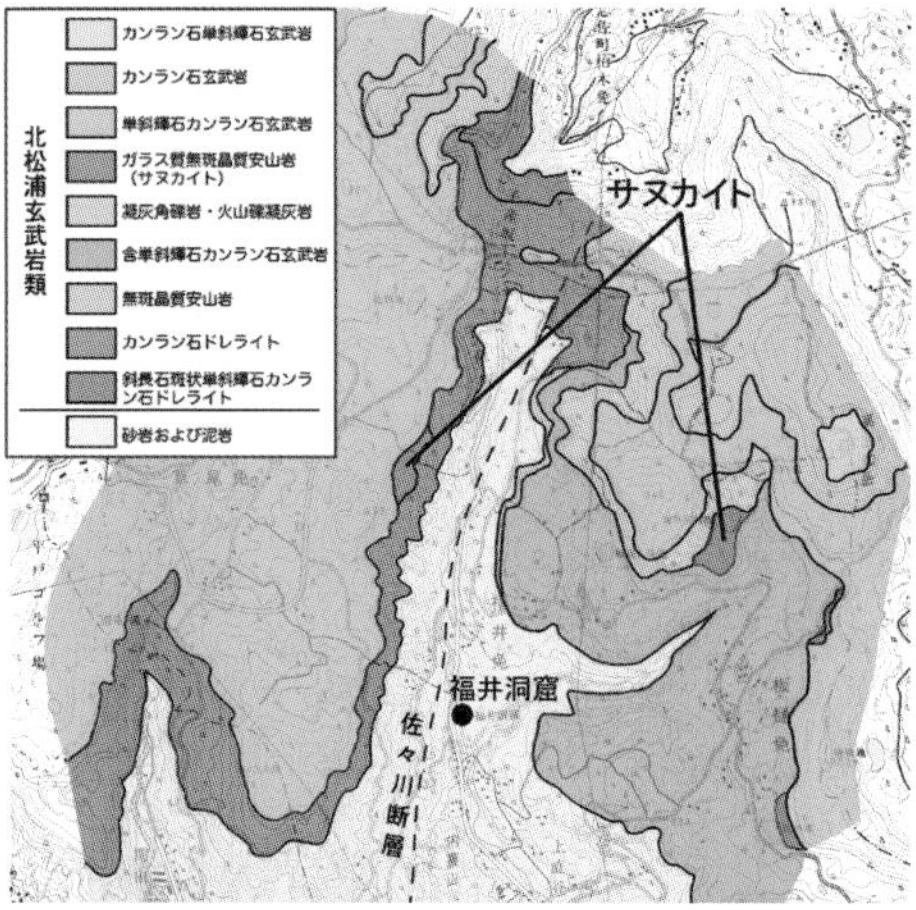

遺跡周辺の地質地図

原産地を理解するために欠かせない現地調査

遺跡周辺の地質を理解するため、地質地図と重ね合わせた現地調査を行う。福井川西側の標高 250 m付近と，高法知岳南方の標高 290 m付近の海寺川内池付近からその南方にかけてわずかに安山岩が分布することがわかってきた。さらに、岩体からの転石が周辺の河川に分布している。

3 福井洞窟周辺のガラス質無斑晶質安山岩

上福井のバス停付近斜面から転がってきた安山岩

安山岩を用いた石器（福井洞窟出土）
縄文早期のスクレイパー（左）と尖頭器（右）

1 蛍光エックス線分析装置で分析する

岩石，鉱物，セラミックス，鉱石，土壌など、様々な物質の測定ができる。最速で３分ほど時間がかかるが、石に含まれる元素濃度を正確に定量測定する場合に用いられる。

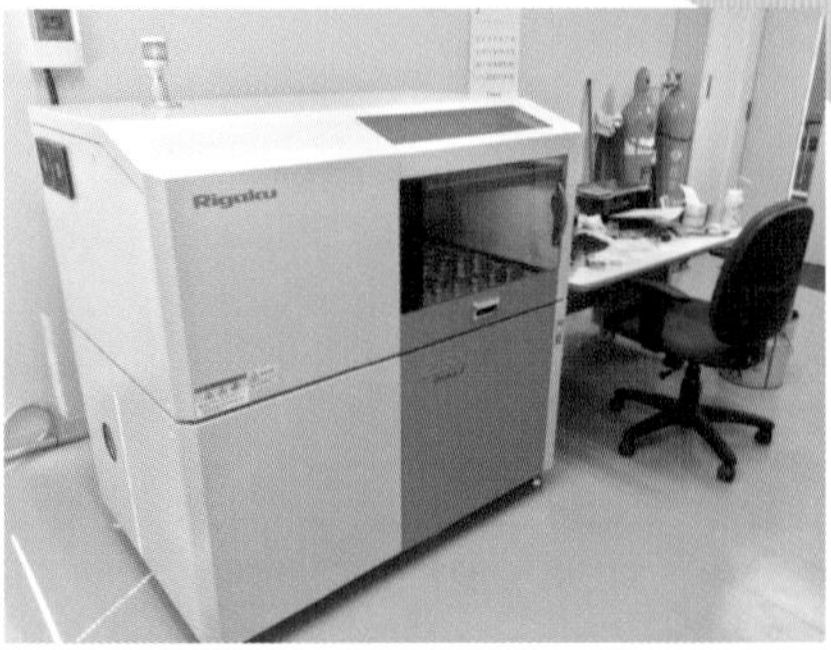

蛍光エックス線分析装置

（波長分散型蛍光Ｘ線分析装置（XRF）、佐賀大学）

安山岩のフレッシュな割れ面があると、より感度の高い測定結果が得られる。

測定する石器を載せたサンプルホルダー

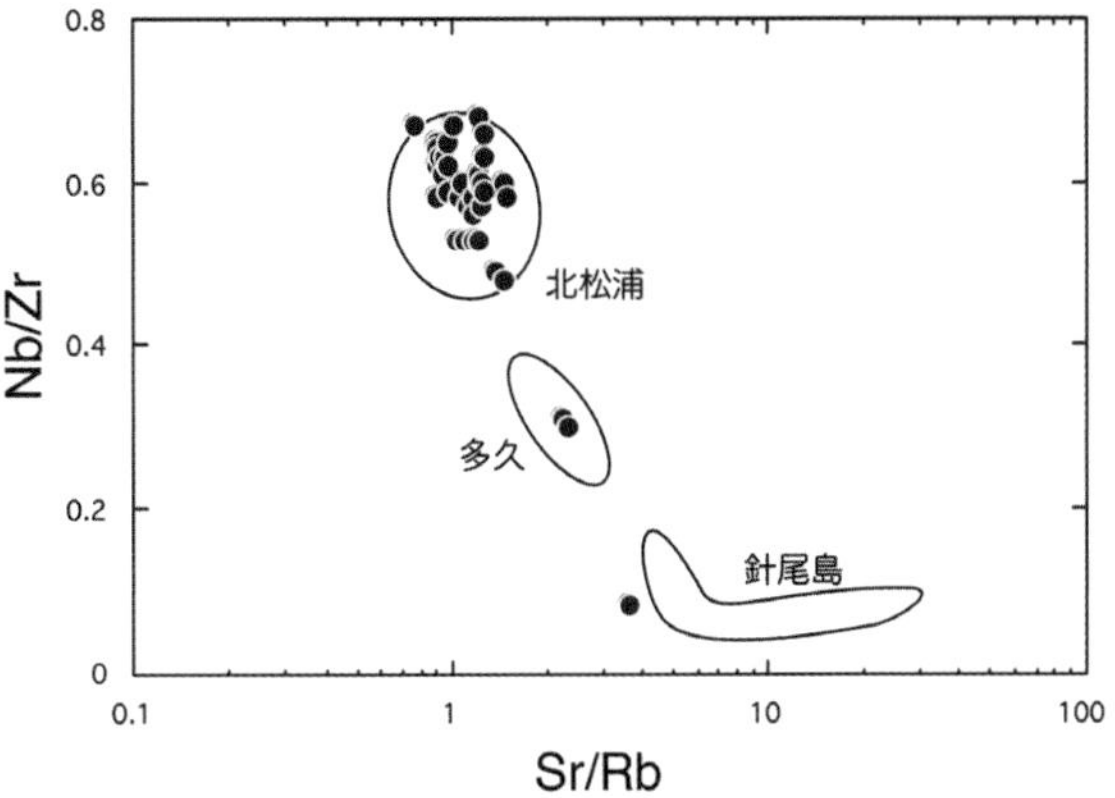

福井洞窟出土石器の分析

分析の結果を判別図でみると、福井川周辺と多久市、針尾島の安山岩の分布が見えてきた。ほとんどが周辺の北松浦の安山岩を使っているが、わずかにほかの地域から石が持ち込まれていることがわかる。

2 安山岩の表面を削って顕微鏡でみる

より精密に岩石の特定を行うために、結晶や分子の構造を観察する。

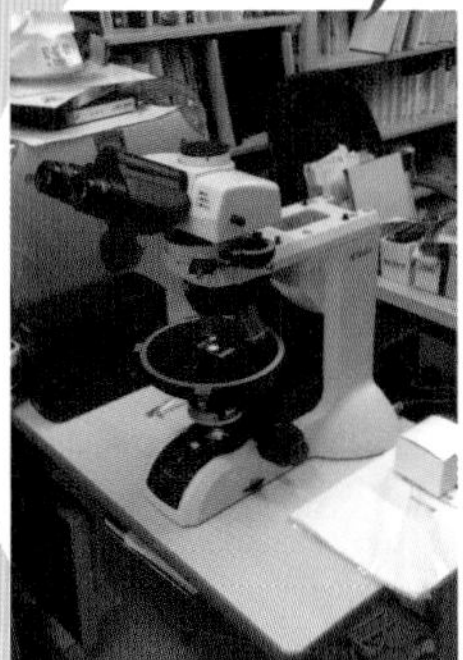

偏光顕微鏡での観察

福井洞窟周辺の安山岩の顕微鏡観察

0.2㎜以下の長柱状の斜方輝石微斑晶とわずかに単斜輝石微斑晶を含むことがわかる。石基は、褐色の火山ガラスを多く含んでいるのが特徴的である。

⑳西北九州は黒曜石の一大産地

角縁　進・柳田　裕三

黒曜石てなーに？　日本で旧石器時代を代表する石器石材といえば黒曜石です。地質学的には黒曜岩（英名Obsidian）ともいいます。割ると鋭い刃ができることから、旧石器時代から様々な石器の素材となってきました。黒曜石は火山岩の一種です。火山活動によって噴出したSiO_2の多い流紋岩質マグマが大気などに触れて、急激に冷えて固まった時にできる天然のガラスです。

日本の黒曜石はどこにある？　日本は火山列島ですので、各地で黒曜石を産出します。北海道の白滝産黒曜石は、道内はもとより遠くロシア沿海州まで運搬されています。長野県の和田峠では黒曜石は星糞《ほしくそ》という愛称で呼ばれ、鷹山遺跡は縄文時代の黒曜石採掘鉱山跡として有名です。伊豆半島と神津島の間は水深は深く、最終氷期最寒冷期でも陸化しなかったことから神津島産黒曜石を求めて海を渡ったといわれています。このように東日本の分布密度は高いのですが、近畿・中四国地方では島根県の隠岐島を除くと、黒曜石空白地帯となっています。

九州の黒曜石　九州にも産地は密集しています。姫島の産地を除くと、西側に集中します。西北九州で最も有名な伊万里市腰岳産黒曜石は、角礫で漆黒色の良質なもので北は朝鮮半島南部、南は沖縄まで分布します。その他、松浦市牟田・大崎では漆黒色の良質な円礫黒曜石、佐世保市針尾島北部の牛ノ岳を給源とする青灰色の黒曜石、同島南部には針尾中町系が分布し、西海市西彼町の亀浦流紋岩を給源とする亀岳系黒曜石があります。

福井洞窟の黒曜石　福井洞窟12・13層の黒曜石を蛍光X線で分析しました。その結果両層ともに腰岳系松浦産が7～8割と大多数を占めています。これに次ぐのが牛ノ岳系・針尾中町系です。亀岳系や川棚大崎はごく少数です。器種ごとにみると、洞窟内で石器づくりが行われたのは腰岳系松浦産のみで、ほかの産地からは細石刃やスクレイパー・石錐の製品として持ち込まれていて、石器づくりの痕跡がみられません。

㉑石の産地の見分け方

川道　寛

福井洞窟から出土する石器の多くは黒曜石で作られています。黒曜石は溶岩が冷えて固まった火山岩です。新しい割れ口面は黒くてガラスのように光り輝きます。腰岳《こしだけ》のある伊万里地方では、黒曜石のことを「烏ん枕（からすんまくら・からすのまくら）」と呼んでいます。

石の色や形で見分ける　黒曜石は割ると黒い色のものがほとんどで、産地を特定するのは難しいことです。ところが、洞窟から出土する石器の大部分はガラス光沢に富んだ黒い色のものですが、青灰色や灰白色のものがわずかにみられます。黒曜石は、時間の経過とともに風化して表面の色調が変化していきます。そのため、表面の「色」によってある程度産地を見極めることができます。

石器の表面が黒くてガラスのようになるのが腰岳や松浦の一群で、福井洞窟では大部分を占めます。両者は、見た目でも科学分析によっても区別できません。そのため、腰岳産と松浦産を合わせて腰岳系黒曜石と呼んでいます。ところが、原石では両者を区別することは容易です。なぜなら両者の形がまったく異なるからです。腰岳産は、角張ってゴツゴツしているのに対し、松浦産は、河原石のように丸みを帯びています。

青灰色で透明感のないのが、牛ノ岳系の黒曜石です。針尾島北部の牛ノ岳を中心に広い範囲で採集できます。原石の形は、牛ノ岳周辺では角礫、少し離れた淀姫神社では角の取れた亜角礫になります。

そのほかの産地の原石の形を見てみると、旧佐世保無線電信所（針尾送信所）近くの針尾中町では、表面に虫食い状の窪みがあります。その近くの古里海岸では、スリガラスのような乳白色の黒曜石が拾えます。

石の産地からわかること　黒曜石の原産地からは何がわかるのでしょうか。旧石器時代の人たちは定住生活ではなく、季節によって獲物を求めて移動していたといわれています。石材の獲得は、この行動に組み込まれているとする考え方を「埋め込み戦略」といいます。つまり、洞窟から出土する石器石材の原産地を知ることは、当時の人たちの行動領域を知るうえで重要なことなのです。

1 黒曜石の産地

① 黒曜石ができるまで

マグマ（溶岩）が火山から噴出し、冷えて固まり黒曜石などの岩石ができる。

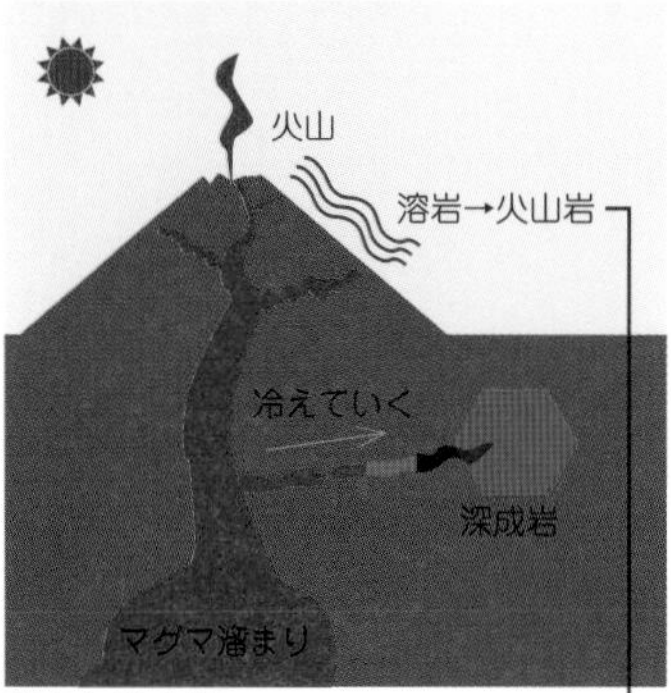

噴火と火山岩

火山岩である流紋岩脈の中に入っている黒曜石（長崎県佐世保市牛ノ岳）

② 日本の黒曜石の山地と西北九州の原産地

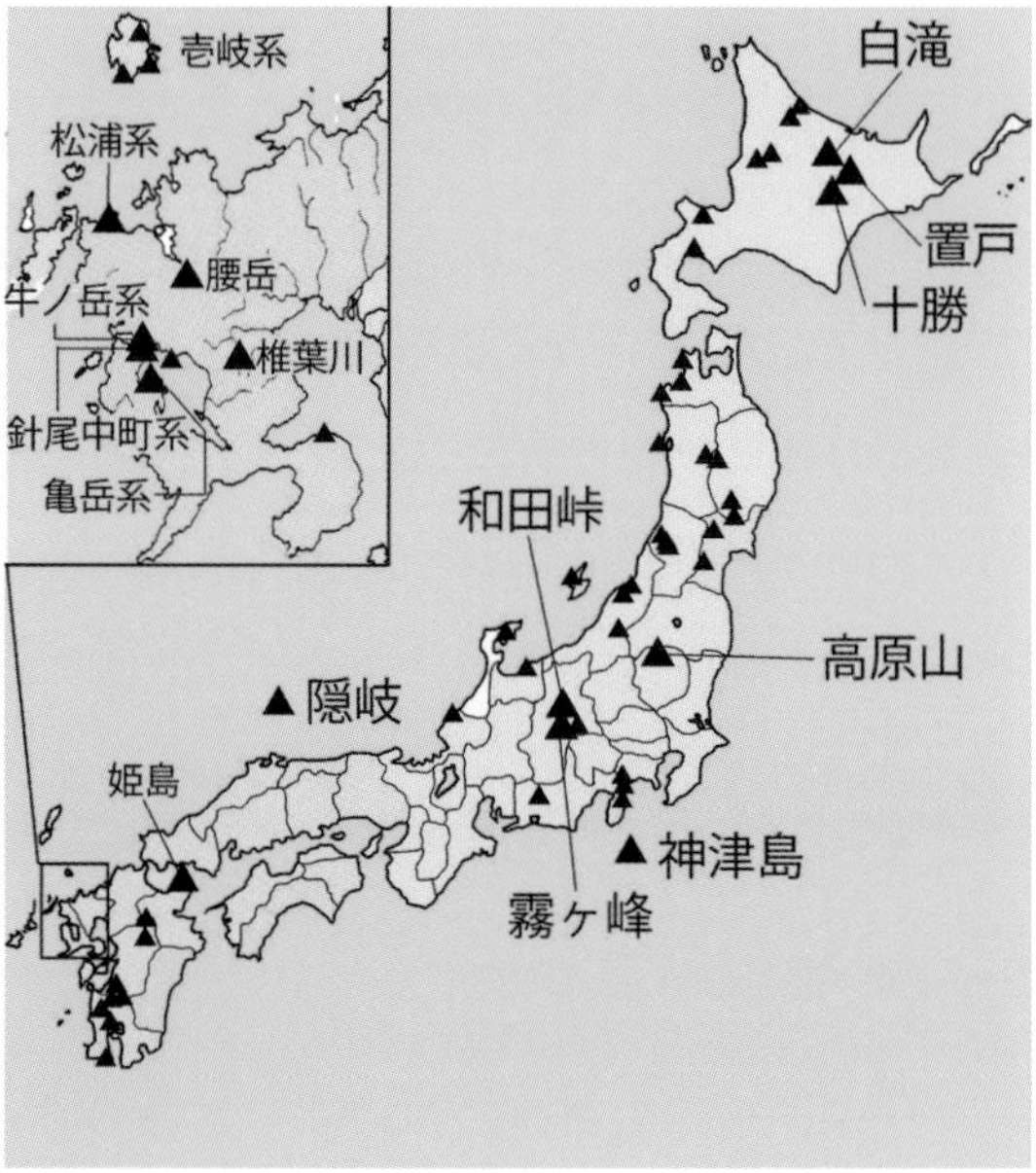

日本の火山がある箇所に、黒曜石がみつかっている。九州では、西北九州と熊本県南部から鹿児島県にかけて西側に多く、西北九州にとくに多くみられる。

2 福井洞窟から出土した黒曜石はどこから？

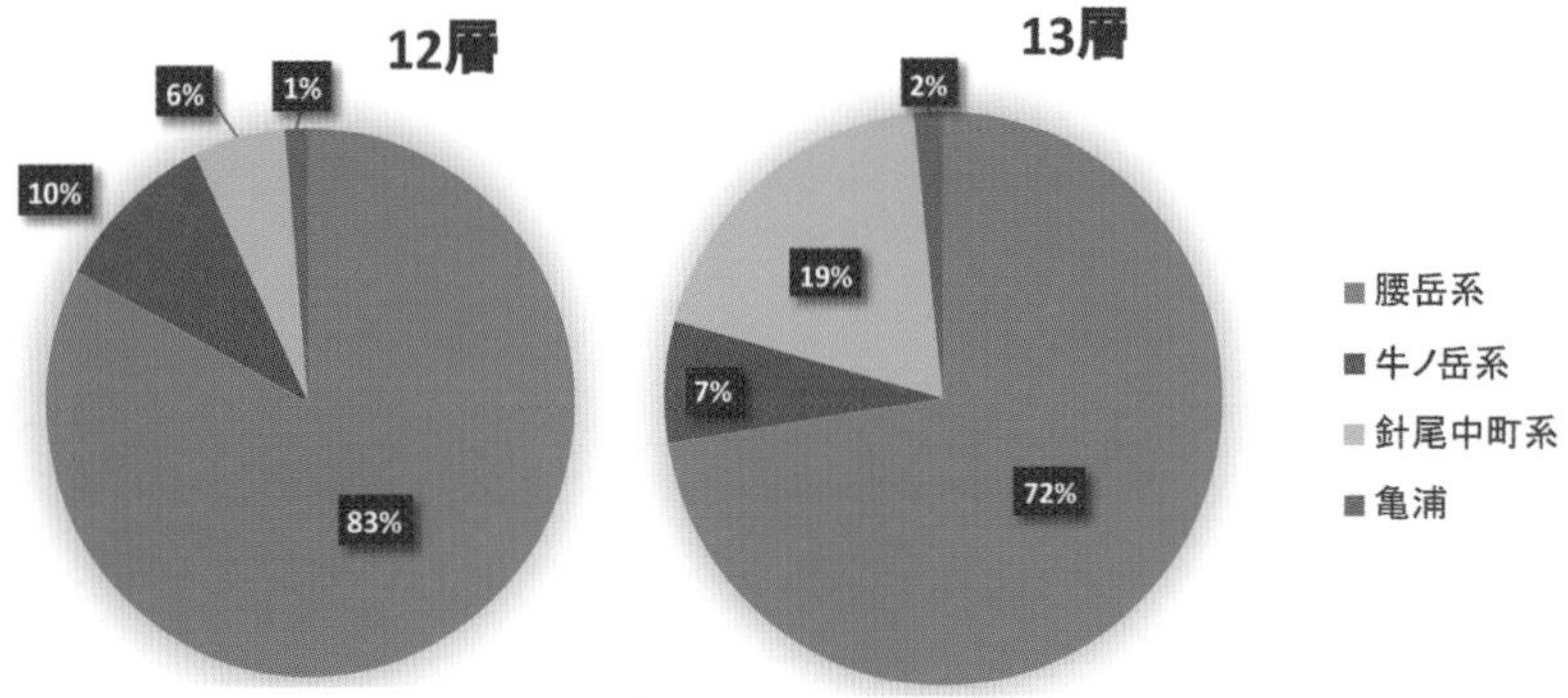

腰岳系松浦産は福井洞窟から15㎞、牛ノ岳系・針尾中町系産地は福井洞窟から25㎞離れている。亀浦系は30㎞。遺跡に近い産地が大半なのは、暮らしの中での移動範囲や頻度を示すと考えられる。

福井洞窟をめぐる黒曜石の産地

腰岳系黒曜石

黒い石器の産地は、松浦牟田産を含む腰岳系とみられるが、原石の特徴はまったく異なる。

福井洞窟 12 層の細石器

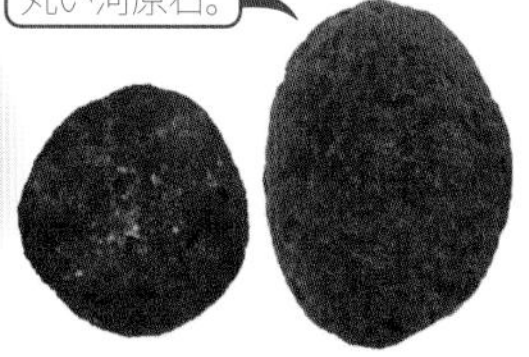

腰岳系松浦牟田原石

腰岳産原石

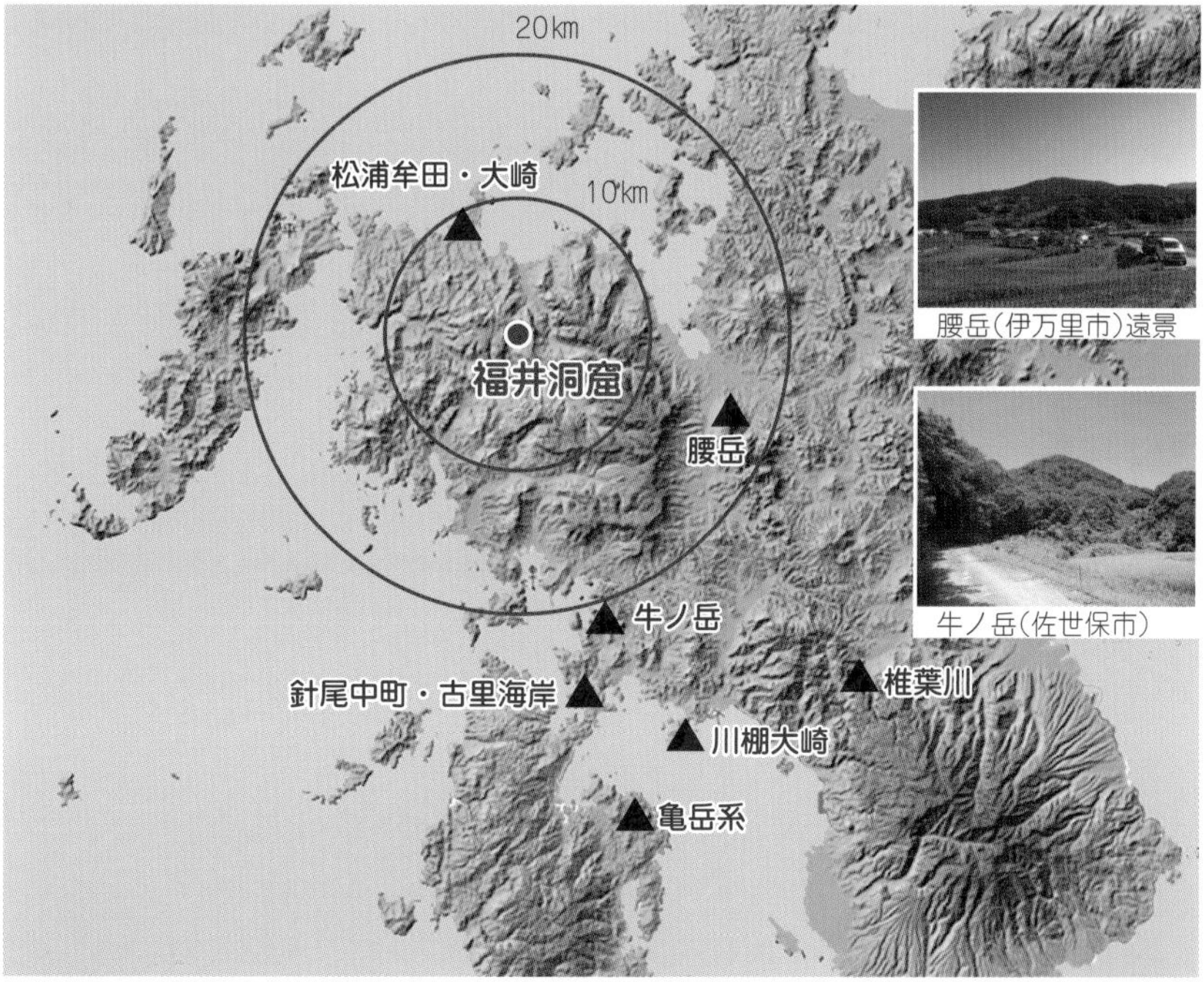

そのほかの黒曜石

針尾中町原石

古里海岸原石

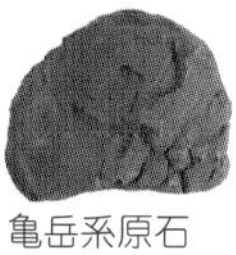
亀岳系原石

牛ノ岳系黒曜石

青灰色の石器の産地は、淀姫系とみられる。

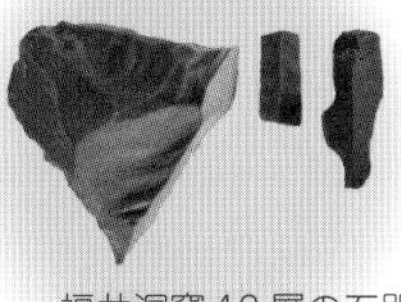
福井洞窟 12 層の石器

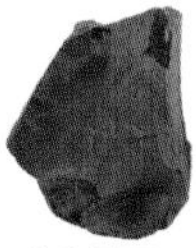
牛ノ岳原石

日ノ岳遺跡原石

淀姫神社原石

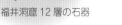

槍先？・皮なめし？・ナイフ？

―石器の使い方を調べる―

鹿又 喜隆

福井洞窟には、細石刃やクレイパーなど様々な石器の器種があります。こうした器種名は、必ずしもその機能を反映しているわけではありません。例えば、細石刃核は、細石刃を剝離するための素材であり、最終的に残った石屑と言えます。しかし、金属顕微鏡による石器の表面観察によって、その機能がそう単純ではないことがわかってきました。福井洞窟第3トレンチ2～3層（爪形文・隆線文土器を伴う）の細石刃核母型2点は、その下縁部がスクレイパーとして使われていました。直交の線状痕を伴った摩耗光沢が確認されますが、この光沢は実験によって復元された皮なめしの使用痕に似ています【1】。また、石核1点は、木や骨角の切断に使用されたと推定されています。このように石器製作の材料と考えられる細石刃核や石核でさえ、福井洞窟では様々な用途に供された可能性があります。同様に、細石刃核から剝がされたスポールは、単なる廃棄物とみなされる傾向にありますが、福井洞窟から出土したスポールには、太く鋭い線状痕や縁辺の潰れが確認され、石を削るような用いられ方があったことを示しています。おそらく、細石刃核の縁辺を擦る作業に使用されたのでしょう【3】。

さらに、二次加工のない剝片や、二次加工がある不定形な剝片類にも使用痕があり、型式学的分類での「トゥール」に含まれない石器であっても、実際には使用されたことが、その使用痕分析から示されています【2】。具体的な被加工物を推定できるものは少ないのですが、当時の石器使用の便宜性、柔軟性を垣間見せてくれる資料です。

さて、東北日本に比べると、西南日本の細石刃石器群にはエンド・スクレイパーやサイド・スクレイパー、彫刻刀形石器などのトゥールが少ないです。これは、皮なめしや骨角器製作などの活動が少なかったことを反映しているように見えます。しかし、実際にはそれらのトゥールの不在を補うような石器使用行動がありました。つまり、石核類をトゥールとしても利用するような機能の柔軟性を備えた石器使用戦略であったと言えます。

次に、第1トレンチの4層と7～9層の分析結果を加え、より通時的な傾向を考えてみたいと思います。佐世保市教育委員会による第1トレンチの再発掘資料を、落射照明付き金属顕微鏡（オリンパスBH）を使って、100倍、200倍、400倍で観察し、石器の使い方を調べました。福井洞窟の石器は、黒曜石や安山岩が利用されていますが、安山岩は表面が風化していて、観察に適していません。黒曜石では焚火に当たって変質したものがあり、また姫島産の黒曜石は風化しているため、観察に適していないものが多かったのです。こうした条件のもとでですが、福井洞窟のいくつかの石器には明瞭な使用痕が確認されました。4層の剝片（280）では、片側の縁辺でカッティングをおこなっています【4】。線状痕は細いものが多く、密度は高くありません。これと類似した使用痕をもつ石器は7～9層にもあります【5】。1点の剝片（306）では、鋭い一側縁がカッティングに用いられています。4層の剝片よりも線状痕の密度が高く、縁辺が摩滅しているので、使用度が高いと考えられます。また、縦長の剝片（307）には、腹面の右側縁を中心に直交から斜行の線状痕があります。幅広く深い線状痕が重走し、石のような硬い物を対象とした可能性が高いです。第3トレンチのスキー状スポールの痕跡と類似します。各文化層では、細石刃の製作技術が異なりますが、黒曜石製石器を石核調整の際の加工具として用いた点は共通します。

これら3点の石器は、剝片2点と二次加工ある剝片1点であり、スクレイパーや彫刻刀形石器のような定型的な器種ではありません。それにもかかわらず、一定の使用行動が見られるのは当時の石器の製作と使用の関係を示しています。つまり、大きめの黒曜石製石器を二次加工の有無にかかわらず、有効かつ柔軟に使用することが特徴であり、福井洞窟の各文化層を通して共通します。石器の具体的な使い方を明らかにする使用痕分析は、大変に時間がかかりますが、石器の機能を正確に理解するためには、確かな証拠を発見しそれを提示することが大事です。

1 細石刃核母型の使用痕（第３トレンチ２～３層相当）

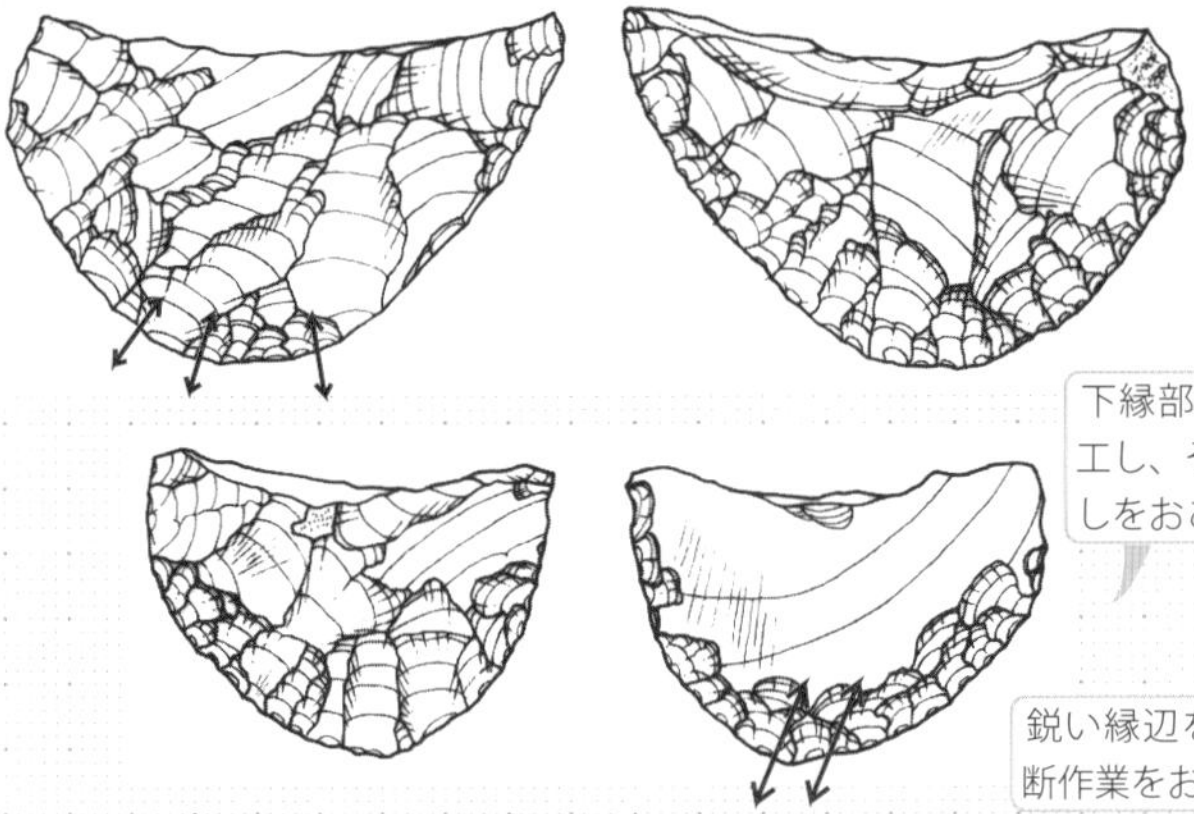
下縁部の縁辺を丁寧に加工し、そのエッヂで皮なめしをおこなっている。
鋭い縁辺を利用して、切断作業をおこなっている。

2 二次加工ある剥片の使用痕（第３トレンチ２～３層相当）

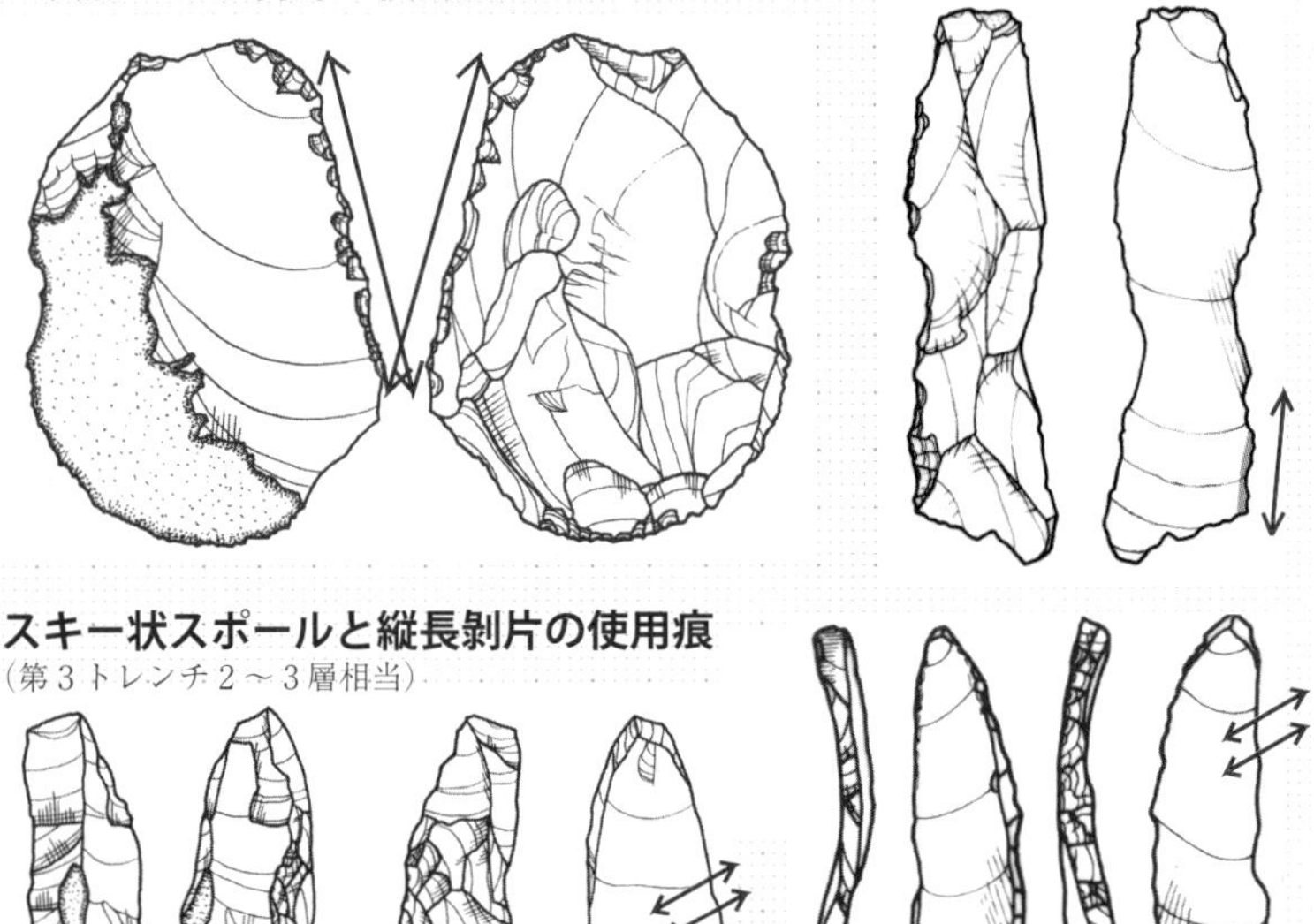

3 スキー状スポールと縦長剥片の使用痕
（第３トレンチ２～３層相当）

直角に近いエッヂを利用して、削る作業をおこなっている。
石のような硬い物を削ったために、太い線状痕と縁辺の潰れが生じている。

（石器実測図すべてS=2/3）

4　4層の剥片（第1トレンチ）

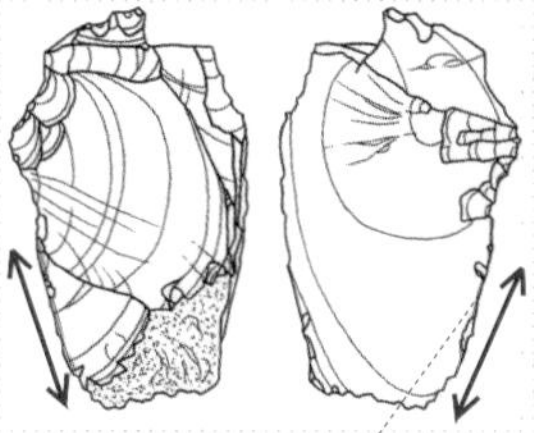

4層280

顕微鏡写真では、平行の線状痕がみられる。鋭い縁辺を用いて、切断作業をおこなっていたことがわかる。

5　7～9層の剥片（第1トレンチ）

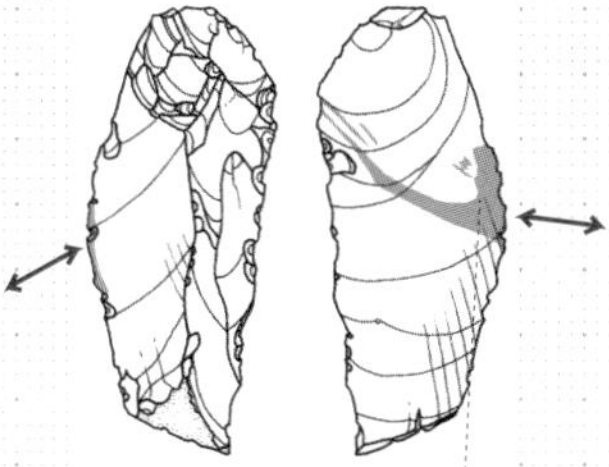

7-9層307

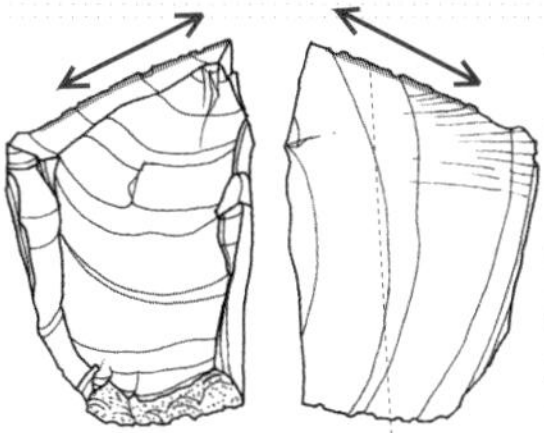

7-9層306

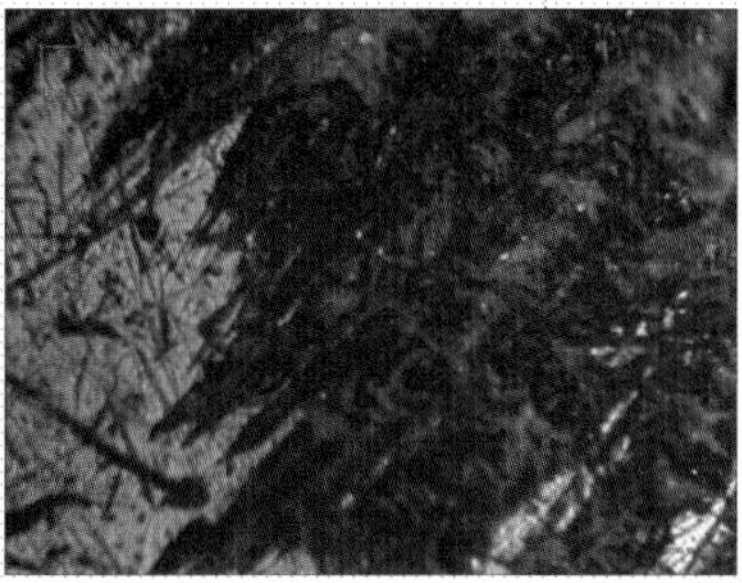

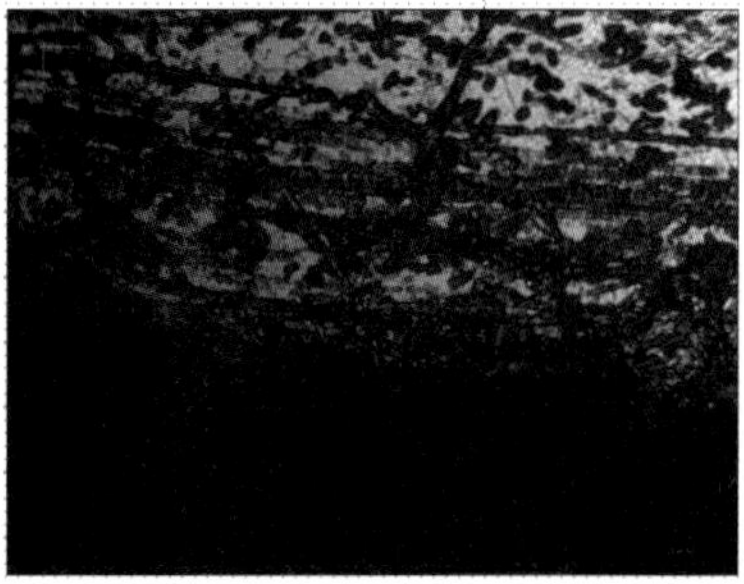

顕微鏡写真をみると、鋭い縁辺を用いて、右の石器では切断作業を、左の石器では削る作業をおこなっている。左の石器の線状痕は太く、深い傷で構成されており、石のような硬いものを対象としていたことを示している。

㉒石器にかすかに残された痕跡を探る

芝 康次郎

石器から読み取れる情報　遺跡から出土する遺物には、それが辿ってきた歴史が詰まっています。それは石器も例外ではありません。たった1点の石器と侮るなかれ。石器の表面に残された痕跡には、石器の素材獲得から廃棄にいたるまでのプロセス、つまりどういう石材をどこから持ち込んで、どのように作り使って遺跡に残されたのか、という情報が刻まれているのです。一口に痕跡といっても様々なものがあります。それらをすべて取り上げることはできないので、ここでは製作と使用に関する痕跡に注目して、福井洞窟12層で出土した細石刃を例にみてみましょう。ここで注目するのは、石器製作時の痕跡「頭部調整」と、使用時の痕跡「線状痕」です。

石器製作の痕跡　細石刃の上端部分にみられる、頭部調整とは、非常に細かい調整のことです。これは、細石刃を押圧剥離と呼ばれる方法で石核から剥ぎとるときに、次に押し剥ごうとする部分（打面）の出っ張りを削り取る調整で【①】、細石刃をできるだけ長く、規格的に生産するためにおこなわれました。福井洞窟で出土した細石刃には、この調整が非常に丁寧におこなわれていて、その結果、細石刃の上端部は半円状の弧を描きます【②】。剥ぎとられた細石刃は、両側縁が平行する整った形をしています。細石刃を剥ぎとった細石刃核のほうにもこの痕跡が残されているので、この遺跡で頭部調整がおこなわれたことは確実であるといえます。

石器使用の痕跡　使用痕と考えられる主な痕跡には、細石刃の刃部（側縁部）にみられる刃こぼれ（微小剥離痕）と、線状痕（密集する微細な線状のキズ）があります。前者は肉眼でも比較的容易に観察できますが、後者はルーペや顕微鏡でようやく見えるほどの非常に細かいキズです。これらの痕跡は、石器の操作方法や対象物の硬さとある程度相関することが知られています。とくに線状痕は、作用部位や運動方向を理解するために有効なものです。

　福井洞窟出土の細石刃のなかには、この刃こぼれや線状痕が観察できるものが多数認められます。顕微鏡で観察すると、【③】の細石刃には左側縁上部に、刃部に直交する線状痕が観察できます。【④】の細石刃には左側縁に刃部に平行する線状痕が、右側縁には刃部に直交する線状痕がそれぞれみられます。ともに線状痕が刃部付近に密集するのは、骨や角などのシャフトの刃部として利用された細石刃の使用方法に関係しています。植刃器と呼ばれるこの道具は、これまでに日本列島で出土したことはありませんが、刃部に密集する線状痕のあり方から、その部分がシャフトの刃部として機能する、植刃器としての使用が想定できます。【③④】の細石刃は、槍先や利器として対象部を截ち切るような作業に用いられたのでしょう。

頭部調整と使用痕にみる地域性

福井洞窟の細石刃を含めて北部九州の細石刃には、基本的に丁寧な頭部調整をみることができます。ところが、南部九州の遺跡ではこれがほとんど認められません【⑤】。南部九州の遺跡では、石材を違えても頭部調整が施されないので、石材による技術差とはいえません。長く、規格的な細石刃を剝がすための調整を施さない理由は定かではありません。しかし、これが北部九州との大きな違いであることは確かです。

実は、こうした地域的な違いは使用痕の様相にもみられます。南部九州の細石刃には、刃部付近の刃こぼれや線状痕だけでなく、表裏面全体に線状痕が認められる場合があります。【⑥】は、鹿児島県建山《たてやま》遺跡の細石刃にみられる線状痕です。この遺跡では西北九州産の黒曜石で作られた細石刃にも、裏面全体に線状痕が認められます。この特徴的な痕跡がどのような使用方法で生じるのか、目下研究中ですが、北部九州のものとは異なる使用方法であった可能性が高いと考えられます。そしてこれは、植刃器としての使用方法の多様性を示すのではないかとも想像されるのです。

ところで、頭部調整は石器製作時の痕跡、線状痕は使用時の痕跡です。北部九州と南部九州とでは、この両方で痕跡が異なるということがとても重要です。つまり、それらの一連の動作、すなわち石器を作り、使う時の方法（動作）が異なっていると考えることができるわけです。

石器のわずかな痕跡に隠された行為の違いが、旧石器文化の地域差につながる、とても興味深い問題です。

❶ 福井洞窟の細石刃と細石刃核に残る微細な痕跡

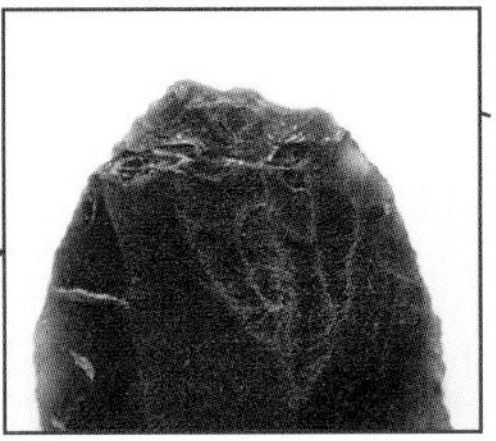

② 細石刃の頭部調整

非常に丁寧に調整が施される。

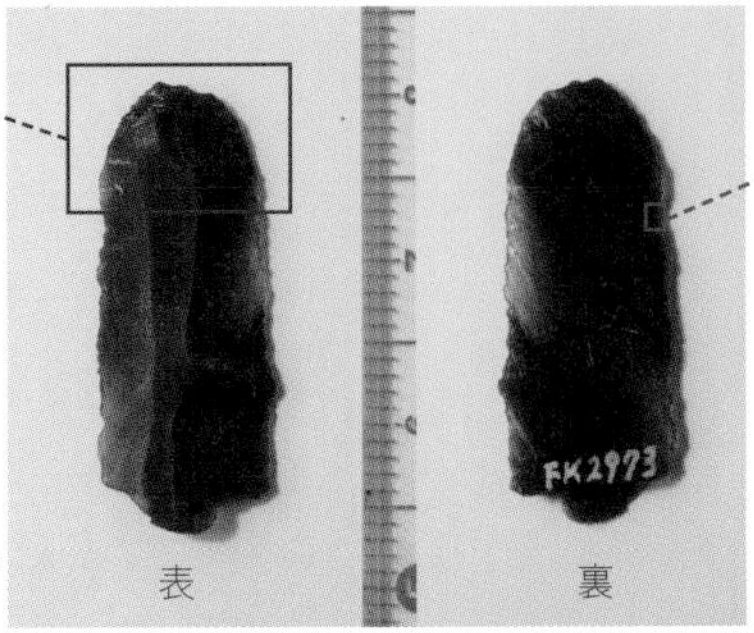

（×100）

③ 細石刃の痕跡

刃部に直交する線状痕。

有

① 頭部調整の方法

細石刃核の打面部分を削るように調整。

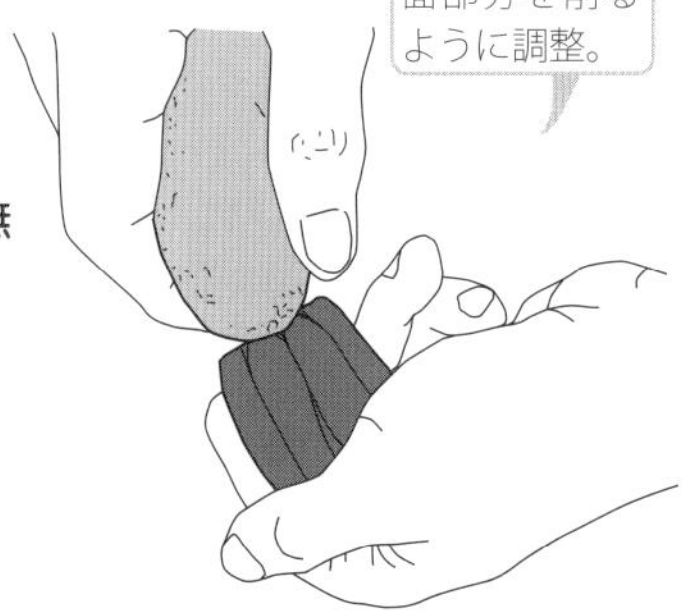

無

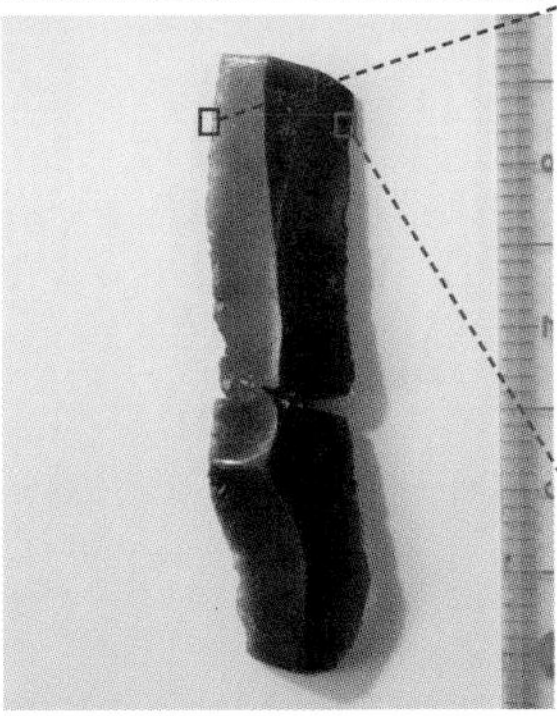

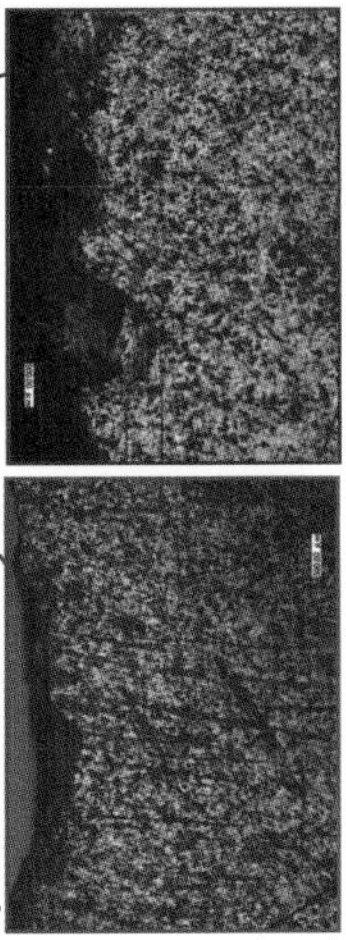

④ 細石刃の痕跡

□左側縁：刃部に平行する線状痕。

□右側縁：刃部に直交する線状痕。

（×100）

❷ 南部九州の細石刃に残る微細な痕跡

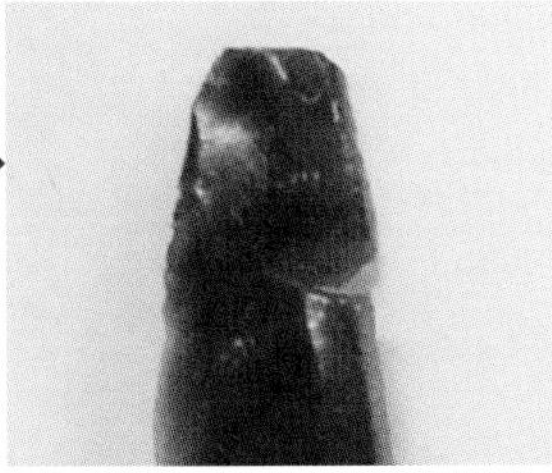

⑤ 細石刃の頭部調整（鹿児島・上場遺跡）

❶の福井洞窟と異なり、打面部分に調整がみられず、打面を大きく残す。

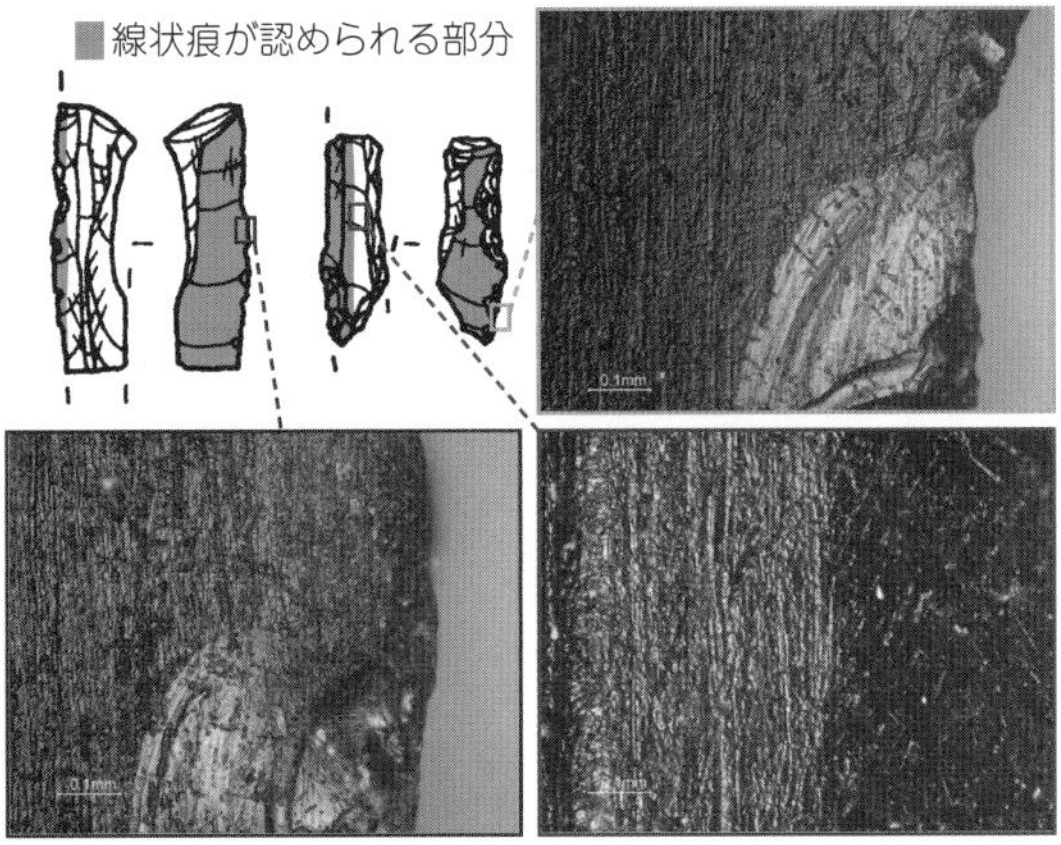

⑥ 細石刃の痕跡（鹿児島・建山遺跡）

（使用痕写真３点すべて×100、寒川朋枝氏より提供）

❶の福井洞窟と異なり、裏面全体に細かい線状痕が密集する。

九州の北と南では、製作時の頭部調整、使用時の線状痕の両方が異なっていた。

コラム ㉓実験からみえる旧石器人の技術

❶ 考古資料に残された痕跡

福井洞窟から出土した石器に残る痕跡を詳細に観察する。

(S=1/1)

❷ 製作実験

L字状木製固定具を使用

上2点と下1点の3点で細石刃核を固定。

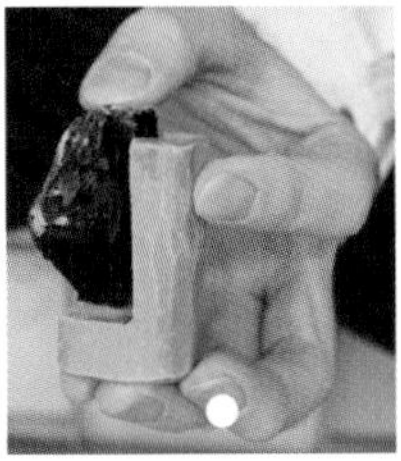

鹿角製押圧具で上からの押圧で細石刃を剥離。

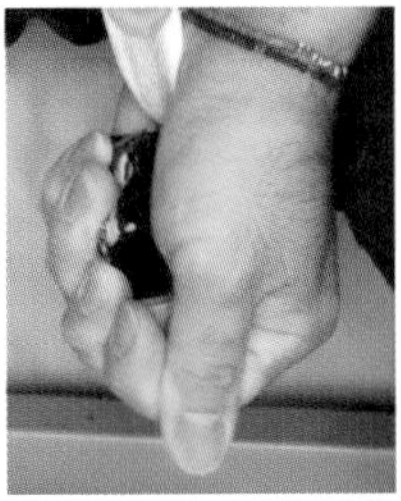

固定具を使用しない

作業面を上に、打面を身体に向け細石刃核を革布に包む。

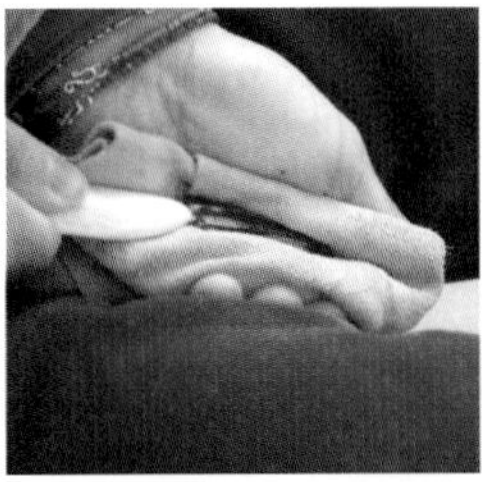

押圧具を前に押し上げるように押圧して細石刃を剥離。

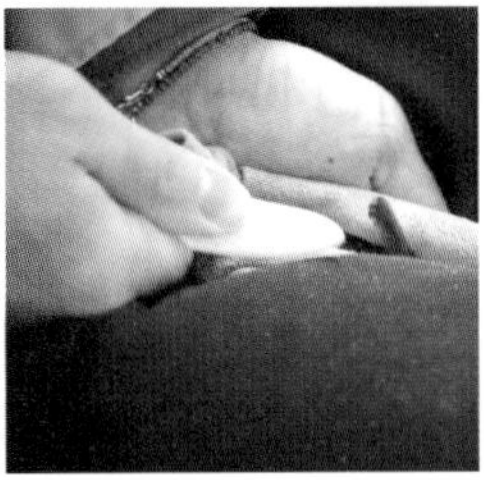

❸ 実験資料に残る痕跡

L字状木製固定具を使用

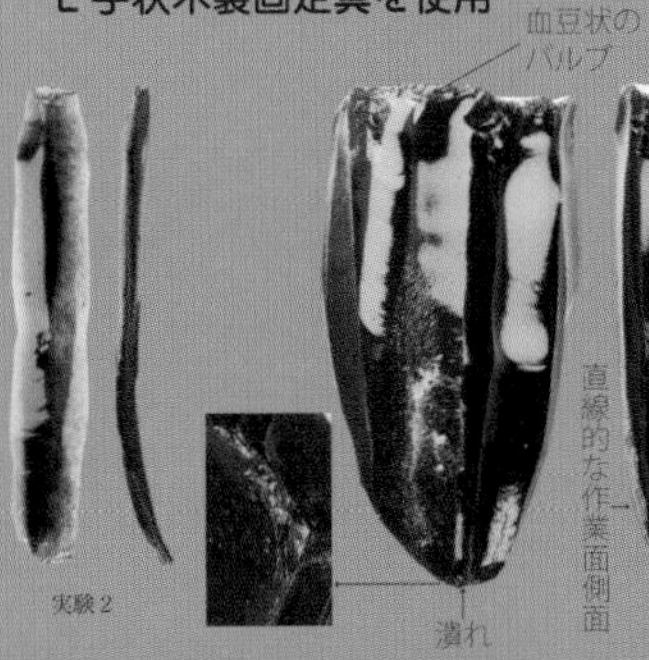

固定具を使用しない

❶に似た痕跡は、固定具を使用しない実験の資料に認められた。

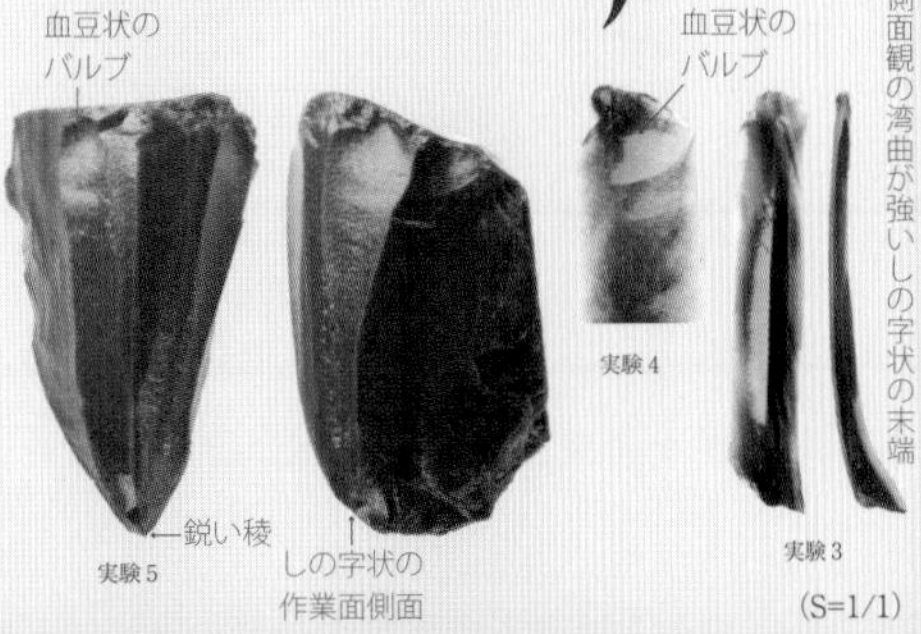

(S=1/1)

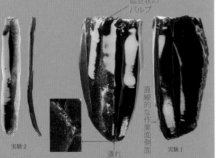

㉓実験からみえる旧石器人の技術

大場 正善

旧石器時代、福井洞窟でヒトは天然ガラスである黒曜石から、細長く小さな細石刃を作っていました。実際に、細石刃はどのように作られたのでしょうか。細石刃を作る技術は、民族事例といった参照記録もないため、すでに廃れ失われてしまった技術です。したがって、失われた技術を知るには必然的に製作実験を踏まえた復原が必要となります。復原で重要な鍵は、石器に残る〝痕跡〟です。

従来の日本の石器製作技術研究は、製作工程の復原がおもな対象でした。一方で、石器作りの道具やその使い方、石器石材の固定法については、残念ながら等閑に付されてきました。2006年以来、私が取り組んでいるのは〝動作連鎖の概念に基づく石器技術学〟です[1,2]。動作連鎖とは、道具の原材料から製作、使用、廃棄に絡んだヒトの一連の動作を指し、道具に絡んだヒトの行動を記録化する民族誌学の概念であり、資料操作の概念です[3]。動作連鎖は、今なら製作するヒトを動画撮影すればいいのですが、ヒトが消えている過去の場合は、犯罪捜査のように痕跡から追跡して復原することになります。

ただ痕跡を観ても、その痕跡が生じた原因は見えません。痕跡から原因を判断するには、豊富な石器作りの経験と知識が必要です。そのうえで痕跡を観察し、製作道具とその使い方、石材の固定法を推定します。しかし、その推定は仮説に過ぎません。仮説を裏付けるには実験と検証が必要です。実験は遺物と同じ石材と同じ製作工程で、推定した製作道具とその使い方、石材の固定法で行います。実験後、実験資料と遺物を対比して、両者の痕跡を比較して検証します。痕跡が違う場合は、仮説を立て直し、再度実験と検証を行います。実験と検証は同じ痕跡となるまで繰り返します。このように、過去の技術の復原は観察→仮説→実験→検証という科学的方法にしたがって行います。

さて、福井洞窟出土の細石刃の剝離面を観ると、剝離開始部は砕けず、比較的にきれいに残っており、その下に特徴的な血豆状の小さなふくらみ（バルブ）がありますり【1】。細石刃の側縁や細石刃剝離作業面の稜線は、直線的、かつ並行的で、剝離した順番が連続的です。剝離開始部の痕跡や連続的な剝離の特徴から、鹿角製押圧具を使い、押す圧力で石片を割る〝押圧〟である可能性が高いと言えます。直線的で並行的な剝離面は、細石刃剝離時に細石刃核がしっかりと固定されたことが考えられます。つまり、細石刃剝離の動作は、細石刃核を一定程度固定したうえでの、鹿角製押圧具を使った押圧ということになります。

細石刃核の固定法については、これまでに実験考古学者や石器作りの愛好家が、万力状の固定具や、大きな木に穴や溝を彫った固定具、細石刃核を3点の支点で固定する簡易なL字状固定具などを考案してきました。福井洞窟の細石刃核は、細石刃とそれを剝離した剝離面が直線的で並行的ですが、稜線や側縁に若干のブレがあったり、側面観の湾曲が強い細石刃があったり、底部に潰れた痕跡がなかったりなど、どうも固定具を使った痕跡が認められません。固定具は使われなかった可能性があります。

そこで考えられる細石刃剝離の動作は、細石刃核の打面を身体側に、作業面を天井に向けて左手で握り、その左手を両太ももの間に入れて挟んで固定し、右手で押圧具を前方に向かって押す動作となります【2】。この動作で剝離した細石刃は、遺物と同じ形、同じ痕跡の細石刃になります【3】。したがって、福井洞窟では固定具を使わない独特の固定法で細石刃核を固定し、押圧で細石刃を剝離した可能性が高いことが考えられます。

翻って、製作実験を通して過去の技術を復原することは、遺物の背後にあった作るヒトの姿を浮かび上がらせることになります。一つ一つの遺物を技術学の視点で観ることで、作り手の上手下手、つまり技量差がわかります。その技量差をもとに、遺跡にいたヒトの構成や、技術の伝承と学習といった生活の様子を明らかにできます。今後、福井洞窟出土資料の石器技術学研究が進めば、リアルな過去の生活像が明らかになるでしょう。

第5章

歴史の中の福井洞窟

イラスト解説

縄文時代早期、約１万年前の福井洞窟の想像図。①洞窟周辺には照葉樹が繁茂し、川の流れも現在に近い環境になっている。②③手前では川魚をとる子供とそれを見るイヌ。④弓矢の手入れをする大人たち。⑤広場ではシカをさばいて、⑥洞窟内ではケガ人が休んでいる。⑦洞窟の上にも狩りをしている大人たちなど、周辺の範囲確認調査の成果と当時の時代性を反映している。

◎福井洞窟はどうして重要なの？ ☞148ページ

◎世界の洞窟遺跡をみてみよう ☞152ページ

◎佐世保のまちと福井洞窟の未来を考えよう ☞160ページ

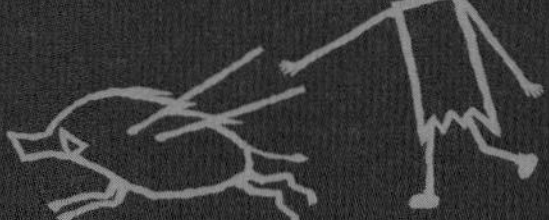

福井洞窟の重要性

柳田 裕三

1 史跡としての福井洞窟

福井洞窟は、発見当時の頃から色あせることなく学術的価値を保ち続けています。列島には約46万もの遺跡が存在しますが、その学術的内容が現時点でも研究上、重要な位置を占める遺跡はそう多くありません。ところが、福井洞窟は洞窟遺跡という希少性と旧石器時代に遡る列島でも遺跡数の少ない時代性もあり、他に類を見ない存在です。遺跡は、国の重要な遺跡として指定を受けると「史跡」となります。全国に約１７００件の史跡がありますが、洞窟遺跡はわずか24件、旧石器時代の遺跡はさらに少なく11件です。旧石器時代から縄文時代にかけての洞窟遺跡となると、福井洞窟に限られるのです。まさにオンリーワンの存在価値を持っているといえます。今後、同種の史跡が誕生したとしても、福井洞窟ほどの重層性をもつ遺跡は見られないでしょう。芹沢長介氏が、福井洞窟の学術的価値を表した「文化の橋」という言葉は、その核心をついたものといえます。

2 史跡を再調査すること

史跡は、文化財保護法により永久的に保存されることを約束された遺跡です。しかし、その史跡であっても、学術研究の進展に伴って、その内容をより詳しく、正確に理解するための調査が必要な場合もあります。再発掘調査では十分な必要性の説明と綿密な計画立案が重要であることは言うまでもありません。福井洞窟の再調査は、その必要性と意義をはじめ、史跡の保存と活用の在り方について我々に考える機会を与えてくれました。

3　史跡・福井洞窟の重要性

福井洞窟の再発掘調査の結果、河川の側刻や地すべりなどにより洞穴地形が形成された過程と、旧石器時代の約17700年前の炉をはじめとする洞窟の利用の実態を明らかにしたことは重要です。また、検出した遺構を保存しつつ、発掘作業を進め、岩盤まで到達したことによって、当初計画にあった洞窟遺跡の形成過程と古環境、その中での人類の行動を解明し、また、連続的な土層剝ぎ取りもできました。これらは、旧石器時代細石刃文化期の炉4基などの遺構を重層的に検出したことによって、層位の逆転のない文化層序を確認し、最新の放射性炭素年代測定法による年代測定により細石刃の出現期から終末期に至る変遷過程を知ることができました。同じ文化層から出土した動物骨や植物化石により、古環境の復元も少しずつ進んでいます。つまり、半世紀前より色鮮やかに旧石器文化から縄文文化に至る文化の過程を明らかにすることができたのです。

4　ヒトづくり、まちづくりとしての福井洞窟

1960（昭和35）～64年の発掘調査は鎌木義昌氏や芹沢長介氏をはじめ、名だたる研究者が集い、旧石器時代から縄文時代の過渡期を明らかにしたことで学史に残る金字塔となりました。この調査は、周辺の遺跡の発見へと繋がります。1964年、相浦川流域の岩下洞穴が発見され、麻生優氏を中心とする後の発掘者談話会により発掘調査が進められます。岩下洞穴の調査は、下本山岩陰、泉福寺《せんぷくじ》洞窟の調査へと続きます。1960～80年に集った若手研究者らは、後に全国各地の大学や行政機関へと奉職され、各地の考古学研究や文化財行政の基盤を築いていくのです。この学史的背景も、福井洞窟のもつ価値の一つと言えるでしょう。

1 洞窟の成り立ちと移り変わり

細石刃の出現期から終末期に至る層位の逆転のない文化層序の変遷過程を描く。

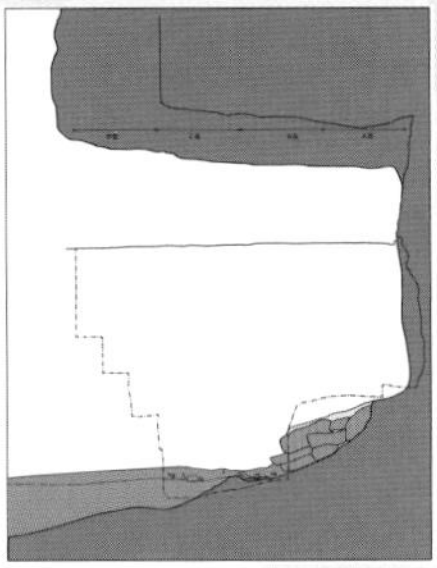

15 層：19000 年以前

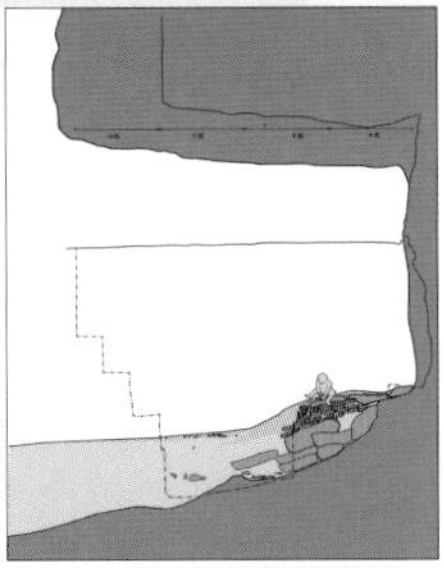

12 層：18000 年前

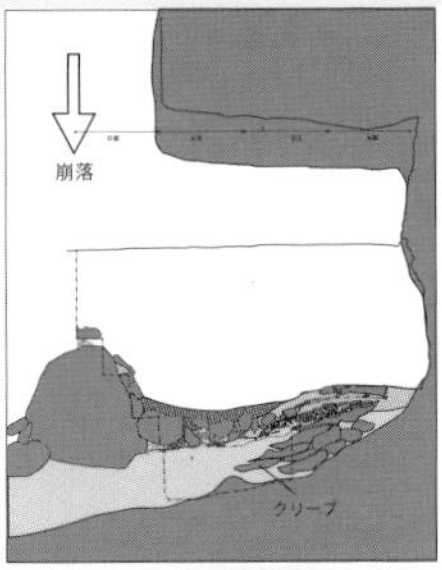

11 層：17500 年前

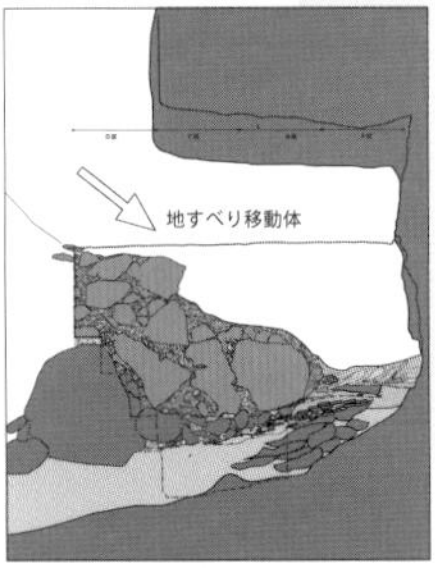

10 層：17500 年前

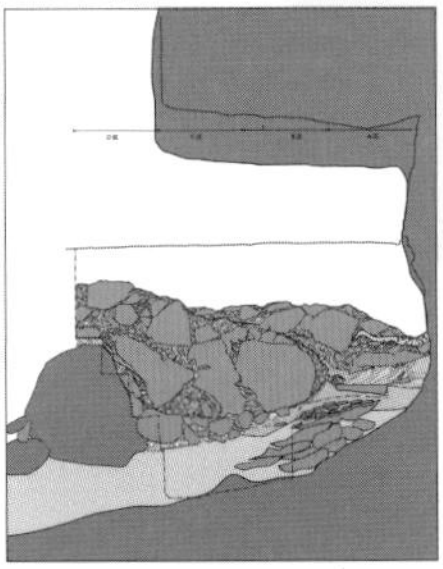

10 層：17500 年前

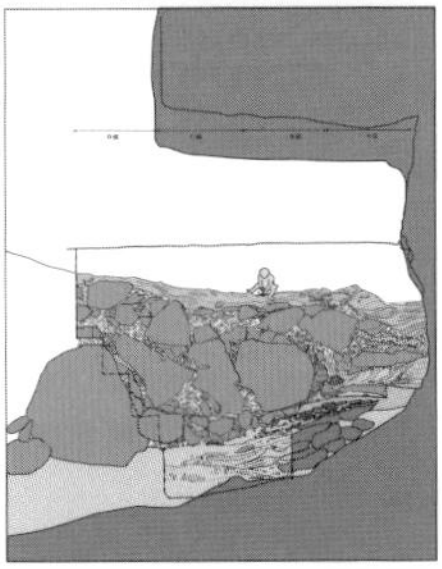

7-9 層：17000 年前

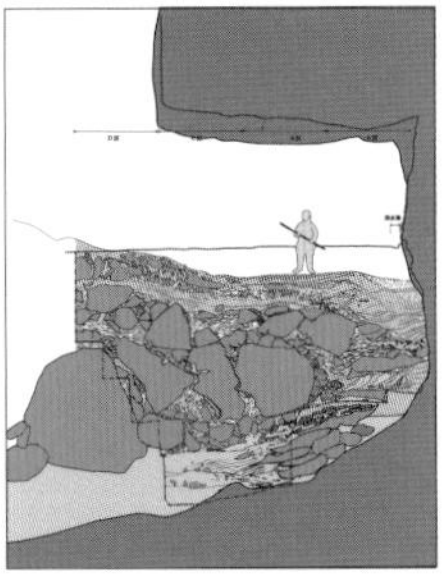

4 層：16200 年前

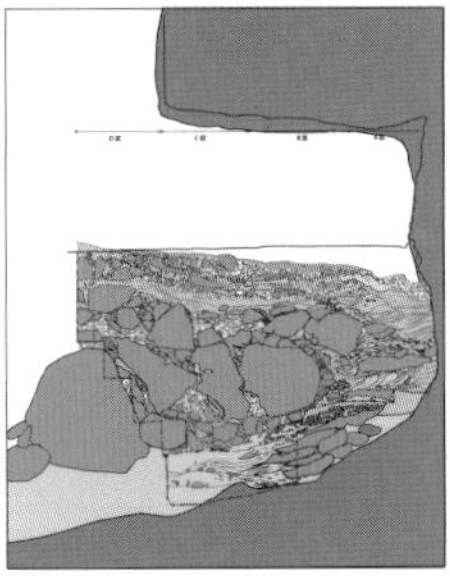

3 層：16000・15300 年前

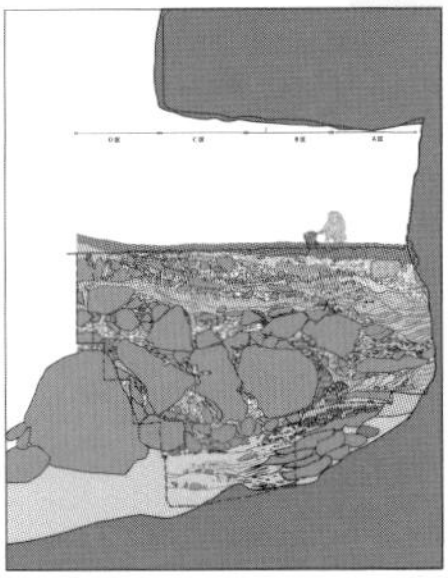

2 層：14700 年前

2 三次元写真測量による立体的な復元

現地ではつなぐことのできない調査写真を三次元写真測量で再現。

南から見た北壁の土層

上から石敷や炉の跡

3 約 18000 年前の道具と洞窟の利用

洞窟での生活の様子が具体的に明らかになった。

12 層（18000 年前）の炉跡と出土遺物
12 層では炉の周りで約 300 点ほどの遺物が出土している。炉の周りで細石刃などの道具づくりのための石器製作や、台石やスクレイパーなどで食べ物の加工などが行われていたことがわかった。

4 考古学研究の進展を促した福井洞窟の出土品

再発掘調査で出土した資料
旧石器時代から縄文時代の移行期を示す資料として 2020 年に国指定重要文化財に指定された。

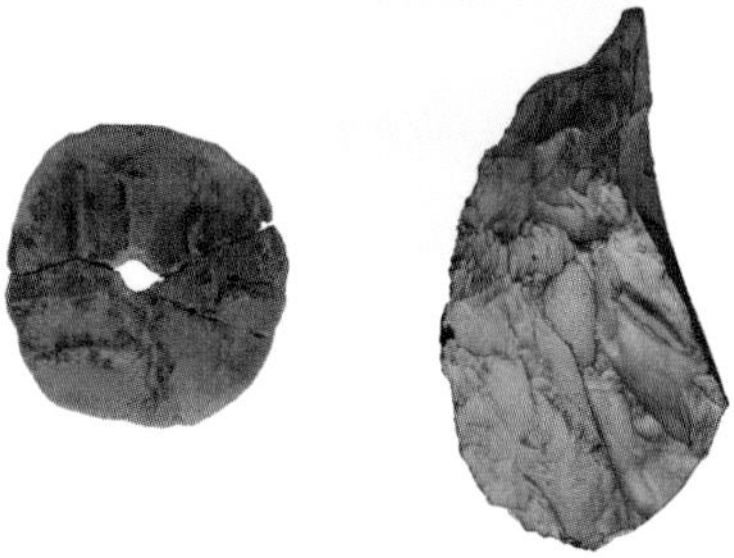

有孔円板型土製品と両面加工石器（東北大学所蔵）
1960 年代の発掘調査で出土した資料。有孔円板型土製品は縄文時代草創期には希少な祭祀的な道具であり（左）、両面加工石器は最下層の石器群が最古の旧石器を探る資料として注目された（右）。

5 ひとづくり・まちづくりの調査

この時期に集った新進気鋭の若手研究者や学生は、その後、考古学界を各地・分野で牽引していくことになる。

1964 年の頃（蓮田智則氏撮影）
岩下洞窟の前で土器を見る研究者。右から芹沢長介、石丸太郎、内藤芳篤、麻生優、小田静夫各氏。

世界の洞窟遺跡から見た福井洞窟

柳田 裕三

1 世界の洞窟・岩陰遺跡と福井洞窟【1】

日本における遺跡は約46万件ありますが、そのほとんどが集落や散布地などの開地遺跡です。洞窟遺跡は約740遺跡と少なく、限られた地域に集中しています。[1・2] それは、人が利用できる洞窟や岩陰が限られた地形であることにも関係します。とくに、洞窟遺跡は石灰岩地帯などで多く見つかっています。西北九州のような砂岩地帯の洞窟遺跡は、希少な部類と言えます。いずれにしても、洞窟遺跡は複数の文化層を重層的に包蔵する場合が多いので、一つの遺跡、または一地域の洞窟遺跡をつなぐことで細かな文化の移り変わりがわかります。これは、世界各地の遺跡においても共通する特徴といえます。例えば、世界遺産となっているフランスのレゼジィー地方のヴェゼール渓谷の先史的景観と装飾洞窟群では、マドレーヌ期のラスコー洞窟やフォン・ド・ゴーム洞窟のような壁画をもつ洞窟が著名ですが、生活址の遺跡としてはアブリ・パトゥ岩陰があげられます。9・25メートルの堆積層の中に35000年前~20000年前に及ぶ文化層が14枚も検出され、最終氷期最盛期前後の激しい気候変動の中で営まれた炉跡や埋葬遺構などが重層的に包蔵されています。岩庇《いわひさし》の落盤などが断続的に起こり、当初は12メートルあったと推定される岩陰は、形を変えながら生活址と彫刻などの装飾を各期に残しています。一方で、東アジアの洞窟遺跡は私見の中ですが、中国大陸から東南アジア、朝鮮半島、日本列島で確認されています。日本をはじめとする酸性土壌からなる地域において、ほとんど残らない有機質の骨や植物片などが雨風から守られ残りやすいのです。とくに、洞窟遺跡における人骨の発見は人類学的調査と共に著名な遺跡が多くあります。中国では北京原人として著名な周口店《しゅうこうてん》遺跡（第一地点「鳩の洞」）、インドネシアのフローレス原人のリアン・ブア遺跡、沖縄県石垣市の白保竿根《しらほさおね》田原《たばる》洞穴遺跡や港川遺跡の石灰岩のフィッシャーから発見された港川人、佐世保市岩下洞穴の縄文最古人骨などがあります。

福井洞窟や泉福寺《せんぷくじ》洞窟は、土器の出現を考える上でも重要です。中国の玉蟾岩《ぎょくせんがん》遺跡では、後期旧石器時代の石器、骨角器と共に土器が発見されました。尖底の土器付着炭化物から採取した年代値が１４３９０±２３０ＢＰで、その年代は上限（１５０００年前）と下限（１８３００年前）の年代値で解決していませんが、東アジアの土器の起源を探る重要な遺跡として注目されています。[3] 韓国の最近の研究では、旧石器時代に遡る洞窟遺跡は10ヵ所程度が確認されています。その大部分は後期更新世に属しています。忠清北道丹陽郡の金洞窟では動物化石と共に石器が確認されています。金洞窟では、青銅器、新石器、中石器、旧石器時代の後期・中期・前期といった多様で長期間の文化層が確認され、古くは65～70万年前の文化層が確認されています。これらの洞窟遺跡から検出された動物化石は多様で後期更新世の動物としては、毛サイ、古ゾウ、ウシ、ヤギ、サルなど50種に上っています。その中で最も優勢な動物がシカです。９割以上を占めることから当時はシカ猟を中心としてことが指摘されています。[4]

次に、形成過程が稀有な事例として台湾の八仙洞《はっせんどう》遺跡があります。八仙洞遺跡は、中新世の火山活動に由来する火山角礫岩層を基盤として顕著な隆起活動に伴って海岸線に形成された海食洞穴群です。標高の高い洞穴ほど形成時期が古いのです。全体として、後期更新世から完新世前期に位置する粗大な石器類が発見されており、長濱文化として知られています。近年の調査が行われた無名洞４遺跡では約１８０００～１５０００年前の年代値が得られ、炉跡２基とネズミ、シカ、カニ、軟骨魚類など水陸にまたがる動物相が石器と共に確認されています。このように洞窟遺跡からは、有機質素材の遺物も確認され、より具体的な当時の生活の痕跡が残されることがわかります。しかし、

1 フランスの洞窟遺跡（レゼジィー地方）

クロマニヨン岩陰

1868年にクロマニヨン人が発見された岩陰遺跡。岩陰の前面の雨ダレラインから手前に草木が生える。

アブリ・パトゥ

岩陰の壁面の堆積や遺構を露出展示している。14層からなる文化層と度重なる落石などの痕跡を間近に見ることができる。

ルフィニャック

石灰岩洞窟内に設けられた展示空間。ラスコーと同様、洞窟に描かれたマンモスなどの壁画は保存のため撮影できない。

（写真著者撮影）

3 アジアの洞窟遺跡

八仙洞（台湾）
顕著な隆起活動に伴って海岸線に形成された海食洞穴群（写真上）。高所にある崑崙洞（写真右）などは旧石器時代まで遡り、やや低い場所にあって完新世前期に利用されていた潮音洞では火山岩円礫製の礫皮付剝片や石核の大型石器、石英製小型石器、漁具などの骨角器などが発見されている。

金窟（韓国）
驚くべき膨大な数の動物化石とともに、握斧などの石器が出土した洞窟遺跡。
韓国忠清北道の丹陽郡に位置し、石灰岩地帯に洞窟が形成されている。韓国では、この洞窟をはじめとする石灰岩地帯で旧石器時代の洞窟遺跡の調査が進められている。

リアン・ブア（山崎真治氏提供）
（インドネシア・フローレス島）
洞穴内部には 10m 以上に及ぶ堆積物が確認されており、ワエ・ラカン川による土砂や水性堆積物のほか、火山噴火に伴う降下堆積物などからなっている。地表下 6m の地点からは約 5 万年前のフローレス原人の全身骨格が発見された。付近に炉跡が検出され洞窟が生活空間として利用されていたことが確認されている。

福井洞窟のように19000年から1万年前までの9千年間に8枚もの文化層が確認され、旧石器から土器出現までの過程を高解像度で追跡できる遺跡は見受けられません。福井洞窟は、世界的にみても希少な遺跡だと言えます。

2　日本の洞窟遺跡と福井洞窟【2】

日本の洞窟遺跡を概観してみると、壁画をもつ装飾洞窟は続縄文時代の北海道フゴッペ洞窟や手宮《てみや》洞窟以外は現在のところ見つかっていません。近年、旧石器時代の沖縄県サキタリ洞遺跡や白保竿根田原《しらほさおねたばる》洞穴遺跡など石灰岩地帯の洞窟遺跡で旧石器時代の人骨が出土し、人類学的調査に加えて貝器（装身具と利器）といった特徴的な文化的要素をもつことが明らかとなっています。[5・6] 青森県尻労安部《しつかりあべ》洞穴ではウサギ、ネズミ、ヒグマ、カモシカなどの動物遺体とナイフ形石器2点、台形石器1点が共伴しており、希少な事例です。動物遺体の組成が洞窟に生息しないウサギに偏り、焼骨が含まれることから罠猟などのウサギ猟が行われるハンティングキャンプとしての洞窟利用の性格が示されています。縄文時代草創期になると、長崎県泉福寺洞窟や愛媛県上黒岩《かみくろいわ》岩陰遺跡、山形県日向《ひなた》洞窟など遺跡が増加する傾向にあり、日向洞窟では洞窟の前面に遺跡の広がりがみられます。[7・8・9] その後、縄文時代早期には、最も活発に洞窟遺跡が利用されています。縄文時代早期では長崎県岩下洞穴や群馬県居家以《いやい》岩陰遺跡などで埋葬人骨が発見され、当時の洞窟利用の一つの側面を示しています。後者は、切断された埋葬人骨が確認されており、[10・11] 同様の例は大分県枌《へぎ》洞穴で知られています。以上、日本の旧石器洞窟は極端に少なく貴重です。とくに、人々の生活の様子を捉えられる事例は少ない状況です。その中において、福井洞窟で発見された炉跡や石敷、石器製作址などは旧石器時代から縄文時代への変化を捉える上において重要な遺構といえます。

3　歴史の中の福井洞窟

日本列島の洞窟遺跡や世界に点在するいくつかの著名な洞窟遺跡を概観しました。福井洞窟のように、旧石器時代から縄文時代といった文化的過渡期の複数の文化層を包蔵し、また更新世から完新世に至る寒冷期から温暖期への地球規模での環境変動期における複数の堆積層をこれほど良好に残す遺跡は、世界的にみても貴重な遺跡であることが良く理解できます。日本列島においては大陸の玄関口として、また、当時東アジア最先端のテクノロジーだった土器文化の始源を飾る遺跡としても重要といえます。

１９８０（昭和55）年、日本考古学の百年の学史を振り返る中で、芹沢長介氏が福井洞窟を欧州の洞窟遺跡と比較し、福井洞窟の旧石器文化から縄文文化に至る包含層を「文化の橋」と評した点はその遺跡の特性を世界的に評したものと言えます。(12) 芹沢氏は、放射性炭素年代測定法を導入して土器編年を整備し、それまで縄文時代の始まりは、紀元前２５００年頃と考えられていた年代を福井洞窟の隆起線文土器や爪形文土器の年代から約１２０００年前としました。鎌木・芹沢両氏らによる福井洞窟の調査は、旧石器時代の終末、すなわち、縄文時代の始まりについて、その年代観を示した点は先史時代像の構築に大きく寄与しています。また、洞窟遺跡の層位的な成果により旧石器時代から縄文時代という現象を層位と考古資料、自然科学分析による変遷で実証した点は極めて重要です。さらに、福井洞窟15層から出土した両面加工石器を日本最古の石器群の一つとして、大陸の両面加工石器と比較しました。それらは、続く調査の早水台《そうずだい》遺跡や星野遺跡など最古の旧石器を探究する研究手法へと深化を続けます。これらの学術的成果は、今なお続く研究課題として残っています。こうした問題意識は、後進の研究にも受け継がれています。

福井洞窟は遺跡に包蔵された学術的価値と共に、研究の基準となる遺跡として、福井洞窟をめぐる研究が学界をリードしてきたという学史的な意義においても重要です。今後も、それらの価値を発展的に継承し続けることが求められるのではないでしょうか。

1 南西諸島

サキタリ洞遺跡
（沖縄県南城市、
沖縄県立博物館・美術館所蔵）
37000 年前から 13000 年前の堆積層から炉跡や埋葬人骨、カニなどの動物遺体、石器、貝器のほか、世界最古の釣針が見つかっている。石器石材の限られた環境の中で豊富な海産資源を利用した旧石器人の生活がみられる。

下原洞穴遺跡
（鹿児島県天城町、天城町教育委員会提供）
奄美・沖縄で最古とされている南東爪形文土器の下層から条痕文や隆起線文土器（下）が発見されている。隆起線文土器は、約 13800 年前の年代測定結果がでている。

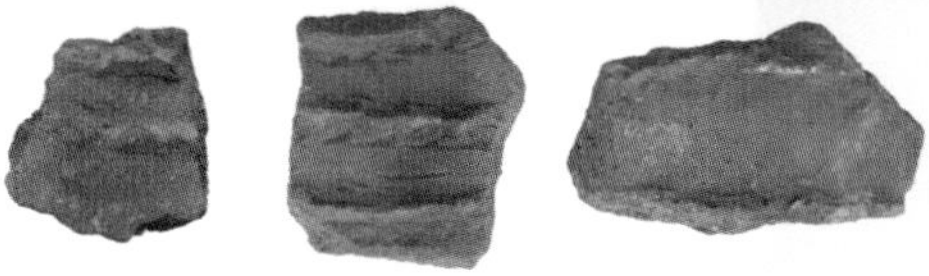

隆起線文土器

2 中四国

上黒岩岩陰
（愛媛県久万高原町）
標高 400m の高地に位置する。高さ 20m、奥行き 3m の幅狭い岩陰遺跡。縄文時代草創期の隆起線文土器や有舌尖頭器のほか、線刻礫（右）などの特殊遺物もみつかっている。

縄文時代草創期の線刻礫（中園聡氏撮影）

3 東　北

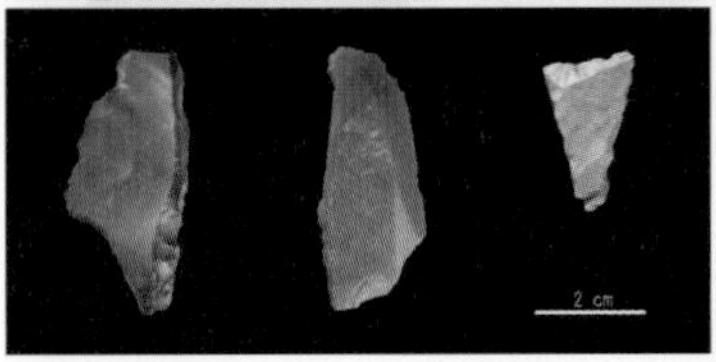

尻労安部洞窟
（青森県東通村、尻労安部洞窟発掘調査団提供）
旧石器とウサギやネズミの骨が出土した。罠猟を中心としたハンティングキャンプサイト。

日向洞窟遺跡
（山形県高畠町、長井謙治氏提供）
調査区の後背に洞窟がある。調査区からは縄文時代草創期の土器・石器が出土する。洞窟単独でなく、前面まで広がりを持つことを近年の調査で明らかとなっている。

4 関　東

居家以岩陰遺跡（群馬県長野原町、國學院大學考古学研究室提供）
縄文早期の埋葬法が注目されている。上半身と下半身が切断され埋葬されていた可能性が高い。縄文時代初期の特殊な葬送儀礼として注目される遺跡。

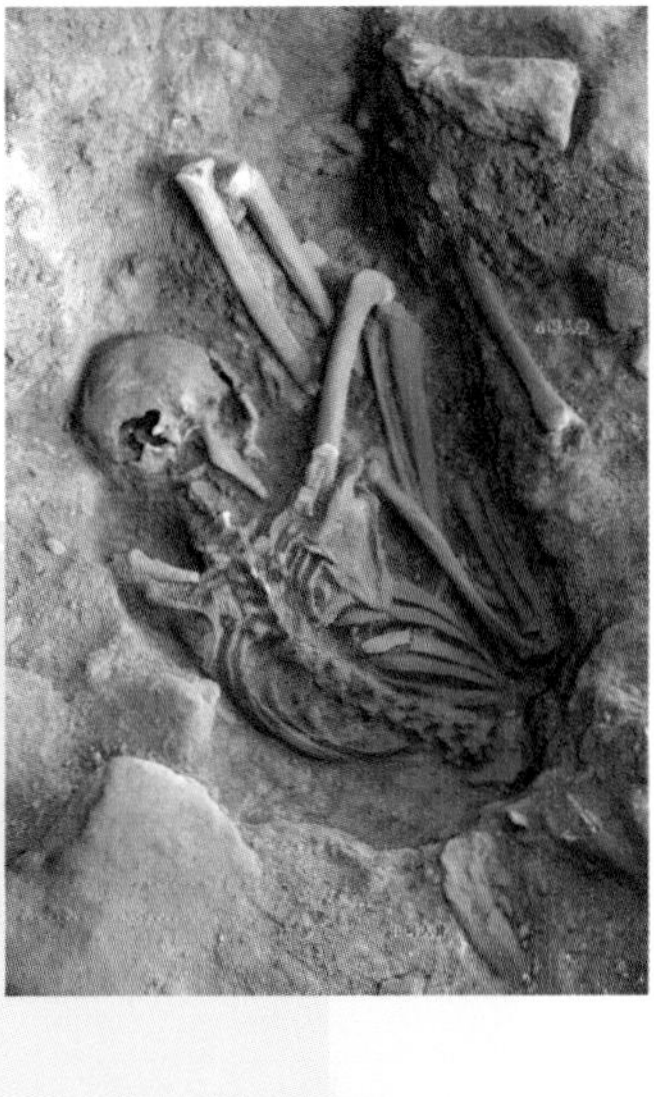

これからの未来
―『洞窟のまち　佐世保のまちづくり』―

柳田　裕三

一　文化財を守ること活かすこと

近年、佐世保市では人口減少に伴って、担い手が不足したお祭りや伝統行事など文化財保護の体制づくりがまったなしの課題となっています。そもそも文化財は自然やヒトの営みにより形作られたものですので、地域コミュニティやまちづくりの核となる性質をもっています。言い換えれば文化財の保護（保存・活用）自体が、まちづくりに繋がるものといえます。実のところ、近年の各都市が盛んに取り組んでいる観光資源としての文化財の活用は副産物の一つのようなものです。根幹はもっと深いところにあります。文化財は「飯の種」だけではなく、「心の種」となるものだからです。すなわち「文化財保護は、人が豊かに生きるための資源の保護」といえます。

二　実践　史跡福井洞窟を守り・活かす

佐世保市では郷土愛の醸成を目的として「教育的な文化財の活用」をいくつかの事業にまたがり複合的、かつ継続的に進めてきました。世代的な学習体系が文化財の保護に役立つことを期待した取り組みです。第一弾として、市内小中学校に「歴史教育副読本」を配布しています。この本は小学4年生以上を対象として、各小中学校別に地域史をまとめています。現在はデータ化され、一人一台パソコンで閲覧できるようになっています。個人的にはなじみがないのですが、ＷＩＴＨ　コロナの時代にあった学習になるかもしれません。第二弾として、中学生には総合学習において佐世保史談会から講師を招いた「ふるさと歴史発見授業」を開催しています。市内の史跡などをバスで巡る体験授業です。この際、事前学習で活用されるのが副読本です。第三弾として、市民向けの生涯学習と児童の夏休み等の体験学習を兼ねた「郷土史体験講座」や、出前講座を各地区コミュニティセンターなどで開催しています。

福井洞窟の近くにある吉井北・吉井南小学校では、出前講座「福井洞窟」を活用し、地域学習の場を提供しています。教科書にはない旧石器時代の歴史について実物の歴史資料を使って、現地で分布調査や洞窟見学を行い「雨ダレライン」などの洞窟での暮らしぶりを想像します。その後、自分たちで資料や歴史年表を作成することで、地域への関心を高めてもらいます。学校では、学習した成果を広く伝えるため、パンフレットや映像・絵本の作成を行うなど積極的な取り組みをしています。10年後、20年後、児童が大人になって振り返った時に「誇りに思えるふるさと」であってほしいと、また、50年後も子供たちが探究する「史跡福井洞窟」であってほしいと願っています。

２０１８年には吉井地区の各保存会からなる「吉井地区文化財保存連絡会」が新たに創設されました。地元有志により、それまであまり連携のなかった各地域の保存会が連絡会を持つようになりました。地域のお祭りや伝統行事を行う保存会と、洞窟や城跡、石橋群などの清掃管理活動を行う保存会が一体となったものです。連絡会となったことで、各保存会の活動状況や類似する課題について情報の共有化が図られるなど、地元に根ざした地道な活動が行われています。吉井地区内にある福井洞窟においても史跡整備が完成した２０１８年から地元自治会が母体となり、福井洞窟保存会として毎日の駐車場やトイレ兼休憩施設の管理、除草清掃が行われています。ＮＰＯ団体「吉井エコツーリズム」による「歴史の福井谷ツアー」など周辺文化財と一体化した見学会も催され、これまで14回を数えます。一人ひとりの小さな歩み寄りが大きなうねりとなっている事を肌で感じてい

1 シンポジウム「ここまでわかった！福井洞窟～福井洞窟発掘調査と整備」

「日本一の看板を掲げ続けて！」
「ゆるキャラ、いいんじゃない!?」
次は直谷岩陰だ
「活用日本一！」

「洞窟遺跡日本一のまち、佐世保の未来」と題したパネルディスカッション

当時のモノから人の動き、心の動き、歴史的な意義をわかりやすくお話しします。

小林達雄氏によるご講演

現地見学でわかったことや当時の暮らしなど、歌やゆるキャラを使って発表。

近隣小学校６年生児童による学習発表

2 福井洞窟の史跡整備

史跡整備の状況

福井洞窟岩体のジオラマを大きく展示し、当時の風景に近い状況を体験できる。

福井洞窟ミュージアムの整備予想図（上）と内部のジオラマ（右）

発掘調査の状況と調査でわかったことをジオラマとイラストで再現。あわせて剥ぎ取った地層や出土品も公開する。

3 地域の住民による文化財の保存と活用～吉井地区文化財保存連絡会～

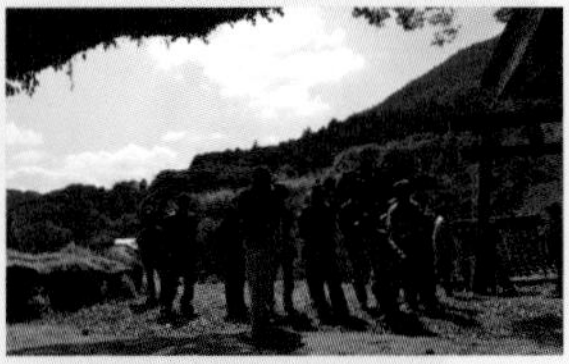

①福井洞窟体験ツアー

④県指定「直谷城主墓石塔群」

②市指定「五蔵池のアキニレ群生地」

③国指定名勝「平戸八景」

福井洞窟のある吉井地区は、文化財の宝庫。地域では清掃・顕彰活動が行われている。

⑤国選択無形民俗文化財「御蔵入」

⑥国選択無形民俗文化財「シシウチ行事」による奉納

4 吉井南・北小学校での出前講座の様子

スマートフォンサイトは
こちらから
https://www.fukuicave.jp/wg/

学習の成果は絵本や映像などの形に残して、「児童自らが地域の魅力を社会に発信すること」を最終的な目標にしている。

■吉井地区の小中学校では、地域の文化財の学習や福井洞窟に特化した学習などを行っている。

5 学会の誘致と展示会

①九州旧石器文化研究会や考古学協会などでの発表や、②展示による発掘調査の報告活動も行っている。

①

②

ます。こうした人と人との繋がりによって個性溢れる地域の魅力が創出され、地域コミュニティもより力強いものとなっていきます。先人から伝わってくる目には見えない重層性がそうさせるのか、やはり文化財にはそうした要素があるように感じます。

遺跡を保存するには、こうした実務的な保護の活動以外にも、法令による保護として史跡に「指定」することがあります。では、出土品はどうでしょう。遺跡が史跡として保存されても出土品（遺物）は別です。出土した遺物は史跡と違って工事などによりなくなったりする危険性は少ないのですが、一定の環境で保存し、その学術的価値を公開するには重要文化財に指定されることが大切です。そこで、調査報告書により学術的価値を定めたものを3年にわたり、文化庁の調査官に調査をいただき文化審議会で諮問いただきました。その結果、「九州西北部における旧石器時代から縄文時代の移行期の石器群の変遷と縄文土器出現期の様相を示すうえで貴重であり、学術的価値を持っている」と認められ、令和2年9月30日に文部科学大臣に指定されました。

三　福井洞窟ミュージアムの挑戦

こうした価値ある資料を適切に保存し、福井洞窟の価値を発信するため、発掘調査で剥ぎ取った地層などを活用して福井洞窟のガイダンス施設を建設することとなりました。総事業費約12億円の大型事業が決定したのです。施設は、コミュニティー施設等と併設です。合併地域を中心としたコミュニティー施設と福井洞窟のための博物館機能を持つものです。これは佐世保市にとっても、施設の老朽化対策や機能を複合化させる少子高齢社会を見据えた全体の施設方針とも合致していました。共用部分に文化庁の補助金を運用できることもメリットですが、特色ある地域づくりの基盤となることも期待していました。ガイダンス施設は史跡の理解を深めるためのものですから、福井洞窟に特化する必要がありましたし、展示内容はミュージアムとしての品格を失うことなく世界に発信するための学術的内容を大切にしました。特に、シンボル展示として発掘調査した状態をジオラマで再現し、現場の臨場感を体感できるように努めました。しかし、それだけでは一般の方々、特に児童らにその価値を理解することは難しいと考えていました。そこで、展示室に加えて、古代の暮らしを体験できる体験室や図書コーナー・情報コーナー、そして展望デッキを設けました。この展望デッキからは、佐々川と福井川の合流地点を見ることができます。実は、施設は史跡福井洞窟から約4キロメートル離れた地点にあたります。合流地点から福井川沿いに上っていくことで、洞窟地形の成り立ちなどをツーリズムとして体感できます。そのため、施設にはレンタサイクルを設け、歴史体験ツアー等の活動拠点として利用することができるのです。いろんな意味でバランスを保ち、メリハリをもった施設になるよう外部委員会からも指導を受け、建設を進めてきました。

本施設は、２０２１年4月28日、名称を「福井洞窟ミュージアム」として産声をあげました。当初の目標としていた入館者数1万人は3か月で達成することができました。これから、地域の皆さんに愛され、史跡福井洞窟の屋台骨としてその価値を発信し続けてもらいたいと考えています。今後、日本一の数を有する市内31箇所の洞窟遺跡が、主要遺跡を中心として、点から線へ、線から面へとつながっていく「洞窟のまち佐世保」を青空に描いています。

そのためには、身近に昔からある文化財が「地域の宝」として愛され続けることが最も大切なことです。また、地域のシンボルである文化財を通して、児童や地域の皆さんが「学び」「交わり」「育む」ことが「文化財の活用」の理想的な姿だとも考えています。何故なら、過去から引き継いだ文化財を保存・継承することが、立場を越えて現代を生きる我々に課せられた責務だからです。そうした思いを紡ぐ歯車の一つに私もなりたいと思っています。

第6章 佐世保の歴史研究の足跡と遺跡

イラスト解説

①旧石器時代にはじめて福井洞窟を訪れた人びとのイラスト。②旧石器時代の氷河期にある寒々しいイメージ。③人類と洞窟が出会った瞬間。何とか助かるために見つけた一家族の状況を描いた。

◎福井洞窟の発掘調査を振り返ろう　☞168・170・172ページ

◎佐世保にはほかにどんな遺跡があるの？　☞180ページ

第6章 1

福井洞窟の発掘調査に参加して

橘 昌信

福井洞窟の第2次・第3次調査に参加する機会を得ました。明治大学の学部3・4年在籍の50年以上も前のことですが、九州島は言うまでもなく日本列島から東アジア地域の後期旧石器時代から新石器時代（縄文時代）への移行期を究明する調査の参加に感激したことは、今でも鮮明に記憶しています。

芹沢長介先生に声をかけていただいたことで実現したのです。実はこの調査以前にも、埼玉県橋立《はしだて》岩陰遺跡や栃木県磯山《いそやま》遺跡の発掘にも参加させていただきました。それに、東京蒲田のご自宅に友人達とお邪魔し、書斎から取り出した報告書や論文を前にして、国内外の最新の調査研究の話をお聞きするなどのご縁もあったのです。

第2次調査は細石刃石器群と土器群の共伴関係、とくに爪形文土器と隆起線文・隆帯文土器との関係性の再確認に重点が置かれていました。一日に4～5センチの深さしか掘り進めない日もあり、慎重な発掘作業が黙々と続いていたのでした。そのような中での隆帯文の土器片を用いた有孔円盤の発見は、調査を大いに盛り上げた印象がありました。私自身も細石刃・細石刃核や草創期の土器片以上に、洞窟で生活を営んでいた人々を特別身近に感じることができた貴重な遺物でした。どの歴史の教科書でも日本史の巻頭を飾っていた旧石器時代の群馬県岩宿《いわじゅく》遺跡。その発見者である相沢忠洋さんと並んで掘ることがありました。以前にもお会いしたことのある方ですが、福井洞窟の調査で相沢さんの「発掘の七つ道具?」を目にしたのです。ブリキ缶を半裁した手作りの「土取り具」は、とくに印象的でした。普段、掘った土は竹製の「テミ」にすくい集めて調査区の外に出すのですが、落石などで掘る場所が狭くなる洞窟では邪魔になり、しかも土をきれいにすくい取れないのです。ところが、ブリキ缶の土取り具はそれらを見事に解消し、細石刃などを対象にした洞窟での細心の発掘ではとくに重宝される優れものと、不思議と感心したのでした。

第3次調査では細石刃石器群の文化層からさらに下位に掘り進み、深くなる7層以下ではバケツに紐を付けた土上げも行いました。力のいる単純作業でしたが、洞窟で人々が住みはじめたのはいつ頃なのか、どのような石器を使っていたのだろうかと、岩盤近くの文化層の有無や出土石器群を確かめることができる大きな楽しみもありました。そして、水が湧きはじめていた5メートル前後の深さの砂礫の地層から、一端が欠けているような安山岩製の両面加工の握《にぎ》り斧《おの》状石器が発見され、調査はピークを迎えた感がありました。私には残念ながら、その石器に対して漠然とした評価しかできなかったようでした。

半世紀前の断片的な記憶や印象ですが、私の福井洞窟調査の参加は、別府大学での先史時代の考古学研究、とくにライフワークの一つである細石器文化に深く関わっていることは確かです。調査後も、倉敷考古館・東北大学、岡山理科大学などで、鎌木義昌先生・芹沢先生などのお世話で出土資料の見学の便宜を計っていただいたのです。そして今もなお、十分な理解に至っていない研究対象として、とても重要で大きな存在の福井洞窟なのです。

そのような福井洞窟は、考古学専攻学生との先史時代の遺跡見学で常に第一候補として挙げてきました。社殿建設で表面は多少削平されていますが、約８０００年前の縄文時代早期の人々と同じ地表面に、さらに十数センチ下には後期旧石器時代から新石器時代への人類の歴史的な転機の生活面が存在している洞窟の空間に身を置く学生の臨場感が、見学のたびに私にも伝わってくるのでした。先史時代の営みを体感できる遺跡は皆無にちかく、斜面に分布する縄文時代の貝塚や復元された竪穴《たてあな》住居ぐらいしか思いつかないのです。ですが福井洞窟はその何倍、何十倍もの迫力で、大昔の人々の暮らしを直接私たちに伝えてくれる貴重な洞窟遺跡なのです。

福井洞窟が考古学の研究者・学生のためだけではなく、佐世保市民・長崎県民は言うに及ばず国民の文化遺産として大切に永く保存され、あらゆる面で活用されることを、発掘調査の参加者の一人として切に願います。

第6章 2

福井洞窟発掘調査の思いで

冨樫 泰時

2013（平成25）年4月に実施された「小林達雄先生イギリス、フランス旧石器・新石器時代ツアー」に参加させていただきました。大袈裟ですが、生きている間にフランスの旧石器時代の壁画のある洞窟などを見学できるとは思っていなかったのが実現したのです。しかし、腰の状態が良くありません。体調を整えるのに苦労し、心配もしましたが、仲間の武藤祐浩氏が一緒に行ってくれることになって参加を決断しました。この旅行団に佐世保市の柳田裕三氏が居ました。そこで調子にのって1963（昭和38）年の福井洞窟発掘調査（第2次調査）に参加した旨を語ってしまったのです。それがこの原稿を書かされることになった原因です。

当時、私は大学4年生で、卒業試験を終えて2月24日に東京駅を出発し、25日早朝九州に入りました。博多駅で乗り換えて佐世保駅で下車し、バスで吉井町の宿舎・久家旅館に到着したのが、14時ころでした。東京からの一行は、芹沢長介先生、相沢忠洋氏、小林達雄先生と私の4人です。その日は発掘する福井洞窟を見、近くの直《なお》谷《や》岩陰などを見てまわりました。

発掘調査は、26日から始まりました。洞窟には中央に稲荷神社があり、今回の発掘地をどこにするか検討され、神社に向かって右側にトレンチ（2×6メートル）を設けて調査することになりました。私と相沢さんは、周囲から遺物が採集できるのではないかと探索しました。その時の様子が『日本の考古学Ⅱ、縄文時代』[1]のグラビアに掲載されている「福井洞穴全景写真」です。

発掘調査がはじまり、担当するブロックで各自慎重に発掘をはじめましたが、最初相沢さんの担当区は自分が見ても遅いなあと感じていました。しかし、数日経てみると、いつの間にか一番調査が進んでおり、しかもきれいなのです。その後、相沢さんの発掘を注意して見ていると、手際がよく丁寧で注意深く、しかも無駄のない動きをしているのがわかりました。この調査で、2層から爪形文土器・細石刃核・細石刃が、3層から隆起線文土器と細石刃核・砂岩製の有孔円版2点・土器破片を利用した有孔円版1点が発見され、その一つを掘り出したのが忘れられません（この層位については、その後再検討されています）。

宿舎には、周辺から採集された旧石器が持ち込まれ、夕食後、芹沢先生はそれらを写真撮影するので私はその照明係をし、また、小林達雄先生らと実測するのが日課となりました。当時の野帳には、その時の実測図があり、牟田辻、分校入口、日の出、馬舞、柏木などの出土地名が記されています。

私は卒業試験を終えてすぐこの調査に出発したので、その結果を友人に電話で問い合わせたところ無事合格との連絡があり、芹沢先生に報告しました。その夜、ちょっと外へ出ようと先生からさそいがあり、お供するとラーメンを食べようとのことでした。食べ終わったら、「富樫君の卒業祝いだ！」と言われてご馳走になったことが忘れられません。

調査は、3月10日に終了し、私は芹沢先生のお供をして木地寺（現．東彼杵町）の井手寿謙氏を訪ね野岳《のだけ》遺跡出土の細石刃核などを調べ、長崎市を訪ね、内藤芳篤先生（当時・長崎大学教授）にお世話になり、そこで芹沢先生と別れ、唐津市に向かい考古学者の松岡史氏を訪ねてお世話になって、九州を後にしました。

この調査に参加させていただいたおかげで、多くの先生方を始め、その後の日本考古学会の牽引者になられた研究者にお会いできました。それが私の大きな財産となったことに感謝しています。

1963年の長崎県福井洞穴遺跡（註1より転載）
左から朝日新聞西日本本社の記者、相沢忠洋氏、筆者

第6章 3

福井洞穴遺跡第2次・第3次発掘参加者のひとりとして

大塚 和義

福井洞窟遺跡の本格的調査は、1960年（昭和35）7月に鎌木義昌、芹沢長介両先生（以下敬称略）の指揮のもとに第1次発掘が開始されました。そして1963年2～3月の第2次調査によって日本列島の土器出現をみた草創期の層序把握をへて、1964年4月に第3次調査で基盤となる河床面の岩盤層に達する発掘で、遺跡における文化層全体の把握が確認されました。ここで、第1～3次調査までを私はとりあえず「第1期」と呼びたいと思います。そしてこのなかで最も重要な調査が、東北大学が中心となった第3次調査なのです。

第3次調査は、発掘面積の広さと深さ約6メートルを数える河床面まで掘り抜いたことによって遺跡の全体像を描けたことが大きな成果のひとつです。それにもまして、第1期発掘当時の東アジア世界において、出土遺物では数量的に1万点を超える最多級の細石刃とその石核・剥片などが出土したことによって、石器製作技法を復元できる良好な資料を得られました。北海道の白滝遺跡で吉崎昌一が発見し、名付けた湧別技法とならぶ石器製作技術を復元できる資料が九州にも存在することが明らかとなりました。しかも、この細石刃出土層に隆起線文や隆帯文を施した土器群が共伴していることが確認できました。さらに少なくとも四つの文化層に大別できる石質や製作技法など、異なる遺物組成の存在が層位学的に把握できました。しかしながら、表土に近い上層に位置する土器と細石刃や細石刃核が共伴する層位までは比較的秩序をもった層位として把握できましたが、その直下の第4層以下は、芹沢長介も述べているように、「錯雑きわまる状況は図示するに困難」な状況でした。

このような混乱する層位は福井洞窟に限らず、洞窟遺跡における層位学的把握は極めて困難な状況が一般的です。ちなみに、シベリアのアルタイ山地にあるデニソワ洞窟やウスチカン洞窟などでも共通しており、天井からの落石や河川の流れ、湧水や雨水などの浸食、また洪水などで洞窟に入り込む大小のおびただしい転石や土砂堆積などによって、数メートルも離れない地点でも同一層位であると断定する根拠を得難い状態がほとんどでした。

このたび、国指定史跡となっている福井洞窟の整備を目的に、「第２期」ともいうべき発掘調査が佐世保市教育委員会を中心に２０１２〜２０１３（平成24〜25）年に行われました。発掘にあたって綿密な計画のもとに最新の記録用機材と発掘区域の土層の崩壊を防ぐために鋼材で補強した安全な環境で行われたこの調査は、第１期とは比べようもないほど精度の高いデータを得られています。その成果がこのたび福井洞窟ミュージアムで展示公開されるにあたり、「第１期」発掘調査についての体験談執筆を佐世保市教育委員会から依頼されました。

およそ50年前の調査地点は、４層以下には直径１メートルを超す巨大な転石や落盤の集積があり、これらの岩石を専門の石工に割ってもらいながら掘り進むという状況でした。また、岩石が風化して砂質の層にも捉えられるものなど、層位認定が困難な例が少なからず存在しました。これらの点から、正確な層位の状況を詳細に図化することを重視するだけでなく、石器の様相（石質・技法・組成など）を根拠に文化層として把握することが重要であるという考えから、芹沢を囲んで調査員は互いに意見を述べあい、最終的な認識の共有を図りました。こうした意見を自由に出し合える環境を作った芹沢のリーダーシップは極めて適切なものであったと思い起こしています。

現在、研究者から最も関心が注がれている点のひとつは、東北大学の調査で得られた河床面からの出土遺物のありようとその実年代、さらに地質学的状況についてでしょう。なぜならば、河床面に接近して両面加工の石斧状の石器と石片が出土しているからです。この石斧状石器こそ、現在でも九州の旧石器時代の遺物としては最古級のものであり、類似した遺跡・遺物が未確認で、近似した文化層の比較研究はできていないのです。当時^{14}C年代測定法が開発され普及が始まったばかりで、その分析を担当した学習院大学の測定値は３１０００年を超える年代値であり、その古さに日本列島に人類が居住していたとして注目されました。現在ではこの年代値は不確定なものとされていますが、石器の型式学的な研究からは、石斧状石器は旧石器時代の所産であることに誤りないでしょう。

河床面層直上には直径１～２センチの小石の多い砂礫層が存在し、なかには直径２～30センチの礫も存在していましたが、この砂礫中から両面加工石器や剥片が採取できました。長崎県教育委員会刊行の『福井洞穴調査報告図録篇』の第25図版と第26図版に掲載されている写真左の斧状の両面加工石器は、深掘した暗い竪穴トレンチからの出土です。そのトレンチは、照度の低い裸電球１個だけであったため薄暗いなかでの発掘は困難を極めました。現場で出土遺物をつぶさに点検する作業はできず、砂や小石、礫などを一括して容器に入れ綱で地上に引き揚げて初めて遺物や土質の様相を確認できる状態でした。したがって、写真の両面加工石器の出土状況は再現された推定位置ですが、層位的には誤りはないことを明記しておきます。この状況は、当時河床面を掘っていた雪田孝にも確認済みです。河床面からは、石器以外にも10個体を超える握りこぶし大の塊の松の根や小枝の小片が、やや亜炭化した状態で採取されています。強調しておきたいのは、この河床面層についてはすべて地上にあげて篩にかけて遺物の有無を確認しましたが、河床直上の砂礫層からは黒曜石が１片の出土も確認できなかったことです。梯子を下りた芹沢が石斧状の両面加工石器を置いて撮影を済ませ、再び地上に戻って間もなく、急に周辺から水が浸み出してたちまちトレンチ内は膝の位置まで濁り水がたまってしまいました。佐世保市教育委員会の発掘地点における最下層周辺の地質学的堆積と文化層の様相は、現地で私が見た限り、東北大学の調査地点とはかなり異なるという印象をもっています。

困難を極めた第３次調査の報告書は刊行されましたが、リーダーをつとめた芹沢・鎌木や、水が湧き出たトレンチに私とともに入った阿部義平、飛高憲雄らはすでに鬼籍に入られました。実際に発掘に参加して実測図や写真などのデータを作成した当時の参加者と、第２期の発掘成果との突き合わせや議論の機会をもつことができればより実りある成果報告となるでしょうが、それも難しい状況になったことが惜しまれます。

子どもが描いた洞窟遺跡など

①

②

③

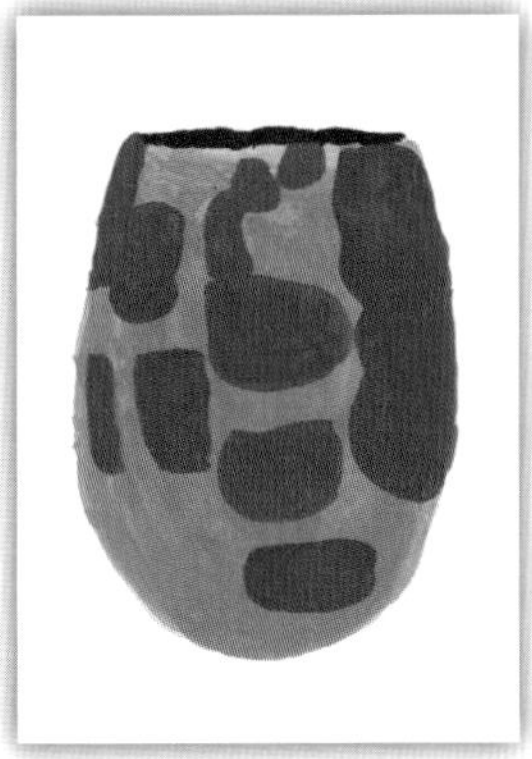
④

⑤

①「眼鏡岩」
市立大塔小学校５年生　狩集 百葉

②「福井洞窟」
吉井北小学校６年生　川原　瞳

③「いろんな土器たち」
花高小学校６年生　山下 鈴乃

④「泉福寺どうくつの豆粒文土器」
相浦小学校４年生　津本 はなよ

⑤「眼鏡岩」
市立中里小学校６年生　後藤 宏志

（平成 30 年当時）

【学校現場からみた佐世保の遺跡】㉔郷土のほこり・福井洞窟

（元吉井北小学校教諭）川﨑 比呂志

福井洞窟の平成における発掘調査の発表に合わせ、佐世保市教育委員会の協力を得ながら、本校の第6学年の総合的な学習の時間で「福井洞窟」について深く学習を進めることにしました。

子どもたち自身が、まず戸惑うのは小学校の社会科の教科書では出てこない旧石器時代という名前。縄文時代以前の時代がどういう時代なのかを、教育委員会からのゲストティーチャーを招いてお話していただきました。

その中で体験した黒曜石での石器作りでは、石器を打ち砕いたり、鹿の角で削ったりする作業に感心しながら、出来上がった黒曜石ナイフの切れ味に驚いていました。体験的な学習を通して福井洞窟に興味をもった子どもたちは、さらに旧石器時代から縄文時代に移行する人々の生活を調べました。

獲物を追い求め、移住生活をする時代に、福井洞窟を中心に近隣の岩陰を利用し、長年、この地に定住するような形で生活していた人々。洞窟内で火を燃やした炉の跡。他地域の黒曜石や海の魚の骨の発見。一つ一つの事実から、当時の生活の様子が浮かび上がってきます。

子どもたちは、調べたことに基づきながら、自分たちの考察や感想をまとめ、市内での報告会や地域に配布するパンフレット作りに取り組みました。

また、今後の福井洞窟の活用を考え、説明板の設置を提案したり、宣伝のための「ゆるキャラ・福井洞くん」を考えたりしました。

ゲストティーチャーが語った「福井洞窟遺跡は、日本でオンリーワンの存在である」という熱い言葉。子どもたちは、学習を進める中で、その言葉の意味を少しずつ理解していきました。

身近にありながら漠然とした存在であった福井洞窟遺跡。学習を通して子どもたちは、自分たちの故郷のほこりであるということを強く思い、郷土への愛情を深める機会となりました。

ゆるキャラ
「福井洞くん」

【学校現場からみた佐世保の遺跡】㉕

「ふるさと吉井」から学ぶ

(元吉井南小学校校長)
松瀬 伸吾

吉井南小学校では2018(平成30)年度、6年生が総合的な学習の時間に、ふるさと吉井の魅力を伝える学習を行いました。子供たちの興味・関心が様々な方向に向かう中、あるグループが、福井洞窟に代表される「史跡」に強い関心を持ちました。

そこで、佐世保市教育委員会の協力を得て、12月13日、6年生全員が福井洞窟見学へと向かいました。

現地で、「福井洞窟は、1万6千年も前の旧石器時代の遺跡である。」、「日本で国の指定を受けた旧石器時代の洞窟遺跡は、福井洞窟だけである。」との説明を受けた際には、思わず顔を見合わせる子供の姿がありました。さらに、実際にイノシシの骨や黒曜石でできた矢じりを手に取ったときの子供たちの驚きと喜びに満ちた表情は忘れられません。現場で直接体験したからこその場面でした。

1万6千年前と説明されても、あまりにも悠久の太古で、子供たちにもおとなにもどのくらいの時間なのか見当がつきません。しかし、わからなくとも、子供たちは、「すごい。」、「びっくりした。」との感想をつづっています。学びへ向かう力の育成に、体験ほど力を持つものはないと改めて思いました。

また、子供たちの感想の中に、「吉井には、とてもすごい歴史があるということがわかりました。」ともありました。これを読み、私はたいへんうれしくなりました。

吉井には、旧石器時代に人々が生活をしていた跡がある。想像もつかないくらい大昔に、この土地で、日々の営みをしていた人がいる。今、自分たちが住んで暮らしているこの吉井の地に、確かな生活があった。このような感覚は、子供たちに、「ふるさと吉井」を誇らしく思う心を醸成するものと確信しています。

子供たちはこれからの人生を吉井で生き抜くかもしれないし、世界に羽ばたくかもしれません。いずれにしても、ふるさとを大事に思い、誇りを持つことが、自分に自信を持ち、豊かに生きることにつながると信じます。

福井洞窟を通じた学習で、子供たちは大きな宝物を手に入れました。

第6章 4

福井洞窟への想い ―吉井エコツーリズムガイド―

和田　隆
（吉井エコツーリズムの会会長）

「福井洞窟」は私の生家に近く、子供のころ洞窟のある稲荷神社の境内は遊び場の一つでした。神社拝殿の床下から、安山岩や黒曜石の剥片を拾い集めたこともあります。当時、それらのもつ意味はわからないまま、洞窟の存在からなにか特別の場所だろう―との漠然とした思いがありました。

稲荷神社では、桜の時期には地区の春祭りがあり、雨天時は洞窟内に花ゴザを敷いて「お籠り」と称する宴会が行われました。秋の「おくんち」ではお旅所として神楽が舞われ、餅撒きなどで賑わいました。このように福井洞窟は、幼少期の私にとって楽しい思い出の場所でした。

昭和30年代に、3回にわたって洞窟内の発掘調査が行われました。その結果、最下層は3万1900年より前の文化層であること、中間層からは多様な石器類や最古級土器片などが出土し、旧石器時代から縄文時代への移行を包含する貴重な遺跡であることが判明しました。そうした調査結果を受け、1978（昭和53）年には国の史跡に指定され、福井洞窟は「郷土の誇り」と思うようになりました。

2005（平成17）年に吉井町は佐世保市と合併し、新市によって福井洞窟の再調査が計画・実施され、その結果、洞窟の形成過程が解明され、4万点に及ぶ出土物とともに四ヵ所の炉跡や石敷き状遺構の発見など、新たに貴重な成果が報告されました。

この調査が始まるころ、私は「吉井エコツーリズムの会」を立ち上げ、会の仲間とともに地域の豊富な文化財等を活用し、内外に紹介する活動を始めました。福井洞窟のある稲荷神社から1キロメートル南には熊野神社があり、その境内の一角に「直谷《なおや》岩陰遺跡」があります。この遺跡も4万年ほど前から数万年もの間ヒトが利用したもので、福井洞窟と並ぶ貴重な遺跡であることが調査の結果わかっています。さらに、二つの神社の中間西方の内裏山には、県指定史跡で中世の山城「直谷城《なおやじょう》跡」（地元では「内裏城」とも呼んでいます。）があり、両神社は直谷城主が陰陽道の「鬼門封じ」のために創建したことがわかっています。

この地域一帯「福井谷」には、ほかにも戦時中に建設された鉄道の3基のコンクリートアーチ橋があり、いずれも竹筋または無筋の構造で、現役であることから、国の有形文化財に指定されています。

これらの資源を中心に毎年「福井谷歴史体験ツアー」を開催し、ほかのツアーも含めて参加者から好評を得ています。ツアーのほかにも、町内8基の石橋の除草や直谷城跡の案内板・説明板の設置や除草作業などを、定期的に行っています。

佐世保市では、福井洞窟発掘調査の集大成として、2021年には「福井洞窟ミュージアム」がオープンし、同施設が吉井地域の振興に役立つことを期待しています。さらに、将来福井洞窟が「特別史跡」に指定され、地域の宝として一層光彩を放つことも期待されます。

幼少期に親しんだ福井洞窟は、青年期には誇らしく思い、壮年期に活用を思い立ち、老境に至ってなお多くの期待を抱かせてくれます。

このように福井洞窟は、私の生涯を通じて「夢」を与え続けてくれる特別な存在なのです。

福井洞窟だけじゃない！佐世保の重要遺跡

松尾 秀昭

約4万年前に人類が日本へ到来し、その最も古い可能性をもつ遺跡が直谷《なおや》岩陰や福井洞窟。その後、縄文時代から弥生時代にかけて利用された洞窟遺跡は31ヵ所以上にも及びます。ただ、彼らのすべてが洞窟に住んでいたわけではありません。実は、佐世保市内には現在、約500ヵ所の遺跡を確認しており、その中には昭和期の太平洋戦争に関連する遺産までも含まれています。佐世保市内には、福井洞窟に代表される旧石器時代から近代までの各時期の遺跡などが、国・県・市の指定文化財として保護、活用されている重要な地域でもあります。ここでは、約500ヵ所の中で各時期の重要な遺跡を紹介しましょう。

1 洞窟遺跡と支石墓【1】

福井洞窟に続く泉福寺《せんぷくじ》洞窟（国史跡）は、市街地北部を流れる相浦川支流域の小谷部にあり、初源期である約15000年前の豆粒文《とうりゅうもん》土器が出土したことで全国的に注目されています。そのほか、この相浦川流域には岩下洞穴や下本山岩陰遺跡（ともに県史跡）など多くの洞窟遺跡が集中しています。これらの洞窟遺跡は、縄文時代早期（約8000年前）の各洞窟の拠点・衛星的な性格の分別化と、縄文時代各時期における拠点遺跡の変遷を辿ることができます。

そのほか、市北部の鹿町町に所在する大野台支石墓群（国史跡）では、A群からF群で構成される約80基の支石墓を検出し、祭祀遺構からは銅矛が出土しています。支石墓は中国大陸に起源をもち、長崎県内では五島列島や島原半島でも発見されています。ヒト・モノの移動や交流に伴って、思想も伝播・受入していたことが推察されています。

2　国内外との交易・貿易地【1・2】

弥生時代の暮らしぶりは、集落や住居跡の発見事例が乏しく、相浦川下流域の門前《もんぜん》遺跡で弥生時代後期～古墳時代初頭（約１８００年前）の住居跡1基が検出されたに過ぎません。このような中にあって住居跡と同時期の墓地群が検出され、朱塗された石棺内からは鉄剣、刀子、ガラス玉などの副葬品が多数出土しています。この地域の遺跡群からは中国・朝鮮半島に影響をもつ生活様式が多数確認されており、中国大陸の先進的な文化をいち早く取り入れていた地域と考えられます。

また、佐世保湾に浮かぶ九十九島の一つ、高島では弥生時代のお墓の遺跡である宮の本遺跡が発見されています。板状の砂岩を利用した石棺内には、良好な状態で人骨が出土し、中には沖縄周辺でしか採集できないイモガイ製貝輪を、装着した埋葬時のままの人骨もあります。同じ形状の貝輪は北海道でも出土していることから、西北九州の弥生人は、それらの輸送に関与していたことが想定されています。

古墳時代から奈良・平安時代の遺跡は激減し、この時期の暮らしぶりはわからないことが多いのですが、佐世保市で唯一、墳丘を持つ古墳が鬼塚古墳です。近年になって詳細な発掘調査を行い、横穴式石室の中からは鉄製の甲冑ほか、鉄鏃や鉄剣、鉄刀など多くの武器類が出土しました。石室内で出土した甲冑は、長崎県では初例であり、五世紀前半の朝鮮半島との緊張状態の中で、大和朝廷に加勢する役割を担っていたと考えられます。

次に市内で遺跡が増加する時期は、平安時代末以降になります。この時期は、中国・朝鮮半島との貿易が活発

縄文時代

史跡・大野台支石墓群

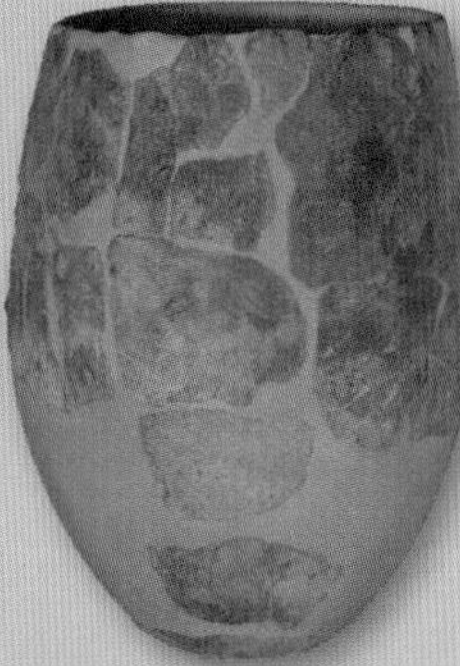

史跡・泉福寺洞窟の豆粒文土器
（国指定重要文化財）

弥生時代

宮の本遺跡（高島）

門前遺跡

古墳時代

鬼塚古墳

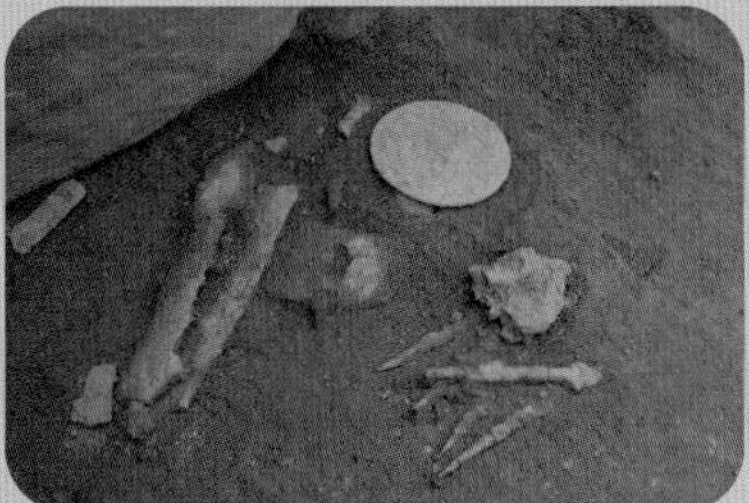

鬼塚古墳出土遺物

古　代

三島山経塚出土品（平安時代）

早岐瀬戸遺跡（江戸時代、港町）

近　世

伝・代官所跡と三つ葉葵大皿（破片）（江戸時代）

近現代

針尾送信所（大正、国指定重要文化財）

化し、それら諸外国との窓口ともいえる立地から、各遺跡で膨大な量の貿易陶磁器が出土しています。先に紹介した門前遺跡では、11世紀中頃から13世紀にかけての貿易陶磁器とともに、備前や畿内などの国内各地の陶器類が出土していることから、ヒトとモノが介す一大集散地であったのだろうとも考えられます。その後、戦国の世となり、佐世保を領有した宗家松浦家や平戸松浦氏を中心とした築城された城館は50ヵ所を超えます。福井洞窟の南西にある直谷城《なおやじょう》は、自然断崖を巧みに利用した城で、平場や堀切、土塁など多くの遺構が今でも確認でき、多くの方々に見学されています。

3　平戸往還と三川内焼

佐世保市は、江戸時代には平戸藩に属し、長崎とをつなぐ平戸往還が整備されます。それまで主な交通手段は海路でしたが、参勤交代などのために整備された平戸往還は、さらに物流の拡大にも効果的でした。このような背景で確立したのが、肥前陶磁の一つである三川内焼です。朝鮮陶工を祖にもつ三川内焼は、江戸時代前半には磁器の生産に成功し、国内流通と国外輸出を行い、逼迫する藩財政の貴重な収入源としても重要でした。三川内皿山に残る三川内東窯跡は全長１２０メートルと長い登り窯で、藩主への献上品と商用品を同時に焼成しています。藩主への献上の前に検品を行った代官所の発掘調査では、多くの焼成不良の磁器が廃棄されていました。中には、江戸幕府へ献上するはずであった三ツ葉の葵紋が描かれた皿も出土しています。

4　近代の遺産も遺跡

江戸時代には交通網整備や肥前磁器で一部の繁栄がありましたが、現在の市街地は古絵図に「寒村」と記されています。この「寒村」が一気に「市」へと発展したのは、１８８９(明治22)年の日本海軍佐世保鎮守府の開庁が契機となります。鎮守府の開庁は、国防施設の建設とともにインフラ整備が急速に進み、人口も爆発的に増加しました。当時の国防施設等は、現在では、市街地に同化したり、郊外に静かに佇む建造物として多くの観光客で賑わっています。この中にあって国内で現存する最古の通信施設であり、佐世保市を代表する針尾送信所は重要文化財に指定されています。敷地面積4.6ヘクタール内には１３６メートルの鉄筋コンクリート製無線塔が３基、電信室、油庫などの建造物群があり、遺跡としての性格も併せ持っていることから、新たな発見も発掘調査で明らかになってきています。

最近まで、「佐世保の歴史は洞窟遺跡があるけど、その後は明治時代からしかない！」と言われ続けてきました。しかし、近年の発掘調査やその他の研究成果により、旧石器時代から連綿と途絶えることなく続いてきた佐世保の歴史が見えはじめてきました。「洞窟遺跡日本一のまち佐世保」を周知啓発するとともに、各時代の遺跡にもスポットを当て、将来的に、新たな佐世保の展望が開けるよう調査と研究を進めていきます。

付録 ぶっちゃけ福井洞窟トーク

柳田 裕三

このコーナーは、福井洞窟の整備事業の始まりから発掘調査、報告書の刊行、そして、その後の整備について調査担当者の目線で現場の裏話を紹介します。

ぶっちゃけ❶ 再発掘調査に至るまで

福井洞窟の再整備は、2005（平成17）年の旧吉井町と佐世保市の合併事業に伴うもので、私の前任者だった久村貞男さん（当時副理事）と先輩の川内野篤さんが担当していました。久村さんは麻生優先生に師事し、佐世保市の文化財行政の地盤を築かれた方で、この事業の立案者でもありました。

文化庁との協議　2008年度に採用となった私がその後の福井洞窟の業務を引き継ぐことになり、間もなくして文化庁での協議を行うことになりました。協議の内容は、『整備計画と発掘調査による現状変更』についてでした。

初めて文化庁に行く三十路になったばかりの私は、地方の職員にとって年1回あるかないかという文化庁での協議に幾分胸躍る気持ちもありました。しかし、中に入ると、空気は一変していました。3部門の調査官4～5人に囲まれる形となり、凍り付いた空気の中、発掘調査による現状変更の説明をしました。だんだんと調査官の顔

1　発掘調査の開始（2012年）

発掘調査の報道発表
（右：永元太郎教育長と左：小林達雄委員長）

調査指導
（上：東北大学大学院　阿子島香氏と鹿又喜隆氏
下：倉敷考古館　間壁忠彦氏、葭子氏）

2　福井洞窟整備検討委員会の様子（2012 年）

3　現地説明会（2012 年）

あいにくの雨だったが、一般向けと専門家向けに　分けて開催した。

（2021 年開館）

4　史跡の活用（2018 年）

史跡整備後の福井洞窟と福井洞窟ミュージアムイメージパース（右上）

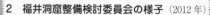

が曇りだしました。「よくわからないが、何か大変なことを計画しているようだ…。」と感じました。

史跡を発掘調査することによる現状変更の意味も深くは理解せず、学術内容を解明すべきという熱い気持ちが火に油を注ぐようだったのかもしれません。あの鬼のような調査官の顔は、その後も忘れることのできないものでした（笑）。

それから、調査官との長いお付き合いが始まりました。協議の中で、一つ一つ課題が浮かびあがり、その課題を克服すると、さらに次の課題。一歩進んだと思っても、また止まることもありました。発掘調査に関する協議だけでも5回、福井洞窟整備検討委員会では12回に及ぶ審議を行いました。発掘調査にGoサインをもらったのは、文化庁での協議でした。東日本大震災明けの月曜日で、東京はまだ騒然としていたのを覚えています。

結果的には、震災の影響もあり、発掘調査は当初の計画から2年近く延期されました。しかし、その間入念な準備が出来たからこそ、誰からも非難されることのないような調査計画と体制が整えられたと考えています。

ぶっちゃけ❷ 発掘調査での出来事

福井洞窟は偉大　私は佐世保市に入庁するまで洞窟遺跡を調査したことはありませんでした。そんな私を気遣ってか先輩の久村さんが市内の岩陰遺跡の発掘調査を発案し、事前に岩陰遺跡の調査を行うなど入念な準備をしたつもりでした。しかし、福井洞窟の再発掘調査の大変さは計り知れないものでした。半世紀に及ぶ学史、重厚な包含層、洞窟ならではの変形した地層、そして、誰も想定していない未知の包含層。それまで南九州の明瞭な火山灰層序での調査に携わっていた私には、どれもが非常に難解でした。

地質学の西山賢一先生や辻本裕也さんには、何度も現場で質問や疑問をぶつけては、地層の線を引き直しました。砂とシルトの違いがわからず、「噛んでジャリジャリしないのが泥だよ」と冗談交じりに教えられると、土を食べて地層を分類してみることもありました。土は全然旨くはありませんが、これまで学んだことを一から改めて勉強しないといけないという危機感と学恩への使命感がありました。

集う研究者

調査中は早朝の市職員が出勤する前に現場に向かい、朝から準備に追われ、日中は通常の調査と以前の調査との対比や最新の各分野の調査研究者への対応、日々があっというまに過ぎていきました。日程の調整をメールなどで行うことも多く、夕刻に役所に戻ってから通常の事務で御前様の毎日でした。正直、地獄のようでした。

調査には以前の発掘調査に携わった大学の先生方もご来訪いただき、沢山の資料をご提供いただきました。私も学史に触れるような思いがしました。再発掘調査は安全なプレートを設置しての調査でしたが、以前は素掘りで6メートルを裸電球だけで調査したことや芹沢長介先生や鎌木義昌先生のお人柄など多くのことを教えて頂きました。先生方には昼も夜もお世話になることが多く、家族にも心配されました。この頃、発達障がいのある長女に成長液の自宅注射がはじまり、家族への負担も多く、申し訳なく感じていました。

一方で、次のようなことが励みとなりました。それは、福井洞窟の知名度、来訪する著名な研究者の多さでした。現地説明会も専門家と一般とに分けて開催するほどでした。大型バスで来訪される博物館の友の会や韓国や英国の研究者も来られ、合計2千名ぐらいの来訪者となりました。

ぶっちゃけ③ 福井洞窟整備検討委員会

国史跡は大変

福井洞窟の発掘調査は、6メートルの直掘りの調査の安全性を図れるか、壁から伝う雨水への対策など頭を抱えることもありましたが、やはり、神経を磨り減らしたのは学史にかかる学術的成果と史跡としての保存の調整でした。具体的には、現状変更の範囲をどう捉えるのか、計画した発掘調査の成果をどう図るのか、現場で悩む日々も多くありました。実は、そうしたことで途中、中断をしたこともありました。

そんな時に後押ししてくれたのが、福井洞窟整備検討委員会の先生方であり、文化庁の調査官でした。当時、髭のある調査官は現場に3度も来訪いただき、埋蔵部門福井洞窟調査（現場）に携わっていただいた方々に語っていただきました。

柳田裕三さん
（佐世保市）

野口一雄さん
（発掘作業員）

発掘作業に携わって、はや数年の年月が経ちました。ここ福井洞窟の発掘調査に携わることができ非常にうれしく思います。発掘ではいろいろな物が多く出てきました。
また、発掘作業ではいろいろな道具を使って発掘作業を行いました。お百姓さんには、鋤、鍬、今ではトラクターやコンバインと機械が多く作られていますが、ここ発掘作業では、スコップ、移植ごて、ネジリ鎌などなど、小道具による手掘りが主です。また、遺物に傷つけぬよう、竹ベラに至っては細く滑らかにカーブをつけた手作りのものまであります。さらに驚くことにお玉（掬うもの）まであります。そのお玉が力を発揮するのは、岩と岩の間、狭い所、手が入りにくい場所です。そこをとんぼ返りで掘るとき、その泥をお玉で掬うのです。（上手くできた時は、たまらんです）。土器や石器、矢じりなどなど、その他に炉跡も出てきました。我々のご先祖がどのように暮らしていたのか、生活状況などの解明がなされることと思います。歴史の解明にいくらかでもお手伝いができたらなと一人思ったものです。

朝から晩までダジャレが止まらない野口さん。明るい話題といつもご提供いただきありがとうございます。石鏃が見つかると「私の鏃、ヤジリの私」。鉄板ですね！

いつも綺麗に壁の清掃をいただく松岡さん、福井洞窟の調査はいかがだったでしょうか？

松岡安浩さん
（発掘作業員）

洞窟の発掘調査に作業員として参加できたこと、まずもって感謝申し上げます。改めて思い返すと発掘も上層から下層まで何百点もの遺物が出土し、終盤にさしかかった時、全体の地層が現われ、改めて古代人の生活が、現代とはまったく違う不自由で、しかも時の流れの遅いゆったりとした生活であったかと空想にふけっておりました。また、古代人の不自由な生活からの脱却が、今日の文明生活の礎を作り上げたのではないかなぁと思い知らされ、今日一日を感謝しながら生活しております。柳田先生もいろいろ事後処理で繁忙でしょうが、前進のみで今後とも頑張って下さい！

応援ありがとうございます！スーパーシルバーの皆さんのおかげで佐世保の発掘現場は何とかなっています。個性派ぞろいで頼もしいかぎりです。これからもお身体を大切に！頑張ってください (^^)/

ハンマー
高山さん
（整理作業員）

私は、図面作成と写真撮影を担当させてもらいました。とくに印象に残っているのが、写真撮影を任せてもらったことです。柳田さんはとても忙しく写真まで手が回らなかったみたいです。児童館の３階で暗幕を張り、真っ暗な中で、真夏の昼間、クーラーをかけてもじわじわ汗をかくぐらいでした。そんな暗闇の中での細石刃の撮影は、骨がおれました。ちゃんと並べて撮影しても、必ず２、３個、裏と表が逆になっていたり、上下逆になっていたり……。そんなこんなの繰り返しでした。初めてのことで少々戸惑いましたが、とても勉強になりました。

いつも緻密な作業をありがとうございます！写真の撮影もお疲れさまでした。ライティングも上手くいかずに何度も取り直しでしたね。もう１回します？もうヨカですね。途方もない作業は今も続いていますが、今後ともよろしくお願いします。

福井洞窟調査への参加は、古代の生活がどのようになっていたのか、道具の発見、作り方、食べ物の種類など、興味深いものがありました。また、遺物の洗浄では黒曜石の尖ったところで、手袋を破いたり、手を傷つけたり、土器の洗浄では、土器とわからずブラシで洗って、栁田さんに怒られ、ハケで洗って下さいと言われました。すると、どうでしょう、いろいろな模様、縄目や爪形などがでてきて、とても素晴らしい体験でした。安山岩の洗浄では、洗っても洗っても白っぽくて、なかなか綺麗にならず大変でした。また、斧や矢じりなども発掘できて、何に使っていたのかがいろいろと想像できて楽しく思います。びっくりしたのは、黒曜石が何個も接合できたことでした。発掘に関しては、栁田さんは身を削るような思いで頑張っておられ、文化庁との間も大変でした。本当にお疲れさまでした。感謝の気持ちでいっぱいです。

和田富子さん
（発掘作業員）

いつもサポートありがとうございます！６トンの土をよく洗っていただき、選別までお疲れさまでした。濱田さんとは名コンビで助けていただいています。「土器キャ？」とたまに聞く佐世保弁（吉井弁？）、が場を和ましてくれますね。今後ともよろしくお願いします。

長年、サポートいただいた近藤さんも退職されてしまいましたが、思い出をお願いします！

安山岩の洗浄は、洗っても洗っても水は濁るし、石には土が付着しているし、洗いの終わりがわかりませんでした。挙句の果てには、ブラシがすぐ磨り減ってしまい大変でした。「この作業の目的は、今はない古代の花を見つけることです」と、少年のように目をキラキラさせて指示をした栁田さん。そんな栁田さんの夢を実現すべく、何万トンもの砂の粒の中から種子を探す作業の日々が続きました……。そんなある日、報告書の印刷の期日が近い栁田さんが一人昼休みにどんぐりを拾うという現実逃避に走っていました。当時は大変でしたが、それもよき思い出です。

近藤祐子さん
（整理作業員）

７万点近く洗いましたね。お疲れ様です。私はどんぐり大好きです。拾うだけで幸せになります。いつか商売までなるとよいのですが…。

井樋君も一言お願いします。

私は大学生の長期休暇時に、福井洞窟調査の整理作業に参加しました。最初は石器の実測をしてみたいというお願いを聞いていただき実測をさせてもらいましたが、想像していた以上に難しく、細石刃１つを描き上げるのに１日では終わらなかったことを覚えています。佐世保市の職員の方々や同じように石器の実測をされていた作業員の方々にご教授していただき、少しずつではありましたが描けるようになり、自分の描いた石器を卒業論文の資料としても使わせていただきました。
当時は石器を実測することに夢中になっていましたが、福井洞窟という重要な遺跡から出土した石器を描かせてもらっていたと思うと、大変貴重な体験をさせていただいたと今になって痛感しています。また周りの方々に教えていただいたことは、その後自分自身が文化財に携わる立場になってからも、自分の武器として活かすことができています。福井洞窟の整理作業に少しでも関わらせていただいたことに感謝しております。本当にありがとうございました。

朝倉市教育委員会
井樋豪太さん

学生だったのに、立派な社会人らしい話を…。
遺跡は人を育てるのですね〜。…俺もか。

の最多指導記録になったそうです。そのほか、各部門の調査官に現地にて指導を頂く機会に恵まれました。立場は違っても、「埋文」という名の下に集えるいい業界だと感じました。

福井洞窟の調査内容や整備の内容は、福井洞窟整備検討委員会に諮って進めてきました。調査中には、通常委員に加えて人類学の海部陽介先生（当時国立科学博物館）など多くの専門研究者にも加わっていただきました。時には、発掘調査の現場で、文化庁を巻き込んで喧々諤々の議論を行うこともありましたし、昼夜問わず叱咤激励を頂くこともありました。しかし、その根底にあるのは学問への純粋な眼差しだと感じていました。先生方のおかげで学問の楽しさも辛さも学ぶことができ、人として幾分成長できたように思います。

ぶっちゃけ❹ 発掘調査報告書

報告書の刊行

発掘調査から2ヵ年の後、調査報告書の刊行にこぎつけました。6トンの土の水洗作業や接合作業、分布図の見直しと、途方もない整理作業にいつ終わりを迎えるのだろうと、不安もありました。この頃には、現場作業がない分、ほかの遺跡の緊急発掘作業や一般事務が増えてきました。また、今後の整備事業の立案も並行して行いました。

せっかく、発掘調査中に8キロほど痩せたのに、ストレスで10キロほど太りました。夜飲みすぎたある日、ストレスで布団を叩いたつもりが次女のお尻を叩いてしまったことを今でも子供にいわれます…。

整備検討委員会の先生方には、専門部会も加え、調査報告書の刊行に向けて研究会も開催いただくなど大変な審議を繰り返し行っていただきました。また、職場の同僚の皆さんには、何度も調査報告書のチェックをいただき、まさに佐世保市教育委員会文化財担当者の総力戦で出来上がりました。

日本考古学協会での図書販売の際、溶けるように調査報告書がなくなり、予約まで殺到し、皆で喜びました。刊行後、委員長の小林達雄先生に「日本が誇るべき調査報告書となり、指定をされているものではないけども発掘調査報告書十選の中に選ばれる優れたものとなり、事務局のご苦労を労いたい」と委員会の場でお言葉を頂いたことが今でも思い出されます。

ぶっちゃけ5 調査成果を整備に活かす

史跡整備へ　再発掘調査は元々史跡整備の一環として行っていましたので、当然のことながら調査報告書の刊行はゴールではありませんでした。この成果を如何に整備に活かすかが重要であり、さらに行政的ハードルの高いものが待っていました。

しかし、発掘調査の成果が報道され、また調査内容が報告書により刊行されると期を同じくして、地域住民から福井洞窟ガイダンス施設の建設への要望が市に提出されたことをきっかけとして、老朽化した既存の公共施設（コミュニティー施設）の再編と合わせて検討を進めることとなりました。

地元の機運の高まりと共に市役所内部の各部門の担当者からなるワーキンググループを設置し、副委員長で博物館学や学芸業務に造詣の深い下川達彌先生にご指導を頂きながら「福井洞窟ガイダンス施設（仮称）基本構想」の素地が出来上がりました。その後、整備検討委員会で検討され、施設の構想と計画が市の方針として定められ、建設事業が始まりました。

史跡整備の次　2019年3月には現地の史跡整備が完成し、2021年春の「福井洞窟ミュージアム」の開館に向けて展示制作や準備に追われる日々でした。事前に小林先生のご配慮で英仏の新石器旧石器遺跡も視察でき、目指す姿がみえてきました。郷里の両親にも支援頂き、職場のカンパや壮行会もあり感謝の言葉もありません。発掘調査で洞窟の中に降り立った感動を見学者に味わっていただくよう、先生方に何度も指導を頂きました。2021年福井洞窟ミュージアムが開館しました。平成に計画した福井洞窟の短期整備が完了しました。久村さんから引き継いだ事業もようやく一区切りです。そして、それも新たなスタートでした。こうした駅伝が続いていますが、私も次の方にバトンをつなげるように、次の方が同じ苦労をしなくて済むように、さらにより良い文化が佐世保に根付くように、努力していきたいと思います。

人類史の中の洞窟

小林 達雄

1 洞窟

洞窟は、世界各地に点在します。石灰洞、風穴、海、河川の浸食穴そのほかの成因があります。規模や形状などさまざまです。古今東西、人間はこれに目をつけ、これはめっけものと合点して見逃すことなく利用しました。一時的な雨宿りから長期にわたる居住の場、あるいは貯蔵所、墓所、拝所、聖所、ランドマークなど多種多様です。

とにかく、労せずして屋根付きの空間を確保できる天与の賜物です。しかし、どこにでも万遍なく存在するというものではなく、地域や数に限りがあるので、自ら洞窟遺跡は少数にとどまらざるを得ないのです。旧石器時代にもあるにはありますが、稀な理由の一つです。そして、洞窟はその場を動かないので、遊動的生活には不向きなのです。カタツムリが殻を背負って移動できるのとはわけが違うから悩ましいものです。

だから日本列島の旧石器時代の洞窟遺跡が稀なのです。少ないながらも長崎県福井洞窟や直谷《なおや》岩陰に代表され、石器と石器製作にかかわる剥片類が出土しています。居住の場として利用された証拠です。青森県尻労安部洞窟では、ウサギなどの動物とナイフ形石器が一緒に見つかっていて、ハンティングキャンプ地として旧石器人が洞窟を利用していたことがわかっています。北海道北見市美里洞窟からは台形石器が一点発見されています[1]。持ち歩いて、洞窟で一休みした旧石器人の忘れ物、落し物であって、長期滞在あるいは日常生活の場ではなかったことを示唆しています。継続して調査中である沖縄では、サキタリ洞の発掘により進展が見られています。人骨に加え、貝を使った利器が見つかっているのです。石材に乏しい環境に適応し、豊富な資源である海産物から道具を作り出す旧石器人の様子が見えはじめています。とくに、世界最古の釣針は登場した時から道具としての

用途が明確な形をしていて、今後の展開が期待されます。そのほか、沖縄には、石灰洞や石灰岩の亀裂に絶滅種の鹿の骨とともに人骨が発見された山下洞穴や港川洞穴などがあります。いずれからも化石人骨だけで、石器などの道具はこれまでに一切認められていません。生活の場というよりも、亀裂に流れ込んだ堆積土に含まれたものと思われます。このように、旧石器人は洞窟との馴染みが薄かった故に、洞窟への関心も低く、積極的な接近を試みることもせず、あたら恰好な洞窟を見過ごしてしまったというわけです。

ところが、縄文時代開幕当初の草創期には、この洞窟事業に異変が興りました。新時代縄文人は、それまでの旧石器人が洞窟によそよそしい素振りであったのに、一転して、洞窟に熱い眼差しをむけるようになったのです。長崎県福井洞窟は引き続き居住の場として、最古の縄文土器とともに細石刃や石器製作に伴う剥片が大量に遺されました。そして長崎県には、泉福寺《せんぷくじ》洞窟も加わり、さらに四国の愛媛県上黒岩《かみくろいわ》、広島県帝釈峡《たいしゃくきょう》、愛知県嵩山蛇穴《すせじゃあな》、埼玉県橋立《はしだて》、長野県鳥羽山《とばやま》・石小屋《いしごや》、新潟県小瀬ヶ沢《こせがさわ》・室谷《むろや》・黒姫《くろひめ》、山形県日向《ひなた》・一の沢・火箱岩《ひばこいわ》、栃木県大谷寺《おおやじ》など、いずれも土器と大量の石器群、剥片類を含み、相当期間の生活拠点であったことを示しています。依然として洞窟遺跡が爆発的に増加したわけではないのですが、もともと洞窟自体が少ない状況においては、縄文人の目に止まった適当な洞窟には率先して入居に及んだことを物語っています。しかも、上黒岩や石小屋などは内部の空間も狭い小規模なものであり、洞窟とは名ばかり雨露を凌ぐのさえままならない程度です。縄文人は、旧石器人とは異なって、心情的に洞窟に魅かれるようになったのでもあろうかという様変わりです。

しかし、実際には心変わりした結果でなく、まさに時代の変化に呼応するものでした。つまり、旧石器時代の遊動的生活様式にあっては、便利な洞窟といえども特定の場所に固定して動かないのでは融通のきかないこと甚だしく、横目で眺めながらも居住の場としては諦めざるを得なかったのです。ところが縄文の新時代では、恰好な洞窟を拠点とする生活が可能となったのです。換言すれば、場所にへばりついていた不動の洞窟が利用できる状況が整ったのです。遊動的生活様式との訣別を意味する新しい地平が開かれ、洞窟は定住的生活に踏み出す橋頭堡となったのです[2]。それを可能にしたのは、居住の場所を取り囲むハラの中の多種多様な食料資源の開発が進み、安定した食糧事情を保障されるにいたったからです。いわゆる縄文姿勢方針[3]の効果の表れに他なりません。

2　洞窟放れ

定住生活は洞窟を拠点とすることを可能にしましたが、一方では厄介な問題を抱え込むことになりました。居住当初は、旧石器時代以来の一家族か、せいぜい三家族程度の集団にすぎず、洞窟空間でも間に合っていたのですが、それ以上の家族の増加を賄うことができない事態が生じてきました。岩壁をはつって拡張するのは事実上不可能であり、洞床を整地しても大幅な床面積の拡張は望むべくもありません。窮屈から抜け出ようとするのであれば、もはや洞窟にとどまるわけにはいかない、もはやこれまで、馴れ親しんできた洞窟との別れの時を迎えることとなりました。洞窟生活に飽き、嫌になったからではありません。縄文的定住生活が軌道にのるにつれ、寄り集う通常の集団は複数家族となり、洞窟面積では収容しきれなくなったのです。

けれども、洞窟との縁を完全に断ち切ったわけではありません。寝起きをはじめとする日常的な生活の場としては洞窟を見限らざるを得なかったのですが、雨宿りなどの一時的あるいはムラから遠出した狩猟基地（キャンプサイト）や仮泊地など断続的な利用があったと思われます。とくに、死者の埋葬墓地としての利用は注目されます。ある意味では、洞窟が死者の世界に通ずる聖性を備えた新しい場所性を獲得したという意味をもつに至ったというわけです。この機能は、愛媛県上黒岩や長崎県岩下、群馬県居家以《いやい》、長野県栃原《とちばら》などの早期例にはじまり、新潟県室谷の前期を経て、鹿児島県黒川洞窟などの晩期へと各地に広く認められます。埋葬方法も特異で、居家以岩陰の埋葬では上半身と下半身が切断され埋葬されています。切断埋葬は大分県枌でも見られ注目されます。日常性を越えた世界観にかかわる問題として重要です。このような洞窟に死者を埋葬する習俗はさらに弥生時代、古墳時代以降もみられ、その観念は南西諸島の崖葬墓とも一部共通するものであったでしょう。

ところで、洞窟にかかわる縄文人の観念は、縄文人の独りよがりの一方的な思いこみです。このことは動かし難い事実です。しかし、この伝でゆけば、縄文人がそうと思い、信念を抱きさえすれば、あのたかが鰯の頭でさえも信心の対象となるということを是認することになるのか。そうではありません。洞窟を鰯《いわし》の頭と同列にみるのは誤りです。やはり、鰯の頭は大方の常識通り、ごくつつまらないものであることはたしかです。けれども洞窟は別格です。単なる依怙贔屓で言うものではありません。まず第一に、洞窟はどこにでもあるというものではなく、洞窟に遭遇する機会は求めさえすれば即実現できることではないのです。それだけの希少価値があります。第二に、洞窟という形態は比類ない性格をもつ。壁にぽっかり開いた穴のとば口に立つと、その風格に特別な感情をかき立てられます。それだけ洞窟成る形態の存在そのものに、えも言われぬ力が籠っているのです。第三は、洞窟には穴があるという第一義的な特色に加えて、物理的な形態とは直接関係しませんが、その形態が醸し出す不思議な力＝オーラを放っています。[4] そそり立つ壁の岩肌もまたオーラ放出に与って大いに力があったとみられます。このオーラは洞窟にとっては第二義的ではありますが、場所の選定に際して極めて重要な判断基準となるでしょう。つまり洞窟の場所性には物理的属性だけでなく、洞窟が放つオーラの力が強くかかわるものであったことがわかります。まさにオーラは縄文人の心性に訴え、魅きつけ、縄文人の観念を喚起することさえあったのです。洞窟のオーラは、現代のパワースポットとしても生きており、群馬県榛名神社その他多数の例をみることができます。

3　平地への進出

縄文人にとって魅力あふれる洞窟ではありましたが、居住の場としては継続して利用することができず、改めて平地＝オープンフィールドへと飛び出すことになりました。こうして広々と新天地を舞台とする新局面がはじまったのです。縄文人の眼に映る大地は、ココからアソコへ、さらに遠くのカナタにまで無限に広がり、さまざまな特徴をもつ場所が地の果てまで連なってゆくのです。換言すれば、縄文人の眼前に広がる大地は、それぞれに特徴を持つ部分の集合体なのです。

縄文人がある行動あるいは目的を意識すると、それに見合った特徴的な部分を全体の中から探し出します。その部分は単なる地点でなく、縄文人と関係する場所なのです。そしてその場所になんらかの痕跡をとどめたのが遺跡です。各遺跡は行動の結果の産物です。しかし、遺跡のあり様から前提となる行動の内容を直接推し量ることは容易でありません。むしろ到底知り尽くし得ない限界をこそ承知せねばならないのです。個々の遺跡に関係した内容を具体的には把握できないが、おおよそ理解は可能です。その可能性に接近を試みる。それが考古学スルということなのです。

4 遺跡の再生

保存遺跡は、確かに学術的価値の高い文化遺産、歴史遺産です。だからこそおさおさ怠りなく眼配りして、重要な遺跡は次々に史跡指定などによって保存策を講じてゆく必要があります。遺跡は一定の土地面積を占めます。土地は有限で、さまざまな目的による土地の囲い込みが進行しています。となれば、保存遺跡への割り当て分の確保が次第に厳しくなること必定、悩ましい問題です。保存遺跡が、ただいたずらに場所を占拠するだけに終始していては、他の土地利用側から圧迫され、邪魔立てされかねません。これに対抗するには力が必要です。学術的な価値、文化遺産、歴史遺産というだけでは周囲の圧力をはね返すにはあまりに弱いのです。ここに古文書や典籍、工芸品とは異なる遺跡独特の性格を改めて注目すべきです。うかうかしていると見落としがちな力が遺跡には潜在しているのです。

遺跡は、単に一定面積を排他的に占拠するのではありません。遺跡は単独に存在するのではなく、現代の人々は保存遺跡に改めて向き合い関係します。その関係の中から場所性が生み出されます。人々との密接な関わり合いを創造するのです。その場所への親しみを覚え、やがて場所愛へと昇華される。場所愛トポフィリア[5]は生活空間を潤し、懐かしさ、安らぎ、くつろぎを与えてくれるのです。物理的な面積の広さとの関係ではなく、遺跡の場所と心との結びつきです。物理的な繋がりだけではないからこそ、どうしようもないこだわりの心を強め、ひいては遺跡との関係を通して自分意識、アイデンティティの確立を促すのです。

場所性は人間の側の意識です。そのためには、遺跡もまた正体を包み隠さず明らかにしなければなりません。知らない人間なんぞには関心を抱くことはできないではありませんか。正体不明の場所には場所愛は生まれないのです。遺跡の正体を余さず知られなくてはならないわけではありませんが、少なくとも最小限の概要が理解されねばなりません。それが、それ相応の発掘が必要とされる所以なのです。ただその遺跡の規模が大きい、遺物量が豊富というだけでは不十分なのです。例えば、環状列石なら、最低限の形態、そして配石の下の土坑の有無についての情報を抜きにして、内容、性格の概要すら知ることはできないのです。保存が担保されればよし、それ以上の発掘は避けるべきだという哲学があるにはありますが、著者は与することは到底できないのです。あのイギリス先史時代を代表する世界遺産ストーンヘンジは幾度となく、複数の研究者の発掘がありました。四期に大別される造営や墓との関係などが判明し、その内容を踏まえて我々現代人は進んで接近し、心を寄せることができるのです。

遺跡の保存は、文化遺産、歴史遺産としての財産としてただひたすら保全し、後世に継承すればよいというのではありません。タンス預金ではなく、効果的な活用によって初めて財産は人と結んで存在価値を発揮するのです。遺跡の行末は、現代の我々の取り組み姿勢そのものなのです[6]。

おわりに

まずは本書を手にとっていただき、ありがとうございます。史跡 福井洞窟を保護し、継承するためには、地域住民をはじめ多くの方に福井洞窟のことを知っていただくことが最も大切なことだと常々感じています。

本書は、福井洞窟の再発掘調査とその学術調査報告書の刊行がきっかけとなって発刊したものです。

２０１６（平成28）年、発掘調査と調査報告書の刊行を契機に『ここまでわかった！福井洞窟』と題した佐世保市での記念シンポジウムを開催した時でした。児童の学習発表や歌に多くの方が感動されていました。その一方、討論会の席上、文化庁におられた水ノ江和同さんから「考古学研究者は福井洞窟のことを良くご存知かもしれません。だけど、東京にいると佐世保市と言えば佐世保バーガー、ハウステンボスは良く耳にしますが、福井洞窟はなかなか聞こえてこない。さらに、地域から広く全国に発信する必要があります。」と激励混じりのご助言がありました。調査担当者としては、「史跡の持つ可能性」への期待感をもつ一方で、「熱が冷めると世の中に埋もれてしまうかもしれない」という危機感と「自分が報いなければならない」という責任感が増幅されていきました。

１９６０（昭和35）年の第1次発掘調査から半世紀以上経過した２０１２年2月に、再発掘調査を同じ第1トレンチで開始しました。発掘調査の時は、福井洞窟という学史的史跡という重圧と保存目的調査における未体験への不安、複雑な地層や未知の包含層と遺構への対処、外部委員会と国との調整、6メートルを直掘りする発掘

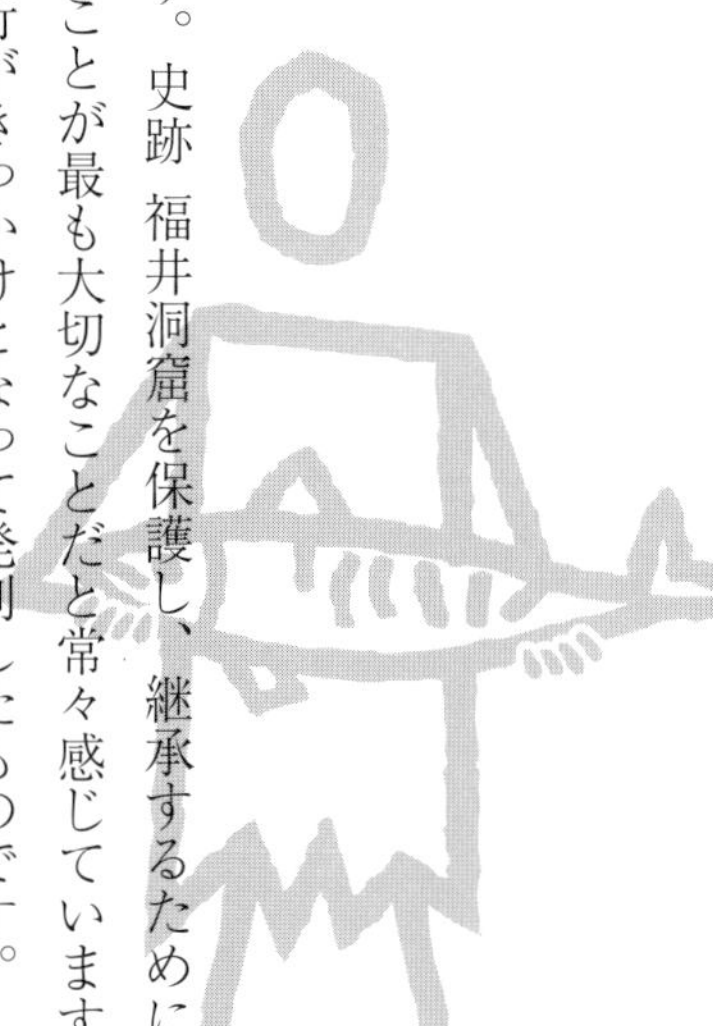

現場の安全管理、これまでにない莫大な経費から期間内での調査完了という焦りが常につきまとっていました。言葉にできない重圧や過酷な現場作業は、そのうち私から笑顔と言葉を取り去り、眉間の皺だけが残っていきました。

しかし、難題にぶつかるたび、学術的課題には福井洞窟整備検討委員会の先生方や、専門研究者の先生方が全面的に支援してくれました。調査の安全も支援業務の企業や作業員の皆さんが一致団結して協力してくれました。期間延長に伴う議会対応や事務も、当時の課長をはじめ同僚の皆さんが連携を図ってくれました。時には、自治体の枠を越えて現場に駆けつけてくれる他地域の埋蔵文化財行政職員の皆さんも陰ながら応援してくれました。おかげさまで、旧石器時代の洞窟遺跡として初めて見つかった炉跡や石敷、類のない重層する細かな文化層を確認し、記者会見や現場説明会などを乗り越えていきました。こうして福井洞窟によって、また福井洞窟に携わって頂いた皆さんによって、私自身が人として育てられていきました。

整備検討委員会の委員長の任を受けて頂いております國學院大學の小林達雄先生には、発掘現場でも稚拙な質問にも懇切丁寧にご指導をいただきました。また、事業の軌道修正もたびたび委員会や情報交換会で立場の垣根もなくご助言いただきました。調査報告書刊行のためには、委員会後の専門部会や個別の研究会など、度重なる難問難題のたびに、委員会を開催いただきました。調査報告書刊行後の事務局への労いのお言葉が今も深く心に刻まれています。発掘調査直後には、今後の史跡整備や展示施設を見越してイギリス・フランスの洞窟遺跡群の視察にもお誘いいただきました。生涯に残る感動を味わい、福井洞窟をはじめとする佐世保市域の洞窟遺跡群が世界的に価値あるものだと認識しました。

これまでの発掘調査の実現、史跡の整備、福井洞窟展示施設の建設は、小林達雄先生や下川達彌先生をはじめとする委員の先生方皆さまによる並々ならぬご尽力によるものであることは言うまでもありません。先生方の強力な後押しにより、佐世保市も本腰を入れて福井洞窟に取り組むことができたものと思います。巻末ではございますが、先生方の福井洞窟へのご厚情に心から御礼を申し上げます。

本書には、50年という月日がもたらした考古学や科学技術の進展、各研究分野の視点も見ることができます。今回層位的な文化の変遷は考古学だけでなく自然科学の技術に裏打ちされたものになりました。第1次調査では当時新進気鋭の研究者だった鎌木先生や芹沢先生らにより日本にもたらされた導入間もない放射性炭素年代測定法は、今日ではより高精度の年代測定法となっています。これにより、寒冷から温暖へと向かう地球規模での環境変動に対して、人類がどのように関わり生き抜いてきたのかという人類史上の問題にまで迫ろうとしています。これは、半世紀の間、科学技術の進展に努力し続けた研究者、その間史跡を保護することに努力された行政や地域住民の軌跡の結果にできたものだと思います。

今回の史跡の再調査をきっかけとして各研究者のお一人お一人の調査・分析の成果により、今までの想像を越えるダイナミックな洞窟地形の変化と洞窟での営みの様子が、旧石器時代から縄文時代の移り変わりをより鮮明にしてくれたものと思います。ご執筆を御快諾いただきました先生方には、一般の方がよりわかりやすく福井洞窟の魅力に触れていただけるようご尽力をいただきました。改めて感謝を申し上げますと共に刊行が4年近くも遅れましたことに、心からお詫び申し上げます。とくに、ご執筆を頂きました後に他界なされました橋昌信先生には本書を贈呈できず無念でなりません。現場に三度もご来訪頂き、発掘現場中の芹沢先生らの学史的なお話や「落石面と石器の出方を注意するように」と専門的なお話をされる一方、「ようやく弟子の川内野君にいいことをして貰った。」と笑顔で場を和ませるお話を頂き、現場で緊張していた私には大きな励みになりました。今にして思えば、ご執筆をご了承いただいた時もご体調が悪い中に振り絞ってご対応いただいたものと思います。不肖ながら先生の墓前に本書を謹呈できればと思います。学生時代からの学恩に深く感謝を申し上げます。

2019年3月、立案から10年以上が経過し、ようやく史跡の整備が完成しました。現在、管理を地区自治会の皆さんが奮起して福井洞窟史跡保存会として史跡の除草作業や休憩所の日常管理をしていただいています。試行錯誤しながらも、市と協働した史跡を守り伝える活動をしていただいています。また、地域全体を包括した「吉井地区文化財保存連絡会」も立ち上がり、情報交換といった横の連携も整ってきました。また、吉井エコツーリズムの会による「歴史の福井谷ツアー」も毎年好評のうちに開催されています。お一人お一人のご努力によって、現代に生きる人の手が加わった福井洞窟となっています。そして、２０２１年春、福井洞窟ミュージアムが開館しました。発掘現場で味わった臨場感ある展示を再現し、再発掘調査で出土した資料を国指定重要文化財として展示しています。史跡と共に出土品が重要文化財に指定されたのは泉福寺洞窟に続いて本市では24年ぶり、旧石器時代の指定は全国で11例目とのことで大きな弾みとなりました。本施設は、地域コミュニティー施設と併設し「地域と共に歩み続けるミュージアム」としてこれから皆に愛される施設として成長してもらいたいと思っています。現在、地域住民の皆さんからは、お喜びの言葉と共に福井洞窟は子供の頃の遊び場だ、とお話をいただいています。これからも子どもが伸び伸びと探究する洞窟遺跡であるよう努力して参ります。

最後になりましたが、本書の刊行にご尽力をいただきました先生方、吉井地区住民をはじめ、文化庁、長崎県、関係機関の皆さま、先学の諸先生や諸氏の皆さまに、心から御礼を申し上げます。また、刊行にあたり雄山閣の桑門智亜紀さんには、刊行期日が伸びに伸びる中、複雑な頁構成にも骨を折ってご協力をいただきました。記して感謝の意を表します。

２０２１年11月

佐世保市教育委員会　柳田　裕三

参考文献

第1章

1　福井洞穴、光をあびる！

（1）鎌木義昌・芹沢長介　一九六五「長崎県福井岩陰―第一次発掘調査の概要―」『考古学集刊』三―一、一―一四頁
（2）芹沢長介　一九八二『日本旧石器時代』岩波新書
（3）芹沢長介　一九六七「洞穴遺跡と日本の旧石器」『日本の洞穴遺跡』平凡社
（4）芹沢長介　一九七四「旧石器時代　学史展望」『月刊考古学ジャーナル』一〇〇、ニューサイエンス社
（5）鎌木義昌・芹沢長介　一九六〇「長崎県福井岩陰遺跡」『日本考古学協会第26回　研究発表要旨』

2　最古の人類と最古の土器を求めて

（1）鎌木義昌・芹沢長介　一九六五「長崎県福井岩陰―第一次発掘調査の概要―」『考古学集刊』三―一、一―一四頁
（2）芹沢長介　一九六七「日本における旧石器の層位的出土例と^{14}C年代」『東北大学日本文化研究所研究報告』三
（3）杉原荘介　一九六七「"SUGIHARA'S HYPOTHESIS"を破ってほしい」『月刊考古学ジャーナル』八、ニューサイエンス社
（4）佐世保市教育委員会　二〇一六『史跡福井洞窟発掘調査報告書』
（5）鹿又喜隆ほか　二〇一五「九州地方における洞穴遺跡の研究―長崎県福井洞穴第三次発掘調査報告書―」『東北大学総合学術博物館紀要』一四、一―一九九頁
（6）芹沢長介　一九六二「旧石器時代の諸問題」『日本歴史―原始および古代1―』岩波書店
Sendai, Japan 1999 Paleolithic Sites in Japan excavated by C. Serizawa 1949-1999. Sendai, Japan
（7）江坂輝弥　一九六七「愛媛県上黒岩岩陰」『日本の洞穴遺跡』二二四―二三六頁
（8）前掲註1に同じ
（9）佐藤達夫　一九七四「無土器文化の石器」『日本考古学の現状と課題』二、五―四一頁
（10）麻生　優編　一九八四『泉福寺洞穴の発掘記録』築地書館
川道　寛　二〇〇二「第三節縄文時代草創期」『第二章　縄文時代』佐世保市史通史編　上巻
（11）谷口康浩編　一九九九『大平山元Ⅰ遺跡の考古学調査―旧石器文化の終末と縄文文化の起源に関する問題の探求』大平山元Ⅰ遺跡発掘調査団

（12）芹沢長介・鈴木義昌　一九六四「福井洞穴第三次調査について」『洞穴遺跡調査会会報』一二、一頁
（13）前掲註6 Sendai, Japan 1999に同じ

2章

コラム⑥　洞窟遺跡ってめずらしい!?

（1）渡辺丈彦　二〇一二「日本列島旧石器時代における洞穴・岩陰利用の可能性について」『奈良文化財研究所創立60周年記念論叢Ⅳ』奈良文化財研究所
（2）久村貞男　二〇一八「長崎県北松浦半島の洞穴遺跡」白石浩之編『旧石器時代文化から縄文時代文化の潮流　研究の視点』六一書房
（3）佐世保市教育委員会　二〇一〇『佐世保の洞窟遺跡（Ⅱ）』一〇〇頁
（4）佐世保市教育委員会　一九九三『佐世保市相浦川流域遺跡分布調査報告書』九一頁

コラム⑦　洞穴と岩陰は何が違う？

（1）麻生　優　二〇〇一『日本における洞穴遺跡の研究』発掘者談話会編、麻生直子
（2）久村貞男　二〇〇二「第五章　洞穴と人」『佐世保市史』通史編上巻、佐世保市史編さん委員会、二四〇－二六一頁
（3）文化庁文化財部記念物課　二〇一三「第Ⅶ章第2節　洞穴遺跡」『発掘調査のてびき―各種遺跡調査編―』三〇四－三〇七頁

コラム⑨　生活面を探し出せ！

（1）田中　琢「遺構面」「遺物包含層」田中　琢・佐原　真編　二〇〇二『日本考古学辞典』三省堂、二一・四八頁

5　壁（地層）の分析がとっても大事

（1）麻生　優　一九八五「層位論」『岩波講座　日本考古学一　研究の方法』岩波書店
（2）マイケル R. ウォーターズ（松田順一郎・高倉　純・出穂雅実・別所秀高・中沢祐一訳）二〇一二『ジオアーケオロジー―地学にもとづく考古学―』朝倉書店、三二六頁
（3）麻生　優　二〇〇一『日本における洞穴遺跡研究【千葉大学・愛知学院大学講義録】』発掘者談話会、二二一頁

第3章

2　変わる石器から時代と人を読み解く

（1）工藤雄一郎　二〇一二『旧石器・縄文時代の環境文化史―高精度放射性炭素年代測定と考古学―』新泉社

3　土器を作りはじめた細石器人

（1）木村英明　二〇一〇「ロシアの旧石器文化」『講座日本の考古学』二、旧石器時代下、青木書店

4 この場所に洞窟地形ができたわけ

（1）鈴木隆介　二〇〇〇『建設技術者のための地形図読図入門　第3巻　段丘・丘陵・山地』古今書院
（2）佐世保市教育委員会　二〇一六『史跡福井洞窟発掘調査報告書』

コラム⑭世界最古の土器はどこにあるの？

（1）工藤雄一郎　二〇一九「土器の出現はいつか」藤尾慎一郎・松木武彦編『ここが変わる！日本の考古学—先史・古代史研究の最前線—』吉川弘文館、二八‐三二頁

7 福井洞窟と石器研究のあゆみ

（1）鎌木義昌・芹沢長介　一九六五「長崎県福井岩陰—第一次発掘調査の概要—」『考古学集刊』三—一、一‐一四頁
（2）鎌木義昌・芹沢長介　一九六七「長崎県福井洞穴」『日本の洞穴遺跡』平凡社、二五六‐二六五頁
（3）麻生　優　一九六五「細石器文化」杉原荘介編『日本の考古学Ⅰ　先土器時代』河出書房新社、一六一‐一七二頁
（4）杉原荘介・戸沢充則　一九六二「佐賀県伊万里市平沢良の石器文化」『駿台史学』三、駿台史学会、一三五‐一六〇頁
（5）鎌木義昌・間壁忠彦　一九六五「九州地方の先土器時代」杉原荘介編『日本の考古学Ⅰ　先土器時代』河出書房新社、三〇三‐三二二頁
（6）杉原荘介・戸沢充則　一九七一「佐賀県原遺跡における細石器文化の様相」『考古学集刊』四—四、一‐六頁
（7）下川達彌　一九七六「西北九州ナイフ形石器文化の概要—最近の調査から—」『長崎県立美術博物館研究紀要』三、長崎県立美術博物館、一九‐三四頁
（8）麻生　優編　一九八五『泉福寺洞穴の発掘調査記録』築地書館
（9）鈴木忠司　一九七一「野岳遺跡の細石核と西南日本における細石刃文化」『古代文化』二三—八、一七五‐一九二頁
（10）綿貫俊一　一九九二「長者久保・神子柴文化並行段階の九州」『古文化談叢』二八、九州古文化研究会、一‐三四頁
（11）栗島義明　一九九五「縄文草創期研究〈二つの学史〉」『展望考古学』考古学研究会、三九‐四六頁
（12）川道　寛　二〇〇五「日本列島最西端の細石器文化」明治大学文学部考古学研究室編『地域と文化の考古学』Ⅰ、六一書房、一二五‐一四二頁
（13）佐世保市教育委員会編　二〇一六『史跡福井洞窟発掘調査報告書』佐世保市文化財調査報告書一四

4章

1 割られた石器を元通りにくっつける！

(1) 金田一春彦・池田弥三郎編　一九七八「接合」『学研国語大辞典』学習研究社、一〇七二頁
(2) 文化庁文化財部記念物課　二〇一〇「第2節　接合」『発掘調査のてびき―整理・報告書編―』

2 石器に使える石はどこにある?

(1) 松井和典・古川俊太郎・沢村孝之助　一九八九『佐世保地域の地質』地域地質研究報告、地質調査所

コラム㉓ 実験からみる旧石器人の技術

(1) 大場正善　二〇〇七「ペルグラン石器製作教室に参加して―フランス石器技術学研究にふれて―」『古代文化』五八―四、一五二-一五九頁
(2) J.ジャック・山中一郎　二〇一六「フランス式の石器技術学から見た後期旧石器時代の横道遺跡出土資料の研究」『古代文化』六七―四、六四-九四頁
(3) 山中一郎　二〇〇七「〈研究ノート〉「動作連鎖」の概念で観る遺物」『古代文化』五八―四、三〇-三六頁

5章

3 世界の洞窟遺跡から見た福井洞窟

(1) 文化庁　二〇一七「参考資料:平成28年度　周知の埋蔵文化財包蔵地数（468,835件）」
(2) 渡辺丈彦　二〇一二「仁保連列島旧石器時代における洞穴・岩陰利用の可能性について」『奈良文化財研究所創立60周年記念論文集文化財論叢Ⅳ』奈良文化財研究所
白石浩之二〇一五「日本における洞穴遺跡の研究―縄文時代草創期を中心として―」『愛知学院大学文学部紀要』四四
小林達雄二〇一六「人類史の中の洞窟」『史跡福井洞窟の発掘と整備報告会』佐世保市教育委員会
(3) 小林謙一・工藤雄一郎編　二〇〇九『縄文はいつから!?―1万5千年前になにがおこったのか―』国立歴史民俗博物館
小林謙一編　二〇一九『土器のはじまり』市民の考古学一六、同成社
(4) 趙泰燮　二〇二〇「韓国の旧石器時代洞窟遺跡」『季刊考古学』一五一（特集:洞窟遺跡の過去・現在・未来）、雄山閣
山崎信治　二〇一五「旧石器時代の洞穴遺跡―台湾・東南アジア・沖縄の事例から―」『九州旧石器』一九、九州旧石器文化研究会
(5) 山崎信治編　二〇一八『沖縄県南城市サキタリ洞遺跡発掘調査報告書Ⅰ』沖縄県博物館・美術館
(6) 片桐千亜紀編　二〇一七『白保竿根田原洞穴遺跡　重要遺跡範囲確認調査報告書2―総括報告編―』沖縄県埋蔵文化財センター調査報告書第八六集
(7) 奈良貴史・渡辺丈彦・澤田純明　二〇一五『尻労安部洞窟1』六一書房

（8）春成秀爾・小林謙一編　二〇〇九『愛媛県上黒岩遺跡の研究』国立歴史民俗博物館研究報告第一五四集
（9）長井謙治編　二〇一五『日向洞窟遺跡の発掘記録』東北芸術工科大学考古学研究報告第一六冊、東北芸術工科大学考古学研究室
（10）麻生　優　一九六八『岩下洞穴の発掘記録』佐世保市教育委員会
（11）谷口康浩　二〇二〇『居屋以岩陰遺跡Ⅱ』國學院大學文学部考古学研究室
（12）芹沢長介　一九七四「旧石器時代　学史展望」『月刊考古学ジャーナル』一〇〇、ニュー・サイエンス社

第6章

2　福井洞窟発掘調査の思いで

（1）鎌木義昌　一九六〇『日本の考古学Ⅱ　縄文時代』河出書房

3　福井洞穴遺跡第2次・第3次発掘参加者のひとりとして

（1）鎌木義昌・芹沢長介　一九六七「長崎県福井洞穴」『日本の洞穴遺跡』平凡社、二五八頁
（2）長崎県教育委員会　一九六六『長崎県文化財調査報告第4集　福井洞穴調査報告　図録篇』

人類史の中の洞窟

（1）大場利夫・近藤祐弘・西本豊弘・久保勝範・石川直章・太田敏量・宮　宏明　一九八四「美里洞窟の発掘調査と現況」『北見郷土博物館紀要』14、北見市北見郷土博物館
（2）小林達雄　一九八六「原始集落」『岩波講座　日本考古学』岩波書店
（3）小林達雄　一九八三「総論―縄文経済―」『縄文文化の研究2　生業』、雄山閣
（4）ベンミヤン（浅見健二郎編・久保哲司訳）一九九五「複製技術時代の芸術作品」『ベンヤミン・コレクション1』ちくま学芸文庫（Walter Benjamin 1936）
（5）イーフー・トゥアン（小野有五・阿部　一訳）一九九二『トポフィリア　人間と環境』せりか書房
（6）小林達雄　二〇一〇「縄文遺跡の来し方行く末」『遺跡学研究』七

水ノ江 和同（みずのえ・かずとも）

同志社大学文学部教授
同志社大学大学院文学研究科博士前期課程修了博士（文化史学）
専門：東アジア考古学（縄文時代）

●福井洞窟へのメッセージ●

福井洞窟の再発掘調査。2008年の事前協議から発掘調査・整理等作業を経て、2016年の総括報告書までの8年間、文化庁という立場で一緒に取り組ませていただきました。素晴らしい遺跡と卓越した発掘調査技術と佐世保市の前向きな姿勢に、多くのことを学びました。今後の展開をさらに期待します！

主な著書・論文

『九州縄文文化の研究―九州からみた縄文文化の枠組み―』雄山閣、2012
「日本列島の玦状耳飾」『考古学雑誌』第102巻第1号、2019
『入門 埋蔵文化財と考古学』同成社、2020
『季刊考古学』151（特集：洞窟遺跡の過去・現在・未来）編集、雄山閣、2020

溝上 隼弘（みぞかみ・としひろ）

佐世保市教育委員会文化財課主任主事
京都造形芸術大学大学院芸術研究科修了
専門：近世陶磁器

●福井洞窟へのメッセージ●

福井洞窟の土層には、地球でたくましく生きる人類の長い歴史が刻まれていました。今は埋め戻されましたが、約6ｍの深いトレンチの中に降り立った時の感動は一生の思い出です。

主な著書・論文

「平戸領内における17世紀海外輸出陶磁器の一考察」『西海考古学』9、2016

森先 一貴（もりさき・かずき）

独立行政法人 国立文化財機構
奈良文化財研究所主任研究員
東京大学大学院博士課程修了　博士（環境学）
専門：先史考古学

●福井洞窟へのメッセージ●

今も昔も福井洞窟ぬきで旧石器時代から縄文時代へのうつりかわりを語ることはできません。日本列島を代表する第一級の遺跡ということをいま改めて感じます。

主な著書・論文

『旧石器社会の構造的変化と地域適応』六一書房、2010
『境界の日本史』朝日新聞出版、2019年（共著）
『日本列島四万年のディープヒストリー』朝日新聞出版、2021

柳田 裕三（やなぎた・ゆうぞう）

佐世保市教育委員会文化財課主査
別府大学文学部文化財学科卒
専門：日本考古学

●福井洞窟へのメッセージ●

貴方は、私にとって師や父母のようでも、我が子のようでもあります。その存在は、私の人生の一部です。おかげで多くの方と出会うことができました。奇跡的に2万年以上も残ってくれたのですから、これから2万年は軽く生き続けて欲しいです。そして、その時々の現代人と語り合い、深化を続け、その光を放ち続けて下さい。私も福井洞窟という奇跡に期待しています。

主な著書・論文

『史跡福井洞窟発掘調査報告書』編著、佐世保市教育委員会、2016
「西北九州の洞穴遺跡からみた更新世から完新世移行期の素描」『九州旧石器』21、九州旧石器文化研究会、2018

山下 祐雨（やました・ゆう）

島原市教育委員会社会教育課文化財保護推進室主事
別府大学大学院文学研究科史学・文化財学専攻博士前期課程修了　修士（文学）
専門：日本先史考古学

●福井洞窟へのメッセージ●

歴史的に重要な遺跡を保存・活用していくための、多くの方々の熱意ある取組みに大変学ばさせていただきました。

主な著書・論文

「長崎県佐世保市針尾島周辺の黒曜石原産地について」『九州旧石器』23、九州旧石器文化研究会、2019（共著）
『長崎県指定史跡島原城跡保存活用計画』島原市教育委員会編、2021

冨樫 泰時（とがし・やすとき）

北秋田市伊勢堂岱縄文館
國學院大學文学部史学科
専門：旧石器時代・縄文時代

●福井洞窟へのメッセージ●

福井洞穴の発掘調査に参加させていただいたこと、そこでの交流等はその後の考古学研究の『いしずえ』となって現在も生きています。

主な著書・論文

『日本の古代遺跡・秋田』保育社、1985
『秋田の博物館』秋田文化出版、2004
『秋田県考古学研究史』書肆えん、2011
『考古学つれづれ－秋田県遺跡随想－』書肆えん、2021

徳澤 啓一（とくさわ・けいいち）

岡山理科大学教育推進機構学芸員教育センター教授
國學院大學大学院文学研究科博士課程単位取得満了退学
専門：博物館学・考古民族学

●福井洞窟へのメッセージ●

福井洞窟の資料の一部は、岡山理科大学の博物館実習準備室（旧鎌木義昌研究室）で半世紀以上眠っていました。これまで世に問う機会に恵まれませんでしたが、ようやく日の目を見つつあることは喜ばしい限りです。

主な著書・論文

『新博物館園論』（共編著）、同成社、2019
「モン窯業の変遷と地域博物館群の成立」『21 世紀の博物館学・考古学』雄山閣、2021
「ミャンマー南部からタイ中央平原にかけてのモン窯業の展開と変容」『中近世陶磁器の考古学』雄山閣、2021

西山 賢一（にしやま・けんいち）

徳島大学大学院社会産業理工学研究部准教授
筑波大学大学院地球科学研究科単位取得退学
博士（理学）
専門：応用地質学

●福井洞窟へのメッセージ●

ヒトは古くから、地すべりや落石などの災害に直面しながら、それでもたくましく生き抜いてきたことを実感できる遺跡です。

萩原 博文（はぎわら・ひろふみ）

元平戸市教育委員会課長
國學院大學文学部史学科卒業
専門：日本先史考古学

●福井洞窟へのメッセージ●

旧石器時代から縄文時代の移行に関して多くのことを教えてくれました。

主な著書・論文

『平戸オランダ商館』長崎新聞社、2011
「ヤンガー・ドリヤス期の北部九州」白石浩之編『旧石器時代文化から縄文時代文化の潮流－研究の視点－』六一書房、2019
「西北九州と大隅半島北部の晩氷期堆積土と遺物」『日本考古学』50、2020
「平戸のキリシタン墓地」『歴史考古学』79、2020

久村 貞男（ひさむら・さだお）

元佐世保市教育委員会理事
佐世保市文化財審査委員会委員長
國學院大學文学部史学科卒業
専門：洞穴遺跡・近世窯業

●福井洞窟へのメッセージ●

福井洞窟は 1963 年の第 2 次調査を高校生のとき見学したのが、考古学ボーイとしての転換点でした。洞穴遺跡を知り、岩下洞穴の発見になったのです。

主な著書・論文

『三川内窯業史』芸文堂、2014

松尾 秀昭（まつお・ひであき）

佐世保市教育委員会文化財課主査
別府大学大学院文学研究科修士課程修了
専門：考古学（中世・滑石製石鍋）

●福井洞窟へのメッセージ●

佐世保市の地質的特徴である洞窟は、旧石器時代から現代に至るまで生活の場として利用されてきた貴重な遺跡でもあります。これからも「市民の誇り」として保存し、人が集える場所として活用できればと思っています。

主な著書・論文

「滑石製石鍋の生産･流通」『石が語る西海の歴史』アルファベータブックス、2016
『石鍋が語る中世－ホゲット石鍋製作遺跡』新泉社、2017
「滑石製石鍋の利用についての研究」『長崎県埋蔵文化財センター研究紀要』10、2020

白石 浩之（しらいし・ひろゆき）

愛知学院大学名誉教授
國學院大學文科学研究科修士課程修了
博士（歴史学）
専門：先史考古学（旧石器時代から縄文時代草創期）

●福井洞窟へのメッセージ●

地表下5.5mの深さに形成された土器を保有しない旧石器時代から、土器を保有した縄文時代草創期における文化の変動が凝縮された時代の数少ない洞窟です。

主な著書・論文

『旧石器時代の石槍』東京大学出版会、1989
『石槍の研究』ミュゼ、2001
『旧石器時代の社会と文化』山川出版社、2002
『旧石器時代から縄文時代への転換』雄山閣、2021

末續　満（すえつぐ・みちる）

南島原市役所
活水女子大学文学部人間学科卒

●福井洞窟へのメッセージ●

駆け出しの頃、福井洞窟整備検討委員会に同席させていただき、保存・整備の過程を拝聴できたことは、私の人生において得難い経験として刻み込まれております。多くの方々の努力の積み重ねやご尽力によって現在の福井洞窟があり、わずかでもその一端に触れられたことは、今においても感慨深く思う次第です。今後の調査・研究に、よりますますの発展が期待されることと存じます。福井洞窟ミュージアムと共に福井洞窟が地域の方々をはじめ、より多くの人に親しんでいただけますように、心より祈念いたします。

杉原 敏之（すぎはら・としゆき）

福岡県教育庁文化財保護課参事補佐兼係長
明治大学文学部史学地理学科考古学専攻卒業
専門：日本考古学（旧石器・古代）

●福井洞窟へのメッセージ●

九州縄文文化起源論の端緒、伝説の遺跡・福井洞窟が、深化していく研究と共に鮮烈な輝きを放ち、私たちを魅了し続けています。これからも、先人の調査研究、保存への想いが引き継がれ、多くの人びとに愛され続けることを願っています。

主な著書・論文

「九州縄文文化成立期の諸相」『考古学』Ⅴ、2007
「福井洞穴の学史的課題」『九州旧石器』20、九州旧石器文化研究会、2016
「剝片尖頭器の構造と展開」『旧石器時代の知恵と技術の考古学』雄山閣、2017
『九州島における石材産地と石刃技法の成立に関する研究』科研費研究成果報告書、九州歴史資料館、2017

杉山 真二（すぎやま・しんじ）

株式会社古環境研究センター 代表取締役社長
東京工業大学大学院理工学研究科修了
博士（学術）
専門：環境考古学・植生史学

●福井洞窟へのメッセージ●

今よりも寒冷～冷涼で不安定な気候環境にあって、当時の人々はどのような暮らしをしていたのでしょうか。福井洞窟のタイムカプセルから得られた情報を、じっくりと読み解いていきましょう。

主な著書・論文

「植物珪酸体分析からみた九州南部の照葉樹林発達史」『第四紀研究』第38巻第2号、1999、pp.109-123
「植物珪酸体（プラント・オパール）」『考古学と植物学』同成社、2000、pp.189-213
「植物珪酸体と古生態―人と植物の関わりあい④―」小杉康ほか編『縄文時代の考古学Ⅲ　大地と森の中で―縄文時代の古生態系―』同成社、2009、pp.105-114
「更新世の植生と環境」『旧石器時代　講座日本の考古学第1巻」青木書店、2010、pp.156-177

橘　昌信（たちばな・まさのぶ）

別府大学名誉教授
明治大学大学院修士課程文学研究科修了
明治大学博士（史学）
専門：日本考古学、先史学
2017年逝去

主な著書・論文

『日本の古代遺跡―大分―』保育者、1995
『大野川流域における細石器文化の研究―旧大野郡大野町小牧遺跡の調査資料を中心に―』2017

工藤 雄一郎（くどう・ゆういちろう）

学習院女子大学准教授
東京都立大学大学院博士課程修了
博士（史学）
専門：先史考古学

●福井洞窟へのメッセージ●
1960年代から現在まで福井洞窟からは学界の基準となる年代測定の成果が発信されてきました。これからも新しい成果が生み出されることを期待しています。

主な著書・論文
『旧石器・縄文時代の環境文化史』新泉社、2012
「土器出現の年代と古環境—研究史の整理から—」『国立歴史民俗博物館研究報告』178、2013
『ここまでわかった！縄文人の植物利用』新泉社、2014（編著）

小林 達雄（こばやし・たつお）

國學院大學名誉教授・新潟県立博物館名誉館長
國學院大學大学院博士課程満期退学
博士（歴史学）

●福井洞窟へのメッセージ●
福井洞窟は、旧石器の出口、縄文世界への入口である。兄弟分の泉福寺洞窟をはじめ、市内に多数群在する洞窟遺跡とともに、国の特別史跡へ格上げすべきである。

芝　康次郎（しば・こうじろう）

文化庁文化財第二課埋蔵文化財部門文化財調査官
熊本大学大学院社会文化科学研究科博士課程修了　博士（文学）
専門：考古学

●福井洞窟へのメッセージ●
縄文時代の始まりを解き明かした福井洞窟は、常に様々な課題を投げかけてきました。新たな成果は遺跡の素晴らしさを改めて感じさせてくれます。

主な著書・論文
『九州における細石刃石器群の研究』六一書房、2011
「九州における縄文時代草創期石器群の広域連動」『物質文化』94、物質文化研究会、2014
「先史時代における腰岳黒曜石原産地の開発と利用」『島根県古代文化センター研究論集』19、2018

下川 達彌（しもかわ・たつや）

活水女子大学学術研究所特別教授
國學院大學文学部史学科卒業
専門：日本考古学・博物館学

●福井洞窟へのメッセージ●
福井洞窟がもたらした土器起源についての成果は、その後洞穴の街佐世保で行われた岩下洞穴、泉福寺洞窟の指標となりました。

主な著書・論文
『土と炎の里　長崎のやきもの』2001
『泉福寺洞穴 研究編』発掘者談話会、2002（共著）
「キリシタン墓碑の実情」『キリシタン墓碑の調査（科研費）』長崎純心大学、2012
「細石器文化」『新長崎市史１』長崎市、2013

白石　純（しらいし・じゅん）

岡山理科大学生物地球学部教授
岡山理科大学大学院総合情報研究科博士課程修了　博士（学術）
専門：考古理化学

●福井洞窟へのメッセージ●
最初の発掘調査から60年以上が経過したが、考古学研究におけるこの遺跡の重要性は変わらないことを教えてくれました。

主な著書・論文
『土が語る古代・中近世—土器の生産と流通—』吉備人出版、2016
「須恵器の胎土」『季刊考古学』第142号、雄山閣、2018
「中世土器研究における胎土分析—蛍光X線分析法による分析事例から—」『中近世土器の基礎研究』27、日本中世土器研究会、2019

岡本 東三（おかもと・とうぞう）

千葉大学名誉教授
明治大学大学院文学研究科修士課程修了
博士（史学）
専門：日本先史考古学

●福井洞窟へのメッセージ●

福井洞窟は日本列島の細石器文化や縄文文化の起源を探る上で、最も重要な遺跡の一つです。しかし、すべての謎が解明されたわけではありません。福井洞窟ミュージアムが継続的な調査・研究の拠点となることを願っています。

主な著書・論文

『縄紋文化起源論序説』六一書房、2012
「福井洞穴の現代的意義」『九州旧石器』20、九州旧石器文化研究会、2016
『押型紋土器の広域編年研究』雄山閣、2017
『大寺山洞穴の舟葬墓』「遺跡を学ぶ」142、新泉社、2020

角縁　進（かくぶち・すすむ）

佐賀大学教育学部教授
新潟大学自然科学研究科環境科学専攻博士後期課程修了　博士（理学）
専門：岩石学、地質学

主な著書・論文

「蛍光X線分析による黒曜石の産地同定（1）」『佐賀大学文化教育学部研究論文集』7−1、2002
「地質学的にみた石器石材の産地同定」『Stone Sources』2、2003
『地球のなぞを追って―私たちの科学運動』地学団体研究会編、大月書店、2006（共著）

鹿又 喜隆（かのまた・よしたか）

東北大学大学院文学研究科教授
東北大学大学院博士後期課程修了　博士（文学）
専門：先史考古学

●福井洞窟へのメッセージ●

日本で最も有名な先史遺跡のひとつであり、その価値は発掘から60年経った今も色褪せません。ぜひ現地に足を運んでください。

主な著書・論文

「三　地球温暖化と縄文的適応へ」『東北の古代史1　北の縄文時代』吉川弘文館、2015
「石器をめぐる技術組織」『理論考古学の実践』同成社、2017
「第1章　北東ユーラシアにおける人類の最寒冷期への適応」『寒冷アジアの文化生態史』古今書院、2018

川内野 篤（かわちの・あつし）

佐世保市教育委員会文化財課係長
別府大学文学部史学科卒
専門：考古学

●福井洞窟へのメッセージ●

幼少のころ、あの井戸状に残された第二トレンチに人が住んでいたと思っていました。地表下6ｍの調査区の底から天井を見上げた時に、ふとそのことを思い出しました。幼いころに見た遺跡の調査に大人になった自分が関わる。この稀有な経験をさせてくれた福井洞窟に感謝!!

主な著書・論文

「旧佐世保海軍警備隊野母崎特設見張所現地調査概報」2021『長崎県埋蔵文化財センター研究紀要第11号』

川道　寛（かわみち・ひろし）

西海市大瀬戸歴史民俗資料館学芸員
明治大学文学部史学地理学科考古学専攻卒業
専門：考古学（旧石器・縄文時代草創期）

●福井洞窟へのメッセージ●

福井洞窟は旧石器研究者の垂涎の遺跡。福井洞窟ミュージアムは遺跡の魅力を余すところなく伝えます。さあ本書を片手に、ミュージアムへそして洞窟へ旅立とう。

主な著書・論文

「日本列島最西端の細石器文化」『地域と文化の考古学』Ⅰ、明治大学考古学研究室、2004
「黒曜石回廊西端の原産地研究事情」『旧石器時代の知恵と技術の考古学』雄山閣、2017
「青い黒曜石のふるまい―西北九州における淀姫系黒曜石の需給関係―」『旧石器時代文化から縄文時代文化の潮流―研究の視点―』六一書房、2019
「縄文時代晩期における黒曜石の加熱処理」『遺跡学研究の地平―吉留秀敏氏追悼論文集―』吉留秀敏氏追悼論文刊行会、2020

執筆者紹介

50音順。一部著者は本文に所属等を示すのみとした。

鵜澤 和宏（うざわ・かずひろ）

東亜大学人間科学部教授
東京大学大学院理学系研究科博士課程
博士（理学）
専門：動物考古学

●福井洞窟へのメッセージ●

旧石器時代終末期から縄文時代草創期に移り変わる時期に、人々がどのように暮らしていたのかを伝えてくれる貴重な遺跡です。大切に保存し、未来に引き継がなくてはなりません。

主な著書・論文

Uzawa K. 2012 La difusión de los camélidos domesticados en el norte del Perú durante el Período Formativo. *Boletín de Arqueología PUCP* 12: 249-259

Uzawa, K., Y. Seki, D. Morales Chocano 2021 Ritual consumption and sacrifice of llama (**Lama glama**) at the Pacopampa site in the Northern Highlands, Peru. *Anthropological Science*, Vol 129 (**2**) : 109-119

大塚 和義（おおつか・かずよし）

国立民族学博物館名誉教授
総合研究大学院大学名誉教授
立教大学大学院修士課程修了
専門：民族考古学

●福井洞窟へのメッセージ●

旧石器時代末期から土器づくりが始まる縄文時代草創期の隆起線文土器群が層位的に把握できた最初期の遺跡として、日本考古学研究史における価値はゆるぎないものである。

主な著書・論文

「本州地方における湧別技法に関する一考察」『信濃』20—4、信濃史学会、1968

「縄文時代の葬制」『日本考古学を学ぶ』⑶、有斐閣、1988

「縄文の祭り」『古代史復元2　縄文人の生活と文化』講談社、1988

『アイヌ　海浜と水辺の民』新宿書房、1995

『北太平洋の先住民交易と工芸』思文閣出版、2003（編著）

大場 正善（おおば・まさよし）

公益財団法人山形県埋蔵文化財センター主任調査研究員
東北学院大学大学院文学研究科アジア文化史専攻博士課程後期修了　博士（文学）
専門：動作連鎖の概念に基づく石器技術学

●福井洞窟へのメッセージ●

石器は、過去に生きたヒトの行動を記録した優れたメモリー。福井洞窟は、細石刃文化期に生きたヒトの記憶をたくさん残してくれたアーカイブと言えます。技術学分析をより進めることによって、福井洞窟に生きていたヒトびとの生き生きとした社会生活像を、リアルな姿として復原していくことができる、そんな可能性を秘めた遺跡だということを感じさせられます。

主な著書・論文

「日向洞窟西地区出土の頁岩製槍先形尖頭器における技術学的検討—東北地方における隆起線文土器段階の頁岩製槍先形尖頭器製作の身ぶりからみえるもの—」『古代文化』58—4、古代学協会、2007

「細石刃核をどう持つか—北海道奥白滝Ⅰ遺跡と上白滝8遺跡の細石刃資料の動作連鎖概念に基づく技術学的分析—」『旧石器研究』10、日本旧石器学会、2014

「動作連鎖の概念に基づく技術学の方法—考古学における科学的方法について—」『研究紀要』7、山形県埋蔵文化財センター、2015

「細石刃核をどう持つか ⑵ —南九州出土細石刃関連資料を中心とした動作連鎖の概念に基づく石器技術分析—」『鹿児島考古』49、鹿児島県考古学会、2019

2022年2月25日 初版発行　《検印省略》

旧石器《きゅうせっき》から縄文《じょうもん》のかけ橋《はし》！福井洞窟《ふくいどうくつ》
洞窟《どうくつ》を利用《りよう》しつづけた大昔《おおむかし》の人々《ひとびと》

編　者　佐世保市教育委員会
発行者　宮田哲男
発行所　株式会社　雄山閣
〒102-0071　東京都千代田区富士見2-6-9
TEL 03-3262-3231　FAX 03-3262-6938
振替 00130-5-1685
http://www.yuzankaku.co.jp
印刷・製本　株式会社 ティーケー出版印刷

ISBN978-4-639-02681-5　C0021
N.D.C.210　220p　21cm